Wirtschaftspädagogik in der Praxis

Karl Wilhelm Mauer/
Bruno Lehr/Jürgen Vervier
(Hrsg.)

Wirtschaftspädagogik in der Praxis

Erfahrungen, Überlegungen,
Perspektiven

Festschrift
für
Prof. Dr. Karl Abraham
zum 85. Geburtstag

Verlag Peter Lang
Frankfurt am Main · Bern · New York · Paris

CIP-Titelaufnahme der Deutschen Bibliothek

Wirtschaftspädagogik in der Praxis : Erfahrungen, Überlegungen, Perspektiven ; Festschrift für Prof. Dr. Karl Abraham zum 85. Geburtstag / Karl Wilhelm Mauer...(Hrsg.). - Frankfurt am Main ; Bern ; New York ; Paris : Lang, 1989
ISBN 3-631-42130-3

NE: Mauer, Karl Wilhelm (Hrsg.); Abraham, Karl: Festschrift

ISBN 3-631-42130-3

Printed in Germany 1 2 3 4 5 6 7

Für Prof. Dr. Karl Abraham zum 85. Geburtstag

Sehr geehrter Herr Prof. Abraham!

Sie haben großen Anteil an der Entwicklung der Wirtschaftspädagogik, welche sich mit den Fragen befaßt, die aus dem Zusammentreffen der beiden großen Lebensbereiche Wirtschaft und Erziehung erwachsen. Das Spannungsfeld zwischen Zweckmäßigkeit und Sinnhaftigkeit des menschlichen Daseins beschäftigte Sie dabei immer sowohl in der Theorie und deren Anwendungsbezug als auch in der Praxis.

In Ihrem Aufsatz *Die Diplom-Handelslehrer als Träger neuer Bildungsformen (1930)* schreiben Sie: *Wer den Gehalt eines Bildungsideals erfassen will, der muß auf seine Träger schauen, wie sie es durch ihr Leben erfüllen. Hier liegt die persönliche Verantwortung aller derer, die für die Idee der Berufserziehung arbeiten.* Wir begreifen Ihre Worte als Auftrag für die Gestaltung unserer beruflichen Tätigkeit, die wir (wie dies für Diplom-Handelslehrer selbstverständlich ist) in sehr unterschiedlichen Bereichen ausüben.

Mit dieser Festschrift, in der wir - Ihre ehemaligen Schüler und Mitarbeiter - aus unserer Praxis wirtschaftspädagogische Überlegungen und Erfahrungen zusammengetragen haben, möchten wir Ihnen als unserem akademischen Lehrer unseren Dank abstatten und wünschen Ihnen noch viele gute Jahre.

Zum 6. Juli 1989
In dankbarer Verbundenheit
Die Autoren

Karl Abraham - Autobiographisches

1904	am 6. Juli geboren in Tschicherzig (Odereck), einem Dorf im Süden von Brandenburg - Vorfahren: holländische Bauern und Handwerker, die im 17. Jahrhundert vom Kurfürsten für die Regulierung der Oder in das Land geholt worden sind.
1922	Abitur an der Oberrealschule Liegnitz - Prüfungsfächer: Deutsch, Geschichte, Geographie, Französisch, Englisch, Latein (wahlfrei), Mathematik, Physik, Chemie, Biologie - ferner Religion, Kunst und Sport.
1922 - 1923	Tätigkeit als Lehrling in einer Buchhandlung.
1923 - 1926	Studium an der Handelshochschule Berlin (HHB)

Im 1. und 2. Semester Finanzierung des Studiums durch Hauslehrertätigkeit. Ab 3. Semester im städtischen Wohnheim für Studenten und Jungarbeiter am Brunnenplatz im Berliner Norden. Für zunächst 12 RM Monatsmiete für ein Zimmer von 8 Quadratmetern mit Bett, Schrank, einem Stuhl und einem Tisch, eingeschlossen Heizung, Licht und Reinigung, dazu Benutzung der Waschräume, der Küche und des Dachgartens.

Diese günstigen Bedingungen ermöglichten es mir, mein Studium zuende zu führen. Der enge tägliche Kontakt mit den jungen Arbeitern verschaffte mir Einblicke in deren Lebenswelt und Denkweise. Da sie Kommunisten waren, mußte ich mich intensiv mit Marx und seinen Nachfolgern beschäftigen. Durch diese Streitgespräche bin ich zu der Überzeugung gekommen, daß das Christentum und der Marxismus unvereinbar sind und daß die Zukunft Europas davon abhängt, welche Seite stärker sein wird. Diese Jungarbeiter betrachteten uns Studenten nicht als Klassenfeinde, denn sie sahen, daß wir schlechter lebten als sie.

Ab 2. Semester bis Ende des Studiums Mitglied des AStA als einer der drei Vertreter der Studenten der Jugendbewegung. Zuerst Kassenwart, danach Bildungsreferent.

Im Sommer 1924 Teilnahme an einer 8 Wochen dauernden Studienreise durch Bulgarien, zu der die bulgarische Regierung die Studentenschaft der HHB eingeladen hatte.

Die Begegnung mit dem orthodoxen Christentum und dem Islam und mit der Geschichte von Byzanz hat meine Vorstellungen von Kunst und von der europäischen Geschichte sehr verändert.

1926 Diplom-Handelslehrerexamen

1926 - 45 Tätigkeit an der städtischen kaufmännischen Berufsschule in Breslau (bis Januar 1945)

Einrichtung und Verwaltung der Fachabteilung für Lehrlinge in Anwaltsbureaus.

Einrichtung und Verwaltung der auf Veranlassung der Industrieabteilung der Handelskammer Breslau geschaffenen Fachabteilung für kaufmännische Lehrlinge in Industriebetrieben. Einzugsbereich Breslau und Umgebung bis 50 km. Fast nur Abiturienten.

Mitwirkung als Prüfer in rund 1000 Gehilfenprüfungen.

Keine Beförderung zum Fachvorsteher infolge des Widerstandes der NSDAP.

Fachliche Unterstützung und wirksamer politischer Schutz durch die Handelskammer Breslau.

1929 Promovierung zum Dr. rer. pol. durch die Universität Breslau. Doktorvater: Prof. Rosenstock-Huessy. Dissertation in dem Fach Empirische Soziologie über "Die Grundlagen einer Berufsschulpolitik unter besonderer Berücksichtigung der Verhältnisse in Preußen".

1930 Heirat mit Dipl.-Hdl. Hilde Blaauw.

1933 Infolge des Sieges der NSDAP Zwecklosigkeit der Fortsetzung meiner Bemühungen um eine Habilitation in Wirtschaftspädagogik an der Wirtschaftshochschule Berlin.

1937 Veröffentlichung meiner als Habilitationsschrift gedachten Untersuchung "Die seelischen und körperlichen Grundlagen der Erziehung zur Arbeit" durch die "Akademie gemeinnütziger Wissenschaften zu Erfurt".

	Das Buch wurde kurz nach dem Erscheinen von der Reichsschrifttumskammer verboten; der Verlag mußte es vernichten. Ich erhielt von dieser Kammer Veröffentlichungsverbot.
1940	Eintragung des Vermerkes "nicht zu verwenden" in meinen Wehrpaß und dadurch "wehrunwürdig". Danach Steigerung der Verfolgung durch die Nazipartei.
1944	Durch das Eingreifen der Handelskammer Breslau Abwendung der Einordnung in eine zum "Verheizen" bestimmte Gruppe von "unzuverlässigen" Intellektuellen.
	Nach dem Scheitern des Attentats auf Hitler im August Einberufung zu einer Sondereinheit von "Unzuverlässigen" zum Bau von Panzergräben. Im Oktober Entlassung wegen Arbeitsunfähigkeit.
1945	Ende Januar Feststellung, daß ich infolge meiner Wehrunwürdigkeit nicht zum Volkssturm eingezogen werden darf. Dadurch akute Gefahr der "Liquidierung" durch SS oder Heerespolizei. Deshalb Flucht aus Breslau, ermöglicht durch die Hilfe eines Wehrmachtsoffiziers der Festungskommandantur (ehemaliger Schüler).
	Ende Januar - Anfang Juni: Wanderung als Flüchtling von Schlesien durch Sachsen, Nordböhmen, nochmals Sachsen und Thüringen zunächst bis Weißenfels. Dort Aussicht auf Einstellung als Oberregierungsrat in dem Regierungspräsidium Merseburg. Jedoch von einem amerikanischen Offizier vertraulich vor der Übergabe dieses Gebietes an die Russen gewarnt. Mit dessen Hilfe am 30. Juni Fortsetzung der Flucht nach Brilon in Westfalen.
1945 - 1946	Kommissarischer Direktor der Kreisberufsschule Brilon (1. 11. 1945 - 31. 3. 1946).
1946 - 1953	Tätigkeit in Nordrhein-Westfalen:
	Ab 1. 4. 1946 Referent (Oberregierungsrat) im Oberpräsidium Düsseldorf, d. h. in der im Aufbau begriffenen Landesregierung Rheinland-Westfalen. Hauptaufgabe: Vorbereitung der Eröffnung der Berufspädagogischen Akademie (BPA) Ohligs. Verbindungsmann zur Erziehungsabteilung der Britischen Militärregierung in Düsseldorf.

Ab Mai 1945 hauptamtlicher Dozent an der BPA und ihrer Nachfolgeinstitution, dem Berufspädagogischen Institut Köln.

Weiterhin Mitarbeiter des Kultusministeriums, besonders bei Frau Minister Teusch.

Mitglied der Landesschulkonferenz von Nordrhein-Westfalen und anderer kulturpolitischer Gremien.

Dozent an der Verwaltungsakademie Düsseldorf.

1947 — Teilnahme an einer von der Britischen Militärregierung organisierten sechswöchigen Informationsreise nach England, Standort Wilton Park bei London. Gespräche im Auswärtigen Amt, im Kriegsministerium, in den Zentralen der Konservativen und der Labour-Partei, des Gewerkschaftsbundes (TUC) und der Volkshochschulorganisation (WEA), Besichtigung der Londoner Technical Colleges, Besuch eines Kriegsgefangenenlagers in Wales, Teilnahme an einer Veranstaltung der United Europe Movement in der Albert Hall.

1952 — Habilitation im Fach Wirtschaftspädagogik in der Wirtschafts- und Sozialwissenschaftlichen Fakultät der Universität zu Köln. Betreuer der Habilitation: Friedrich Schlieper. Thema der Habilitationsschrift: "Der Betrieb als Erziehungsfaktor".

1953 — Berufung als außerordentlicher Professor an die Wirtschaftshochschule Mannheim.

1954 — Dort Ernennung zum ordentlichen Professor.

1957 — Berufung als ordentlicher Professor der Wirtschaftspädagogik an die Universität Frankfurt am Main, Wirtschafts- und Sozialwissenschaftliche Fakultät.

1961 — Ablehnung eines Rufes an die Universität München.

1972 — Emeritierung

1957 - 1972 — Mitarbeit an der akademischen Selbstverwaltung: Dekan im Studienjahr 1959/60. Langjähriges Mitglied des Senatsausschusses für Rechts- und Verfassungsfragen. Langjähriger Senatsbeauftragter für Schulfragen. Fast immer einer der drei Vertreter der Fakultät im Wirtschafts- und Sozialwissenschaftlichen Fakultätentag. Mitglied der von den Präsidenten der Rektorenkonferenz und der Kultusministerkonferenz berufenen Kommission zur Erstellung einer Rahmenprüfungsordnung für die Diplomprüfung der Wirtschafts- und Sozialwissenschaftlichen Fakultäten.

Internationale Arbeit:

Mitarbeit in der EWG, Abteilung Berufsausbildung der Sozialdirektion. Mitarbeit beim Europarat. Vorträge in der Akademie der Wissenschaften in Warschau (1966) und in den Universitäten Lyon, Nymwegen, Rom und Warschau (1966 und 1969). Besprechungen in den Erziehungsministerien in Brüssel, London, Paris und Rom.

Mit freundlicher Genehmigung des Verlags Peter Lang, Frankfurt am Main - Bern - New York - Nancy, entnommen aus: ABRAHAM, Karl: Industrielle Arbeitswelt als Bildungsraum, Eine Aufsatzsammlung, Frankfurt am Main - Bern - New York - Nancy 1984, S. 1 - 5

Inhaltsverzeichnis:

Inhaltsverzeichnis

Verzicht und Zukunftsaufgaben

Institutionelle Gestaltungsmöglichkeiten

Didaktische Gestaltungsmöglichkeiten

Qualifikationsanforderungen

Qualifizierung der Diplom-Handelslehrer

Manfred Horlebein:
"Vita oeconomica" und mittelalterliche Kaufmannsbildung

Zur Person:

Dipl.-Hdl. Dr. rer. pol. Manfred Horlebein

Jahrgang 1945; Ausbildung zum Industriekaufmann 1961 - 1964; Studium der Wirtschaftspädagogik an der Universität Frankfurt 1966 - 1971; studentische Hilfskraft am Wirtschaftspädagogischen Seminar der Universität Frankfurt (Prof. Abraham) 1967 - 1970; Assistent am Lehrstuhl für Pädagogik, insbesondere Wirtschaftspädagogik der Universität Erlangen-Nürnberg (Prof. Berke) 1971 - 1977; Promotion (Thema: Die berufsbegleitenden kaufmännischen Schulen in Deutschland) 1976; Akademischer Rat/ Akademischer Oberrat am Lehrstuhl für Pädagogik, insbesondere Wirtschaftspädagogik der Universität Erlangen-Nürnberg (Prof. Berke; Prof. Beck) seit 1977

1. Einleitung: Fragestellung und Aufbau

In seinem Buch "Der Betrieb als Erziehungsfaktor" führt Karl Abraham die Werkstatt des Handwerkers als den Haupttyp des Gewerbebetriebes vom Beginn des Mittelalters bis zum 19. Jahrhundert auf und kennzeichnet das mittelalterliche handwerkliche Leben, in dem die Ausbildung des beruflichen Nachwuchses fest verankert war, in erster Linie mit dem Begriff der "vita oeconomica". Damit wird auf die "Ungeteiltheit der Existenz des mittelalterlichen Handwerkers" hingewiesen, dessen Leben "... sich nicht in mehreren Bereichen, die selbständig nebeneinander standen, (vollzog), ... sondern es stand trotz seiner Mannigfaltigkeit unter dem Gesetz der Einheit." [1)]

Im folgenden soll nun überprüft werden, ob diese Existenzweise der "vita oeconomica", deren berufsbildungstheoretische Relevanz nicht zu unterschätzen ist und die unter anderem der Kritik an der industriellen Lehrlingsausbildung als Argument diente, [2)] auch für den mittelalterlichen Kaufmann behauptet bzw. der mittelalterlichen Kaufmannsbildung als Hintergrund nachgezeichnet werden kann. Dazu werden zunächst Merkmale eben dieser mit der "vita oeconomica" gemeinten Existenzweise herausgearbeitet und diese dann mit Aussagen über den mittelalterlichen Kaufmann bzw. die Berufsbildung der Kaufleute im Mittelalter konfrontiert. Dabei kann, was im Rahmen dieses Aufsatzes nicht anders zu praktizieren ist, nicht auf Primärquellen, wie beispielsweise Aufzeichnungen von mittelalterlichen Kaufleuten oder Handelsgesellschaften und die Korrespondenz oder Lehrbriefe aus der damaligen Zeit, zurückgegriffen werden; vielmehr stützt sich die Argumentation auf Sekundärliteratur zum Kaufmannsleben im Mittelalter, der allerdings die Auswertung von solchem historischen Primärmaterial zugrunde liegt.

2. Merkmale der "vita oeconomica"

Bei der Kennzeichnung der mittelalterlichen Handwerkerexistenz durch die "vita oeconomica" greift Karl Abraham auf eine Arbeit über Franz Suarez, den Hauptrepräsentanten der sog. Spanischen Scholastik des 16. Jahrhunderts, [3)] zurück. Die scholastische Lehre unterschied drei Lebensbereiche des Menschen:

- "die "vita monastica", das Reich der individuellen persönlichen Tätigkeit des Einzelmenschen...",
- "die "vita oeconomica", das Reich des familiären Lebens..." und
- "die "vita politica", das Reich des staatlichen Lebens...". [4)]

Den hier interessierenden zweiten Lebensbereich, die "vita oeconomica", kennzeichnet Heinrich Rommen durch das "Ziel der geschlechtlichen Ergänzung von Mann und Weib, der Erzeugung und Erziehung der Kinder und der Sorge der für die zur Erhaltung des familiären Lebens nötigen Güter." Weiter wird die "vita oeconomica" in drei

Bereiche mit jeweils spezifischen Rechten und Pflichten differenziert, "so des Mannes und der Frau, der Eltern und Kinder, des Herrn und des Dieners. Die Leitung aller in diesen Lebensbereich gehörigen Lebensäußerungen steht dem Hausvater zu...". [5] Karl Abraham hebt an dieser Erläuterung der "vita oeconomica" einmal die zentrale Bedeutung der christlich verstandenen Ehe heraus: "In der vita oeconomica stand jegliche wirtschaftliche Arbeit in unmittelbarer Beziehung zur Ehe und empfing von dorther Sinn, Würde und Heiligung. Das Sakrament der Ehe verband die Eheleute zu gemeinsamem Leben, zu gemeinsamer Erziehung der Kinder und zu gemeinsamer Sorge um die für das Hauswesen notwendigen Güter." [6] Weiter betont Karl Abraham die Ungeteiltheit der Existenz des mittelalterlichen Menschen, dessen Bewußtsein eine Differenzierung seines Daseins in einzelne Rollen noch ferngewesen sei und der sich in der gesellschaftlichen Einheit "Familie" geborgen fühlen konnte: "Dem mittelalterlichen Handwerkerhaushalt war eine Trennung in eine berufliche und eine private Sphäre grundsätzlich fremd... Daß Geselle und Lehrling, Magd und Knecht mit dazu gehörten, war selbstverständlich, denn auch sie standen im Dienst der Familie. Im Hochmittelalter war es so, daß der Geselle im allgemeinen erwarten konnte, mit der Erlangung der Meisterwürde selbständig zu werden; Geselle sein als Lebensberuf war für das Mittelalter ein sinnwidriger Gedanke." [7] In "vita monastica", "vita oecnomica", und "vita politica" fand nach scholastischer Auffassung das Leben des Menschen die seiner Bestimmung gemäße Ordnung. Diese "umfaßte alle Dinge des Diesseits und des Jenseits von den niedrigsten Verrichtungen zum Zwecke der Erhaltung des körperlichen Daseins bis zu den höchsten Betätigungen des Geistes und der Seele und indem die Menschheit so in der rechten Ordnung lebte, wurde sie zur societas, zur Gesellschaft." [8] Hinzu kam die Überzeugung des mittelalterlichen Denkens, "daß die Stellung des einzelnen in der Gesellschaft der ihm von Gott zu seinem Heile angewiesene Platz war und daß sich aus dieser Eingeordnetheit in die Gesellschaft die ihm zufallende wirtschaftliche Aufgabe ergab". [9] Die Ausübung eines Berufs ließ sich somit als unmittelbare Erfüllung eines von Gott erteilten Auftrags begreifen, die zur Aufrechterhaltung der gottgewollten rechten Ordnung notwendig war.

Daraus lassen sich resümierend drei Merkmale der "vita oeconomica" festhalten. Sie implizierte

- die Gottgewolltheit und damit Gottgefälligkeit der beruflichen Tätigkeit und der gesellschaftlichen Stellung des mittelalterlichen Menschen;
- die Ungeteiltheit seiner Existenz;
- den unmittelbaren Bezug wirtschaftlicher Tätigkeit zur Ehe und ihre Einbettung in die Familie.

Mit diesen drei Kriterien soll im folgenden die Lebenswelt des mittelalterlichen Kaufmanns konfrontiert und dabei gefragt werden, ob sie für die Charakterisierung seiner Existenz zutreffende Maßstäbe sind.

3. Die Relevanz der "vita oeconomica" für die Kennzeichnung des mittelalterlichen Kaufmannslebens

3.1 Begriffspräzisierungen

Zuvor müssen jedoch zwei Begriffe präziser gefaßt werden als dies bisher geschehen ist: der des Mittelalters und der des Kaufmanns.

Der Epochenbegriff des Mittelalters dient zur Bezeichnung der Zeit zwischen Altertum und Neuzeit, deren Beginn etwa um 1500 datiert wird (Cellarius) bzw. zur Bezeichnung der Zeit der Feudalherrschaft, als deren Ende man das Jahr der Französischen Revolution 1789 ansieht (historischer Materialismus). [10)] Welche dieser beiden Abgrenzungen man auch wählt, man hat es mindestens mit dem Zeitraum vom 7. bis zum 15. bzw. 18. Jahrhundert, also mit 800 bzw. 1100 Jahren zu tun, der schon allein aus Gründen des Überblicks und einer genauen Gegenstandsfixierung historischen Arbeitens einer weiteren Unterteilung bedarf. Diese erfolgt meist durch die Unterscheidung von Früh-, Hoch- und Spätmittelalter. Die Ausführungen dieses Aufsatzes beziehen sich nur auf die beiden letzten Phasen, die des Frühmittelalters steht also außerhalb der Betrachtung. Dies scheint mit Blick auf die "vita oeconomica" schon deshalb zweckmäßig zu sein, weil im frühen Mittelalter der Ehe noch nicht das Verständnis der Scholastik unterlegt werden kann: Bei den merowingischen und frühkarolinischen Königen lassen sich noch Muntehe und Friedelehe nebeneinander beobachten, was konkret Bigamie bzw. Polygamie bedeutete, und ungeachtet des Einflusses der Kirche war die Eheschließung im frühen Mittelalter ein profaner Vorgang. Erst seit dem 12. Jahrhundert wurde die kirchliche Einsegnung des Brautpaares immer mehr zur Regel und die Ehe als Sakrament aufgefaßt. Ebenso war die Auflösung einer Ehe zumindest bis zum 9. Jahrhundert insofern einfach, als sich beide Partner darauf einigen konnten oder der Mann die Frau einfach verstieß, wenn er einen hinreichenden Grund hatte; und der war bereits gegeben, wenn der Partner bei der Eheschließung für frei gehalten worden war, tatsächlich aber unfrei war. [11)] Dies alles traf für die Epochen des Hoch- und Spätmittelalters nicht mehr zu.

Ebenso kann ohne weitere Präzisierung der Begriff des mittelalterlichen Kaufmanns zu Mißverständnissen führen. Ihm wäre ebenso der hausierende Kleinhändler zuzurechnen, der mit seinem "Kramkorb" im Land umherzog und Gegenstände wie Garn, Nadeln, Spindeln, Gürtel, Täschchen verkaufte und der damals recht häufig anzutreffen war, wie der Krämer oder Höker, der in seiner Heimatstadt oder auf auswärtigen Märkten ein größeres Warensortiment in seinem Laden oder seiner aufgeschlagenen Bude anbot, wie schließlich auch der Kaufmann, der Groß- und Fernhandel betrieb, der den Beschränkungen von Hausierern und Krämern hinsichtlich Sortiment und Auswahl der zu verkaufenden Waren nicht unterworfen war, "der überall hin nach Belieben reisen konnte, unter des Kaisers Schutz stand, sein Geschäft im Kaufhause betrieb und sich vom Rat der Stadt unabhängig fühlte". [12)] Obwohl in dieser Typologie der Handeltreibenden der Krämer aufgrund seiner häufig zu beobachtenden Seßhaftigkeit, der Begrenztheit seines Geschäftskreises und seiner Organisation in Gilden und Genossenschaften, die, ähnlich den Handwerkerzünften, unter anderem das Ziel hatten, Konkurrenz zwischen ihren Mitgliedern weitgehend auszuschalten, dem Typus des mittelalterlichen Handwerkers und damit der Existenzsphäre der "vita oeconomica" am nächsten kommen dürfte, stellt die Argumentation dieses Aufsatzes auf den hoch- und spätmittelalterlichen Groß- und Fernhandelskaufmann und sein Lebensumfeld ab. Denn schließlich war er es, der zum Ideal des "königlichen Kaufmanns" emporstilisiert wurde, dessen Hypostasierung schließlich bis weit in unser Jahrhundert hinein zum Leitbild kaufmännischer Berufserziehung wurde. [13)]

3.2 Ethische Vorbehalte gegenüber dem Beruf des Kaufmanns im mittelalterlichen Denken und ihre Gründe

Mittelalterliches Denken war primär theologisches Denken unter scholastischer Dominanz. Diese interpretierte zwar jegliche Art von Berufstätigkeit als Gottesdienst, machte jedoch gerade gegenüber der des Kaufmanns schwerwiegende ethische Vorbehalte geltend. Thomas von Aquin wünschte "weitgehendste Einschränkung" des Handels; dieser sollte allein der Deckung des dringendsten Lebensbedarfes dienen. [14)] "Wenn die Kaufleute nur darauf aus wären, den Bedarf der Ihren zu decken, die Armen zu unterstützen und dem Lande zu dienen, wäre ihr Wirken nicht sündig zu nennen...". Stattdessen züchte der Handel, wie Thomas von Aquin weiter ausführte, "einen Geist der Habsucht, welcher... bewirke, daß alles für Geld feil werde." [15)] Transaktionen, die über die Deckung des unmittelbaren Lebensbedarfs hinausgingen und die dem mittelalterlichen Kaufmann durchaus nicht fremd waren, standen deshalb unter dem Verdacht des Wuchers, ebenso alle Spekulations- und Finanzgeschäfte, die gegen das kirchliche Zinsverbot verstießen und von der Kirche streng verdammt wurden. [16)] Georg Steinhausen zieht hieraus das Fazit: "So rangierte denn in der Meinung der Kirche der Kaufmann als ein teuflischen Werken ergebener Mensch." [17)]

Dieses negative Kaufmannsbild des Hochmittelalters findet sich nahezu unverändert in den beiden großen Geistesströmungen des Spätmittelalters, in Humanismus und Reformation wieder. So urteilte Erasmus von Rotterdam über Kaufleute ebenso polemisch wie undifferenziert, wenn er sie die "thörichtste und schmutzigste Menschenklasse" nannte und fortfuhr: "sie treiben das verächtlichste aller Gewerbe und noch dazu auf die niederträchtigste Weise der Welt: ob sie schon lügen, falsch schwören, stehlen, betrügen und beständig andere zu beluchsen suchen, so wollen sie doch überall die Ersten sein, was ihnen durch ihr Geld gelingt." [18)] Sebastian Brant karikierte in seinem "Narrenschiff" Wucher und "Fürkauf", und "Hans Sachs sprach Volksmeinung aus, wenn er sagte, die Kaufleute wollten mit Faulenzen und Wucher und Fürkauf reich werden". [19)] Ebenso nahm Martin Luther 1524 von den Kaufleuten an, "daß unter ihrem Handel manch böser Kniff und schädliche Wucherpraktiken in Gebrauch sind, und zu befürchten ist, es gehe hier zu, wie Sir. 26,28 sagt, daß Kaufleute schwerlich ohne Sünde sein können." [20)]

Derartige herbe Urteile über den Kaufmannsstand gründeten sich indessen keineswegs auf bloße philosophische oder theologische Spekulationen, waren auch nicht nur von Sozialneid provozierte Diffamierungen der im großen Stil Handel Treibenden, sondern konnten an die Praxis der mittelalterlichen Groß- und Fernhandelskaufleute anknüpfen. Denn "das Gewinnstreben der Fernkaufleute war im Prinzip grenzenlos, da die Möglichkeiten der Reichtumsbildung unbegrenzt waren." [21] So ist überliefert, daß Jakob Fugger in höherem Alter auf den Vorschlag, sich zur Ruhe zu setzen, sinngemäß erwiderte: "Er hätte viel einen anderen Sinn, er wolle gewinnen, dieweil er könnte". [22] Der toscanische Großkaufmann Datini, der von 1335 bis 1410 lebte und dessen Lebensbild Iris Origo nachgezeichnet hat, warnte einen seiner Partner brieflich davor, sich auf unprofitable Geschäfte einzulassen, denn: "Ich habe keine Lust, das zu verlieren, was ich habe, weil ich es dringend brauche, um mehr daraus zu machen." [23] Solche Einstellungen implizierten die völlige Ergebenheit des Personals, also der Faktoren, Gehilfen und Lehrlinge, unter den Willen des Handelsherrn, die auch rigoros eingefordert wurde. [24]

In der Tat waren die Gewinne der mittelalterlichen Kaufleute oft extrem hoch und ihr Reichtum enorm. Die Fugger und Welser brachten es bei einzelnen Überseegeschäften auf Gewinnraten von 150 - 175 %, der Gewinn der Großen Ravensburger Handelsgesellschaft betrug jährlich 25 % des Gesamtkapitals, [25] und in der Höchstetterschen Gesellschaft sollen 900 Gulden Einlagekapital in sechs Jahren auf 33.000 Gulden gewachsen sein. [26] Für das 15. Jahrhundert stellt dann Claude Carrere als kaufmännisches Erfolgsrezept auf: "der beste Weg, im Großhandel Geld zu machen, (war), bereits welches zu besitzen" und für das ausgehende 17. Jahrhundert erwähnt Fernand Braudel einen jungen Sankt Gallener Kaufmannssohn, der von seinem Vater ein Startkapital von 100.000 Talern zur Verfügung gestellt bekam, "um zu sehen, wozu er fähig ist," und der im Laufe von nur einem Monat sein Kapital durch in Bordeaux getätigte "günstige Geschäfte" verdreifachen konnte. [27]

Mehr noch als Einzelpersonen waren die mittelalterlichen Handelsgesellschaften Gegenstand der öffentlichen Empörung, denen Preistreiberei, Geldgier, Geiz und Ausbeutung der Armen vorgeworfen wurde, [28] so daß schließlich in der "Reformation Kaiser Siegmunds" das "Verbot der Handelsgesellschaften und die Einschränkung der kaufmännischen Gewinne" gefordert wurde, und auch "die Städte setzten sich für die Auflösung der Handelsgesellschaften ein." [29] Unter den kaufmännischen Praktiken, die solche hohen Gewinne ermöglichten, wird von den Zeitgenossen, beispielhaft sei hier auf die schon zitierte Schrift Martin Luthers "Von Kaufshandlung und Wucher" aus dem Jahr 1524 zurückgegriffen, vornehmlich als verwerflich zitiert die Ausnutzung von Versorgungslücken und Notlagen: "Erstens haben die Kaufleute unter sich eine allgemeine Regel, das ist ihr Hauptspruch und Grund aller Wucherkniffe, daß sie sagen: Ich darf meine Ware so teuer geben, wie ich kann." [30] Weiter wird gegen den reinen Zwischenhandel und daran gekoppelte Spekulationsgeschäfte Stellung bezogen, die sich die mangelhafte Marktübersicht anderer zunütze machen. [31]

Schließlich sei noch auf einen Aspekt der Handelstätigkeit hingewiesen, der nicht gerade kennzeichnend für den mittelalterlichen Kaufmann war, der aber doch auf die Geschäftemacherei gerade der mediterranen Kaufleute ein bezeichnendes Licht wirft. Gemeint ist der Sklavenhandel. So ergab die Auswertung des Datini-Archivs Anhaltspunkte für derartige Aktivitäten, die allerdings "nie in wirklich großem Umfang betrieben wurde(n). Meist geht es nur um den Versand einer relativ kleinen Zahl von Sklaven, die zusammen mit allerhand anderen Waren verschifft wurden" [32)] und die zum Teil auch dem Eigenbedarf des betreffenden Kaufmanns gedient haben dürften. Jedoch belieferten die "abendländisch-christlichen Fernhändler arabische und islamische Kaufleute mit Waren, die mit Exportverbot belegt waren. An der Spitze stand der Export christlicher Sklaven, der außerordentlich hohe Gewinne - bis zu 1000 % - brachte." [33)] Bereits Mitte des 15. Jahrhunderts hatte sich im portugiesischen Lagos eine Handelsgesellschaft zum Verkauf von Negersklaven etabliert, die in Portugal und Madeira als Zuckerrohrarbeiter ausgebeutet wurden. Ebenso erhielten in Spanien private Unternehmer rund 50 Jahre später das Recht, Negersklaven zu importieren, und noch 1839 zog sich ein "Handelsherr mit einem Vermögen von rund 20 Millionen Mark ins Privatleben an die schöne Riviera zurück - das war der Gewinn von fast 100.000 Negersklaven, die er in 18 Jahren an die amerikanischen Abnehmer geliefert hatte..." [34)]

Auch scheinen die mittelalterlichen Kaufleute selbst im Blick auf ihre Geschäftspraktiken und die damit erworbenen Reichtümer in späteren Lebensjahren oft ein schlechtes Gewissen gehabt zu haben, das ihnen noch durch Sittenprediger weiter geschärft wurde. [35)] Darauf deuten jedenfalls die in zahlreichen Kaufmannstestamenten getroffenen Verfügungen über fromme und wohltätige Stiftungen für Kirche, Kloster und Armenpflege hin, die darauf abzielten, im Jüngsten Gericht die bei der Erzielung unrechtmäßigen Gewinns begangenen Sünden vergeben zu bekommen. [36)]

Als erstes Zwischenergebnis läßt sich daher festhalten, daß das scholastische Kriterium der Gottgewolltheit und Gottgefälligkeit der beruflichen Tätigkeit für die reale Berufsausübung des mittelalterlichen Groß- und Fernhandelskaufmanns nicht zutraf. Dies bestätigen die zahlreichen Angriffe auf den Kaufmannsberuf und die damit verbundenen Zurechtweisungen und Ermahnungen, die sowohl von Vertretern der Scholastik und der Reformation als auch von Repräsentanten des Humanismus wie der damaligen gebildeten Welt überhaupt vorgebracht wurden. Interpretierte die mittelalterliche Theologie den Beruf und die an ihn gekoppelte soziale Statuszuweisung als gottgewolltes und deshalb ergeben hinzunehmendes Faktum, so war gerade im Kaufmann das Streben mächtig, durch Anhäufung von Reichtum seine Unabhängigkeit ständig zu erweitern und auf diese Weise seine Macht zu vergrößern und seinen Sozialstatus zu verbessern.

3.3 Zur Vielseitigkeit des mittelalterlichen Kaufmannslebens

Sieht man die für den Handwerker des Mittelalters angenommene Ungeteiltheit seiner Existenz nicht nur als nicht näher nachweisbare psychische Verfassung an, begnügt man sich also nicht mit der Annahme, der mittelalterliche Handwerksmeister habe sein Dasein als nicht in verschiedene divergierende und auch konfligierende Rollen, sondern als Einheit erlebt, so benötigt man Merkmale seines äußeren Lebensvollzuges, die man als Indikatoren eben dieser Ungeteiltheit des Lebens ansehen könnte. Als solche Merkmale sind hier - auch mit Blick auf das vorhandene Material - gewählt worden:

- weitgehende räumliche Immobilität;
- Begrenztheit und Überschaubarkeit des Lebenskreises;
- ein natürliches, durch den Wechsel von Tag und Nacht und der Jahreszeiten bedingtes Zeitbewußtsein;
- ein den geltenden gesellschaftlichen Normen entsprechendes Verhalten.

Alle diese Kriterien dürften zur Kennzeichnung des mittelalterlichen Handwerkers zutreffen. Selbst ein so geistig reger und aufgeschlossener Handwerksmeister und Poet dazu wie Hans Sachs ist kaum jemals über die Ringmauern Nürnbergs und dessen Umland hinausgekommen. Seine Informationen bezog er unter anderem von durchreisenden und in Nürnberg ansässigen Kaufleuten. [37)] Bereits dies legt die Vermutung nahe, daß die genannten Punkte zur Kennzeichnung der mittelalterlichen Kaufmannsexistenz unzutreffend sind, was im folgenden nachgeprüft werden soll.

Im Mittelalter Kaufmann zu sein, bedeutete, unterwegs zu sein, sich mit seinen Waren auf Handelsreisen zu befinden - zu Lande und zu Meer. "Koplude, loplude" - auf diesen Nenner brachte ein altes Wortspiel das dauernde Unterwegssein des Kaufmanns mit den hohen Gewinnchancen, aber auch den ebenfalls hohen Gefahren und Risiken, so daß der Kaufmann, [38)] "etwa neben dem Mönch, als der Reisende schlechthin (gilt)." Begleitete der ausschließlich Eigenhandel treibende Kaufmann des Hochmittelalters noch seine Ware selbst, so erfolgte, nachdem die großen Kaufleute im Verlauf des 14. und 15. Jahrhunderts seßhaft geworden waren, [39)] eine Einschränkung des Reisens, jedoch nicht dessen völliges Unterbleiben. Der bereits erwähnte italienische Großkaufmann Datini war häufig unterwegs, beispielsweise um neue Handelsfilialen zu gründen oder um sich um bereits bestehende selbst zu kümmern, so daß er von seiner Familie in den Jahren von 1384 bis 1400 meist getrennt lebte. [40)] Weiter unternahmen Kaufleute auch regelmäßig Reisen zum Zweck des Geldeintreibens von (säumigen) Schuldnern, was mitunter allerdings auch von zuverlässigen Gehilfen besorgt wurde. [41)] Der Kaufmann führte also alles andere als ein "friedliches und stubenhokkerisches" Leben, [42)] und verglichen mit der Existenz des Handwerkers ist das Dasein des Kaufmanns durch Mobilität und Unruhe gekennzeichnet, und es gelangt - trotz aller Kaufmannsgilden - "nicht so ausschließlich in der Gemeinschaft zum Ausdruck" wie das des Handwerkers. [43)]

Ebenso war der mittelalterliche Kaufmann von der Begrenztheit und Überschaubarkeit des Handwerkerdaseins weit entfernt. Für den Fernhandelskaufmann war die Kenntnis fremder Sprachen unerläßlich, deren Erlernung im ober- [44)] wie im niederdeutschen [45)] Raum Bestandteil der Lehrlingsausbildung war: er mußte, wollte er seine Risiken in

Grenzen halten, die Marktgegebenheiten im Ausland kennen und sich Informationen über künftige Entwicklungen zu verschaffen suchen, er mußte die politischen Verhältnisse im In- und Ausland abschätzen können. "Er mußte gute Beziehungen zu den fremden Landesherren und Konkurrenten unterhalten, sich nach den örtlichen Gepflogenheiten und Gesetzen richten..." [46] Als Kaufmann erfolgreich zu sein, bedeutete, über die Grenzen des eigenen Lebensraumes, der Stadt, der Handelsniederlassung, hinauszublicken und Fakten sowie Konstellationen ins Kalkül einzubeziehen, von denen sich der mittelalterliche Handwerker nichts träumen ließ. Verglichen mit ihm hatte der Kaufmann nicht nur weit größere Bewegungsfreiheit, sondern auch größere Selbständigkeit und "Möglichkeiten, die enge Gebundenheit des mittelalterlichen Menschen zu überwinden." [47]

Weitsicht und realistische Einschätzung von ökonomischen und politischen Entwicklungen schärften das Zeitbewußtsein des Kaufmanns im Mittelalter. "Anschaulicher Ausdruck hierfür ist bekanntlich seit dem 14. Jahrhundert das Aufkommen der Uhrtürme in den italienischen Handelsstädten, die im Besitz der bürgerlichen Gemeinde waren." [48] Gewiß war der Kaufmann im Mittelalter wie auch der Handwerker dem Wechsel von Tag und Nacht, Sommer und Winter unterworfen, was in der Hanse in der Unterscheidung von Sommer- und Winterfahrern [49] zum Ausdruck kam, doch dürfte es bei ersterem nicht nur öfter vorgekommen sein, daß er in Abend- oder Nachtstunden noch in seinem Kontor oder der "skrive-kamere" Aufzeichnungen machte oder eigenhändig Briefe schrieb, [50] er mußte auch in Wochen und Monaten vorausdenken, um seine Dispositionen, etwa den Aufkauf einer neuen Safranernte betreffend, [51] vornehmen zu können.

War der mittelalterliche Zunfthandwerker darauf bedacht, das für seinen Lebensunterhalt Nötige zu erwerben, und war bei ihm und den meisten seiner Zeitgenossen das Bewußtsein vorhanden, "daß der Mammon vom Teufel sei und das Zinsnehmen und das Konkurrenzdenken keine Stütze in Christi Botschaft habe", so haben die "Kaufleute der sogenannten frühkapitalistischen Ära, die Fugger und Welser in Augsburg, die Humpiss und Mötteli in Ravensburg und so fort... diese Bedenken vom Tisch gewischt und sich eine neue Organisationsform zunutze gemacht, indem sie Heimarbeiter für sich werken ließen..." [52] Doch auch der Reichtum der hansischen Kaufleute stammte "... nicht nur aus Erträgen der Handelsgeschäfte, sondern auch aus Krediteinkünften, aus Gesellschafts- oder Schiffsanteilen, aus Grund- und anderen Renten..." [53] Freilich lebte auch der mittelalterliche Kaufmann unter den religiösen Normen seiner Zeit, und er dürfte sie auch akzeptiert haben, obwohl mitunter selbst seine Frömmigkeit als "kommerziell eingefärbt" bezeichnet wird. [54] Ebenso hatte die Hanse "in ihren Beschlüssen oft genug Prinzipien der kaufmännischen Redlichkeit festgelegt, aber die Hanserezesse sind voll von Beschwerden von außerhalb und aus den Hansestädten selbst über zu kleine Tuchmaße oder zu kleine Heringstonnen, schlechte Tuche usw." [55]

Dies alles deutet darauf hin, daß der Kaufmann den Typ des mittelalterlichen Menschen repräsentierte, der zwar innerhalb der Gesellschaft und der sie prägenden Normen lebte, der aber am ehesten bereit gewesen sein dürfte, sich über letztere hinwegzusetzen, wenn es einträglich für ihn war.

Damit zeichnet sich als zweites Zwischenergebnis ab, daß sich die Ungeteiltheit der mittelalterlichen Handwerkerexistenz, wenn man "Ungeteiltheit" wie oben vorgenommen konkretisiert, nicht auf das Dasein des Groß- und Fernhandelskaufmanns übertragen läßt. Dessen Leben war, anders als das des Zunfthandwerkers, von Mobilität und Dynamik bestimmt, er benötigte gerade aus beruflichen Gründen Weitblick und Scharfsicht sowohl in räumlicher als auch in zeitlicher Hinsicht. Aufgeschlossenheit allein für Entwicklungen, die nicht seinen unmittelbaren Lebensraum und seine unmittelbare Gegenwart betrafen, genügte nicht. Kaufmann zu sein bedeutete daher, auch was Raum und Zeit anbelangte, über die Grenzen des mittelalterlichen Menschen hinauszublicken und sie allmählich zu überschreiten.

3.4 Der Bezug der mittelalterlichen Kaufmannstätigkeit zur Ehe und Familie

Obwohl keine statistischen Angaben darüber vorliegen, läßt sich mit guten Gründen annehmen, daß die meisten mittelalterlichen Kaufleute verheiratet waren, wobei "die Ehe von dem rechnenden Kaufmann weitgehend als ein Geschäft betrachtet" [56)] wurde. Allerdings ergibt sich für die Kaufmannsehe, verglichen mit der des Handwerkers, ein entscheidender Unterschied: Lebte der Handwerker in ständiger Gemeinschaft mit seiner Frau im gleichen Haus, in dem sowohl Werkstatt als auch Küche und Wohnräume untergebracht waren, [57)] so verbrachte der Kaufmann einen beachtlichen Teil seines Lebens außerhalb von Ehe und Familie. Der Hansekaufmann lebte innerhalb der Hansekontore, in denen er oft die Hälfte des Jahres, manchmal auch mehr zubrachte, in einer reinen Männergesellschaft [58)] und führte meist ein nahezu "mönchisches Dasein". [59)] Auch der süddeutsche und mediterrane Kaufmann befand sich häufig auf Reisen und lebte dann wochen- und monatelang von seiner Frau getrennt. [60)] Abgesehen von dieser Beeinträchtigung der Kaufmannsehe durch häufige und längere Abwesenheit des männlichen Partners, gab es für Kaufleute bzw. für deren Gehilfen, insbesondere für die einer Handelsniederlassung im Ausland vorstehenden Faktoren, Eheerschwernisse bzw. Eheverbote. So war Nichtverehelichung bzw. späte Eheschließung typisch für die Bergenfahrer innerhalb der Hanse. Nach Angaben von Philippe Dollinger waren "von den 187, über welche Angaben vorliegen, (...) 82 verheiratet, davon hatten 43 eheliche Kinder." [61)] Am Londoner Stalhof der Hanse mußten Faktoren unverheiratet sein, [62)] ebenso war das Privatleben der Faktoren in den Niederlassungen des bereits erwähnten toscanischen Kaufmanns Datini streng reglementiert: sie durften weder verheiratet sein, noch eine Geliebte haben. [63)] Weiter finden sich Hinweise auf Entlassungen von Handelspersonal wegen Eheschließung gegen den Willen des Dienstherrn. [64)] Dies alles mutet erstaunlich für eine Zeit an, in der "das Triebleben noch archaischer ist, noch ungehemmter und ungenierter" [65)] und in der frühe Eheschließungen üblich waren: "Dürers Mutter heiratete mit 15 Jahren, Ullman Stromers zweite Frau mit 14 1/2 Jahren, seine Tochter mit 14. Zeitweise mußte der Nürnberger Rat verbieten, daß Lehrlinge heirateten." [66] In der Tat war in dieser Hinsicht auch das Kaufmannsleben nicht so asketisch, wie es aufgrund obiger Angaben scheint. So stellt Karl Pagel hinsichtlich der hansischen Bergenfahrer fest: "Begreiflicherweise hatte die von den Statuten erzwungene Ehelosigkeit einer so großen Menge meist jüngerer Männer Begleiterscheinungen im Gefolge, die zu bürgerlichem Wohlverhalten nicht paßten. Es wird erzählt, daß ganze Schiffe voll Dirnen nach Bergen kamen." [67] Für den Londoner Stalhof galt das wohl nicht ohne jeden Anlaß verhängte Verbot des Mitbringens von Dirnen, [68] und den Faktoren Datinis waren zwar Ehefrau oder Geliebte untersagt, nicht aber Verhältnisse zu den Sklavinnen, die den Haushalt des Kontors führten, [69] obwohl auch derartige Liaisonen ungern gesehen, indessen toleriert wurden. Einer dieser Faktoren "hatte nicht nur eine Sklavin nach der anderen als Geliebte, sondern bestand auch noch darauf, jeden Bankert bei sich im fondaco aufzuziehen, statt ihn zu einer Amme fortzugeben. Letzteres scheint Francesco (Datini) an seinem Lebenswandel am meisten empört zu haben." [70]

Doch auch mancher verheiratete Kaufmann "hat bereits damals seiner Frau Anlaß zu Klagen gegeben; in den Testamenten spiegelt sich dies in hohen Legaten - Geld, Grundstücken, Hausrat und anderem - an Mägde, Köchinnen und "Freundinnen" wider." [71]

Indessen wäre es verfehlt, aus diesen Angaben auf eine besondere Unmoralität des Kaufmanns hinsichtlich seines Sexuallebens zu schließen. Er war hierin lediglich Kind seiner Zeit, und das war eine Zeit, in der "Ehen in erster Linie unter Berücksichtigung materieller Erwägungen geschlossen (wurden)", [72] in der außereheliche Liebe weitgehend geduldet wurde, voreheliches Konkubinat häufig vorkam, uneheliche mit ehelichen Kinder aufwuchsen, "der Mann (...) sich auch vor der Gesellschaft seiner außerehelichen Beziehungen nicht zu schämen" brauchte, [73] Ehemänner nicht selten eine ständige Geliebte hatten, und in Mainz zeitweise Bigamie geduldet worden zu sein scheint. "Daneben gab es in großer Zahl Bordelle, (die) in das städtische Leben geradezu integriert" waren. [74]

Zwischen familiärer und beruflicher Existenz des Kaufmanns besteht insofern ein enger Zusammenhang, als der Kaufmann nicht nur seiner Familie im eigentlichen Sinn, bestehend aus Frau, Kindern, Verwandten, in patriarchalischer Weise vorstand, sondern ebenso seinen Gehilfen und Lehrlingen. "Da Du mein Sohn bist, sollst Du nur tun, was ich Dich heiße" schrieb Francesco Datini an einen jungen Gehilfen, und hinsichtlich eines unbotmäßigen Lehrjungen gab er dem Leiter seiner Handelsniederlassung in Barcelona den Rat: "Züchtigt ihn auf jede Art und Weise, auch wenn es Euch Mühe macht..."; [75] jedoch kümmerte sich, "wenn einer seiner Leute krank war, ... Francesco mit wahrhaft väterlicher Fürsorge um ihn." [76] Allerdings schlossen derartige patriarchalische Verhältnisse nicht immer und überall familiäre Lebensformen zwischen Handelsherrn und Bediensteten bzw. Lehrlingen mit ein. Beispielsweise gab es im Hansekontor zu Nowgorod eigene Wohn- und Speiseräume für Handelsknechte und Lehrjungen, die von denen der Kaufleute abgesondert waren, [77] die Lehrlinge bildeten dort einen eigenen sozialen Verband (waren also gerade nicht in einen familiären Verbund mit ihren Lehrherren eingegliedert), dem eine begrenzte Selbstverwaltung eingeräumt wurde, was in der Wahl eines eigenen Oldermanns zum Ausdruck kam. [78] Läßt sich die damals übliche Mithilfe des Lehrlings im Haushalt [79] noch mit der Vorstellung der Einbettung der Lehrlingsausbildung in das Hauswesen des Lehrherrn in Einklang bringen, so sprechen die in Mittelalter wie in früher Neuzeit immer wieder anzutreffenden Klagen über eine schlechtere Behandlung der Lehrlinge im Vergleich mit den natürlichen Familienmitgliedern beredt gegen eine wirkliche familiäre Integration der ersteren. Über die diesbezüglichen Verhältnisse bei der Großen Ravensburger Handelsgesellschaft schreibt Penndorf: "Andere Lehrknaben speise man fast übel und läßt sie trockenes Brot beißen", während die Neffen von Mitgliedern der Gesellschaft ausgesprochen üppig gehalten wurden. [80] Weiter scheint es zur Zeit Marpergers vorgekommen zu sein, daß es beim gemeinsamen Mittagessen, an dem Gehilfen und Lehrlinge teilnahmen, knapp und kärglich zuging, der Prinzipal mit seiner engeren Familie aber schon vorab eine Zwischenmahlzeit zu sich genommen hatte oder man Lehrlinge überhaupt am Gesindetisch essen [81] und sie erst nach Abschluß der Lehrzeit zur Tafel des Hausherrn vorrücken ließ. [82] Gegen Ende des 18. Jahrhunderts bemerkt dann ein anonymer Verfasser: "Im Winter bei der strengsten Kälte müssen die Lehrlinge oft mit schon erfrorenen Händen und Füßen ım Gewölbe bleiben, und dürfen selbst bei müßiger Zeit nicht in das geheizte Zimmer eintreten, weil es der Prinzipal entweder unter seiner Würde hält, mit seinen Lehrlingen in einem Zimmer zu sein, oder weil er sie noch mehr abhärten will." [83] Die "Oberen" der Ravensburger Handelsgesellschaft gaben gar ihren Faktoren hinsichtlich der Behandlung von Lehrlingen die Anweisung: "Heißt sie an Feiertagen in das Scriptori sitzen und rechnen, Briefe lesen, nicht, daß sie spazierengehen. Ist unsere ernstliche Meinung." [84] - was ebenfalls nicht auf familiäre Einbindung hinweist, zu der die Faktoren aufgrund der ihnen häufig aufgenötigten Ehelosigkeit auch gar keine Möglichkeit gehabt hätten. Schließlich haben auch die für ihre Grausamkeit berüchtigten "Bergener Spiele" [85] keine familiären Aspekte; sie lassen sich vielmehr als Aufnahmeriten in eine rauhe, auf bescheidenem Sozialstatus verharrende Männergesellschaft interpretieren, die gerade durch die brutalen Bräuche der Spiele die Söhne wohlhabender Kaufleute abschrecken und auf diese Weise ihre soziale Homogenität erhalten wollte. [86]

Als drittes Zwischenergebnis steht damit fest, daß das Verhältnis des Kaufmanns zu Ehe und Familie in der Realität anders bestimmt war als beim Handwerker. Dies ergibt sich einmal daraus, daß der Kaufmann über kürzere und oft auch längere Perioden wegen seiner Geschäfte von seiner Familie getrennt lebte, sei es in den Kontoren der Hanse von Brügge bis Nowgorod, sei es in den Quartieren ausländischer Handelsmetropolen wie dem Fondaco dei Tedeschi in Venedig, [87] sei es durch die Gründung oder den Besuch eigener Handelsfilialen. Zum anderen gab es unter Kaufleuten bzw. kaufmännischen Bediensteten Gruppen, für welche die Ehe eine mehr sekundäre Rolle spielte, sei es, weil die wirtschaftlichen Verhältnisse nur eine späte Heirat erlaubten (wie bei den Bergenfahrern) oder Ehelosigkeit erzwungen wurde (wie bei vielen Faktoren und Bediensteten ausländischer Handelsniederlassungen).

Da die Ehe ihrerseits wieder Voraussetzung für die Familie und damit die familiäre Einbettung der beruflichen Existenz war, überrascht es nicht, daß der Einbezug von Lehrlingen und Gehilfen in die Kaufmannsfamilie in der Realität oft nicht gegeben war oder aber nicht reibungslos funktionierte oder Defekte aufwies, was in einer immer wieder zu beobachtenden Schlechterstellung von Lehrling und Bediensteten gegenüber natürlichen Familienmitgliedern zum Ausdruck kam.

4. Ergebnis

Wie die Diskussion der drei Merkmale der "vita oeconomica" auf den vorhergehenden Seiten gezeigt hat, ist sie kein brauchbarer Topos zur Charakterisierung der mittelalterlichen Kaufmannsexistenz. Gottgewolltheit und Gottgefälligkeit des Kaufmannsberufs waren nicht nur den mittelalterlichen Theologen, sondern auch vielen der damals lebenden Menschen zumindest fragwürdig; Ungeteiltheit der Existenz kann für den Kaufmann nicht in der gleichen Weise behauptet werden wie für den Handwerker, da das Leben des Groß- und Fernhandelskaufmanns durch Unruhe, Mobilität und Dynamik gekennzeichnet war. Auch die Beziehung des Kaufmanns zu Ehe und Familie ist anders geprägt als beim Handwerker, weil Kaufleute häufig einen beachtlichen Teil ihrer Lebenszeit aus beruflichen Gründen fern von ihrer Familie verbrachten und kaufmännische Bedienstete oft zur Ehelosigkeit verpflichtet bzw. bei einem Heiratsvorhaben von der Genehmigung durch ihren Dienstherrn abhängig waren. Weiter kann ungeachtet der herrschenden patriarchalischen Verhältnisse nicht davon ausgegangen werden, daß Kaufmann und Hilfspersonal eine große Familie im Sinn der "vita oeconomica" gebildet hätten, da kaufmännische Arbeiten immer auch "außer Haus" anfielen und insofern die Abwesenheit des Kaufmanns oder der Bediensteten erforderten und offenbar auch Unterschiede zwischen natürlichen Familienmitgliedern und solchen von Berufs wegen gemacht wurden.

Dieses im Blick auf die Ausgangsfragestellung des Aufsatzes negative Ergebnis überrascht indessen nicht, wenn man bedenkt, daß es sich bei der Differenzierung der menschlichen Existenz in "vita monastica", "vita oeconomica" und "vita politica" um eine Konstruktion der Scholastik handelt. Man braucht deren Vertreter wegen ihrer "Geringschätzung des Handels" nicht gleich mit Louis Jacques Zimmerman als "introvertierte philosophische Elite" anzusehen, [88] denn die Vorbehalte der Theologen, Philosophen und Humanisten gegen die Kaufmannstätigkeit im großen Stil waren ja keineswegs aus der Luft gegriffen, sondern hatten ihre Anknüpfungs- und Bezugspunkte durchaus in der Realität kaufmännischer Geschäftspraktiken.

Indessen darf vermutet werden, daß aufgrund der überwiegend negativen Einstellung der Scholastik zum Beruf und zu den Geschäften des Kaufmanns dieser bei der Konstruktion der drei "viten" kaum eine Rolle gespielt haben dürfte, dazu standen ihm die Vertreter der Scholastik zu fern.

In seinen historischen Vorlesungen zur Wirtschaftspädagogik hat Karl Abraham immer wieder darauf hingewiesen, daß die großen gesellschaftlichen Auseinandersetzungen in Mittelalter und früher Neuzeit von religiösen Fragen dominiert gewesen seien, während den politischen Auseinandersetzungen des 19. und 20. Jahrhunderts ökonomische Probleme zugrunde lägen. Zu dieser Entwicklung, deren gegenwärtiger Stand die Konfrontation von kapitalistischen und sozialistischen Gesellschaftssystemen ist, haben sicher viele Faktoren beigetragen - darunter auch der mittelalterliche Groß- und Fernhandelskaufmann. Der französische Sozialhistoriker Fernand Braudel warnt nachdrücklich davor, "den 'wahren' Kapitalismus mithin erst spät, erst mit dem Übergreifen auf den Produktionssektor, anzusetzen und zuvor nur von Handels- oder Frühkapitalismus zu sprechen" und gibt als Begründung an: "In Wirklichkeit waren... die großen 'Kaufleute' früherer Zeiten nie spezialisiert, sondern betrieben gleichrangig neben- oder auch nacheinander Handels-, Bank- und Finanzgeschäfte, widmeten sich der Börsenspekulation und im Rahmen des Verlagssystems bzw. gelegentlich auch der Manufakturen der 'industriellen' Produktion...".[89] Diese "Koexistenz mehrerer Formen des Kapitalismus "läßt sich bereits in Florenz im 13., in Amsterdam im 17. und in London noch vor dem 18. Jahrhundert nachweisen.[90]

Die mittelalterlichen Kaufleute waren damit diejenige gesellschaftliche Schicht, die nicht nur die realen Möglichkeiten hatte, die "enge Gebundenheit des mittelalterlichen Menschen zu überwinden", [91] sondern in der bereits das Potential zu den Veränderungen lag, wie sie Karl Abraham ausgesprochen hat, und damit auch das Potential zur Überwindung des Mittelalters schlechthin. Auch darum läßt sich die Existenz des Kaufmanns nicht unter das scholastische Konstrukt der "vita oeconomica" fassen.

Anmerkungen:

(1) ABRAHAM, K.: Der Betrieb als Erziehungsfaktor (= Bd. 3 der Wirtschaftspädagogischen Schriften hrsg. v. F. Schlieper), 2. Aufl., Freiburg i. Br. 1957, S. 58 - 59

(2) STRATMANN, K.: Zur Sozialgeschichte der Berufsbildungstheorie. In: ZBW 84 (1988), S. 583

(3) LOTZ, J. B.: Scholastik/BRUGGER, W.: Suarezianismus. Beide in: BRUGGER, W. (Hrsg.): Philosphisches Wörterbuch. 19. Aufl., Freiburg 1988, S. 335 - 337 und S. 382 - 383

(4) ROMMEN, H.: Die Staatslehre des Franz Suarez S.J. M.-Gladbach 1926, S. 135 - 136

(5) Ebenda

(6) ABRAHAM, K.: a. a. O., S. 59

(7) Ebenda, S. 59 - 60

(8) Ebenda, S. 60

(9) Ebenda, S. 60

(10) BAYER, E. (Hrsg.): Wörterbuch zur Geschichte. 4. Aufl., Stuttgart 1980, S. 360 - 361

(11) GOETZ, H.-W.: Leben im Mittelalter. München 1986, S. 39 - 49

(12) STEINHAUSEN, G.: Der Kaufmann in der deutschen Vergangenheit. Leipzig 1899, S. 29 - 31

(13) ZABECK, J.: Vom königlichen Kaufmann zum kaufmännischen Angestellten - Die Idee der kaufmännischen Berufsbildung im Wandel der Zeit. In: Wirtschaft und Erziehung 31(1979), S. 273 - 280

(14) STEINHAUSEN, G.: a. a. O., S. 33

(15) ZIMMERMAN, L. J.: Geschichte der theoretischen Volkswirtschaftslehre, 3. Aufl., Köln 1967, S. 17

(16) ORIGO, I.: "Im Namen Gottes und des Geschäfts". München 1985, S. 136

(17) STEINHAUSEN, G.: a. a. O., S. 33

(18) Zitiert nach STEINHAUSEN, G.: a. a. O., S. 78

(19) STEINHAUSEN, G.: a. a. O., S. 79

(20) LUTHER, M.: Von Kaufshandlung und Wucher 1524. In: LUTHER, M.: Der Christ in der Welt (= Bd. 7 von Luther Deutsch, hrsg. v. K. Aland), 2. Aufl., Göttingen 1967, S. 263

(21) MASCHKE, E.: Das Berufsbewußtsein des mittelalterlichen Fernkaufmanns. In: HAASE, C. (Hrsg.): Die Stadt des Mittelalters. 3. Bd.: Wirtschaft und Gesellschaft. Darmstadt 1973, S. 180

(22) Ebenda.

(23) ORIGO, I.: a. a. O., S. 115

(24) KELBERT, H.: Die Berufsbildung der deutschen Kaufleute im Mittelalter. Berlin (DDR) 1956, S. 49; ebenso: ORIGO, I.: a. a. O., S. 107

(25) KELBERT, H.: a. a. O., S. 4

(26) STEINHAUSEN, G.: a. a. O., S. 77

(27) Alle Zitate bei BRAUDEL, F.: Sozialgeschichte des 15. - 18. Jahrhunderts. Bd. 2: Der Handel. München 1986, S. 416.

(28) So etwa Geiler von Kaisersberg. Siehe dazu: STEINHAUSEN, G.: a. a. O., S. 77.

(29) KELBERT, H.: a. a. O., S. 5

(30) LUTHER, M.: a. a. O., S. 265

(31) Ebenda, S., 275 - 281

(32) ORIGO, I.: a. a. O., S. 87

(33) MASCHKE, E.: a. a. O., S. 206 - 207

(34) SCHÄFER, E.: Der Handel mit lebendem Ebenholz. In: Der Kaufmann und das Leben (= Beiblatt zur Zeitschrift für Handelswissenschaft und Handelspraxis) Nr. 15/1912, S. 242

(35) STEINHAUSEN, G.: a. a. O., S. 72

(36) ORIGO, I.: a. a. O., S. 135 und S. 306 - 311; wie auch MASCHKE, E.: a. a. O., S. 204 - 205 und S. 209 - 211

(37) MENDE, M.: Was in der Welt passiert. In: Stadtgeschichtliche Museen, Nürnberg (Hrsg.): Die Welt des Hans Sachs. Nürnberg 1976, S. XXIII

(38) ROPP, G. v. d.: Kaufmannsleben zur Zeit der Hanse (= Pfingstblätter des Hansischen Geschichtsvereins, Blatt III). Leipzig 1907, S. 27 - 28

(39) DOLLINGER, Ph.: Die Hanse. 3. Aufl., Stuttgart 1981, S. 216

(40) ORIGO, I.: a. a. O., S. 145

(41) STEINHAUSEN, G.: a. a. O., S. 56

(42) Ebenda, S. 20

(43) ROPP, G. v. d.: a. a. O., S. 2

(44) PENNDORF, B.: Geschichte des kaufmännischen Unterrichtswesens. In: ZIEGLER, A. (Hrsg.): Handbuch des kaufmännischen Unterrichtswesens. Erster Band. Leipzig 1916, S. 116 - 118

(45) BRUCHHÄUSER, H.-P.: Zur mittelalterlichen Auslandslehre deutscher Kaufmannssöhne in Novgorod. In: DtBFSch, 75(1979), S. 658

(46) ORIGO, I.: a. a. O., S. 104

(47) SCHILDHAUER, J.: Die Hanse. Leipzig 1984, S. 101

(48) MASCHKE, E.: a. a. O., S. 190

(49) PAGEL, K.: Die Hanse. Braunschweig 1983, S. 95

(50) ORIGO, I.: a. a. O., S. 9 - 10 und SCHILDHAUER, J.: a. a. O., S. 107

(51) MASCHKE, E.: a. a. O., S. 190

(52) BORST, O.: Alltagsleben im Mittelalter. Frankfurt am Main 1983, S. 222 - 223

(53) DOLLINGER, Ph.: a .a .O., S. 210

(54) MASCHKE, E.: a. a. O., S. 201

(55) Ebenda, S. 211

(56) SCHILDHAUER, J.: a. a. O., S. 108; ebenso ROPP, G. v. d.: a. a. O., S. 41

(57) BORST, O.: a. a. O., S. 237 - 241

(58) PAGEL, K.: a. a. O., S. 101

(59) ROPP, G. v. d.: a. a. O., S. 2

(60) ORIGO, I.: a. a. O., S. 145

(61) DOLLINGER, Ph.: a. a. O., S. 214

(62) PAGEL, K.: a. a. O., S. 104

(63) ORIGO, I.: a. a. O., S. 103

(64) PENNDORF, B.: Die kaufmännischen Angestellten eines Nürnberger Handelshauses im 16. Jahrhundert. In: Der Kaufmann und das Leben (= Beiblatt zur Zeitschrift für Handelswissenschaft und Handelspraxis) Nr. 2/1925, S. 20; ebenso: BORST, O.: a. a. O., S. 441

(65) BORST, O.: a. a. O., S. 392

(66) SCHREYL, K. H.: Das Leben in der Stadt. In: Stadtgeschichtliche Museen Nürnberg (Hrsg.): Die Welt des Hans Sachs. Nürnberg 1976, S. XIV

(67) PAGEL, K.: a. a. O., S. 101

(68) Ebenda, S. 104

(69) ORIGO, I.: a. a. O., S. 103

(70) Ebenda, S. 113

(71) SCHILDHAUER, J.: a. a. O., S. 108

(72) SCHREYL, K. H.: a. a. O., S. XIV

(73) BORST, O.: a. a. O., S. 401

(74) SCHREYL, K. H.: a. a. O., S. XV - XVI

(75) ORIGO, I.: a. a. O., S. 106

(76) Ebenda, S. 103

(77) PAGEL, K.: a. a. O., S. 95

(78) BRUCHHÄUSER, H.-P.: a. a. O., S. 660

(79) ROPP, G. v. d.: a. a. O., S. 21

(80) PENNDORF, B.: Die kaufmännischen Angestellten der Großen Ravensburger Handelsgesellschaft (1380 - 1530). In: Der Kaufmann und das Leben (= Beiblatt zur Zeitschrift für Handelswissenschaft und Handelspraxis) Nr. 6/1925, S. 50

(81) WEBER, E.: Der Handlungslehrling vor 200 Jahren. In: Der Kaufmann und das Leben (= Beiblatt zur Zeitschrift für Handelswissenschaft und Handelspraxis) Nr. 2/1912, S. 29 - 30

(82) STEINHAUSEN, G.: a. a. O., S. 109

(83) Anonymus: Einige Bemerkungen und Wünsche zur Beförderung der Humanität und guten Erziehung im Kaufmannsstande... In: POTT, K. (Hrsg.): Über kaufmännische Erziehung. Rinteln 1977, S. 98.

(84) PENNDORF, B.: Die kaufmännischen Angestellten der Großen Ravensburger Handelsgesellschaft (1380 - 1530), a. a. O., S. 50

(85) PAGEL, K.: a. a. O., S. 102

(86) ROPP, G. v. d.: a. a. O., S. 25; ebenso: PAGEL, K.: a. a. O., S. 102

(87) PENNDORF, B.: Das Haus der deutschen Kaufleute in Venedig. In: Zeitschrift für Handelswissenschaft und Handelspraxis, Heft 4/1929, S. 116 - 118

(88) ZIMMERMAN, L. J.: a. a. O., S. 17

(89) BRAUDEL, F.: Sozialgeschichte des 15. bis 18. Jahrhunderts. Bd. 3: Aufbruch zur Weltwirtschaft. München 1986, S. 696

(90) Ebenda.

(91) SCHILDHAUER, J.: a. a. O., S. 101

Eberhard Jobst: Herausforderungen an die Bildungspolitik in den 90er Jahren

Zur Person:

Dipl.-Hdl. Dr. rer. pol. Eberhard Jobst, Ministerialrat

Jahrgang 1938; Studium Wirtschaftspädagogik und Französisch an den Universitäten Frankfurt (Main), Tours und Paris 1958 - 1964; Forschungsauftrag in USA, Lehrbeauftragter der Midwestern University, Wichita Falls, Texas 1964 - 1967; Promotion an der Universität Frankfurt (Main) (Thema: Sozioökonomische Grundbildung) 1968; Assistant Professor, California Institute of Technology, Pasadena, Cal. 1967 - 1970; Pädagogischer Leiter, Hamburger Fernlehr-Institut, Hamburg 1970 - 1972; Referent, Bund-Länder-Kommission für Bildungsplanung und Forschungsförderung, Bonn (Arbeitsschwerpunkte: Berufliche Bildung, Weiterbildung, Hochschulbereich) 1972 - 1983; Lehrauftrag Bildungsplanung, Universität Bielefeld WS 1981/82, WS 1982/83 und SS 1985; Leiter Grundsatzreferat, Bundesministerium für Bildung und Wissenschaft, Bonn seit 1983

1. Vorbemerkung

In der letzten Zeit ist ein wachsendes politisches Interesse an Fragen von Bildung, Wissenschaft und Kultur festzustellen. Dies ist erfreulich, nachdem die Bildungspolitik über Jahre hinweg im öffentlichen Ansehen nicht gerade einen Spitzenplatz einnahm, zumal der stark ideologisch geprägte Parteienstreit der Bildungspolitiker – vor allem konzentriert auf Struktur- und Organisationsfragen – vielfach von der Öffentlichkeit nicht nachvollzogen werden konnte. Diese Phase ist überwunden. Bildungspolitik, eingebettet in Problemstellungen anderer Politik- und Lebensbereiche, hat wieder einen hohen Stellenwert. Als Beispiel dafür sei die vom Deutschen Bundestag im Dezember 1987 eingesetzte Enquete-Kommission "Zukünftige Bildungspolitik - Bildung 2000" genannt, deren Ziel es ist, in gemeinsamer Anstrengung aller Fraktionen des Deutschen Bundestages unter Einbeziehung von Sachverständigen von außerhalb des Parlaments bildungspolitische Antworten auf neue technologische, ökonomische, ökologische und soziale Herausforderungen zu finden.

Bildung, Wissenschaft und Kultur werden zunehmend als grundlegende Faktoren zur Zukunftsgestaltung erkannt. Sie sind nicht nur entscheidend für Schule, Berufsausbildung und Hochschule, sie prägen ganz wesentlich die Gestalt und das Niveau der Berufswelt, ebenso die Welt der zunehmenden Freizeit. Sie beinflussen aber auch die politische Kultur dieses Landes als freiheitlich demokratisch verfaßter Staat. Sie bilden die Grundlage für den einzelnen, seine Persönlichkeit zu entwickeln, als Bürger am gesellschaftlichen Leben teilzuhaben und dieses selbst mitzugestalten. Von der Leistungsfähigkeit des Bildungswesens hängen die Lebensqualität der Gesellschaft und damit die persönliche Zukunft jedes einzelnen ab. Daher gehört es zu den Aufgaben einer zukunftsorientierten Bildungs- und Wissenschaftspolitik, die Voraussetzungen zu schaffen, für ein breites, vielfältiges und differenziertes Bildungsangebot, das auf eine optimale Förderung des einzelnen entsprechend seinen Fähigkeiten und Neigungen ausgerichtet ist und dabei gleichzeitig dem Qualifikationsbedarf des Beschäftigungssystems Rechnung trägt.

2. Rahmenbedingungen

Die Herausforderungen an die Bildungspolitik in den 90er Jahren ergeben sich aus dem tiefgreifenden wirtschaftlichen, technologischen und sozialen Strukturwandel. Die vor uns liegenden Probleme sind insbesondere mit folgenden Entwicklungen verbunden:

- demographische Entwicklung und verändertes Bildungsverhalten
- ökonomische und technologische Entwicklung
- zunehmende internationale Verflechtung, insbesondere in der Europäischen Gemeinschaft

2.1 Bevölkerungsentwicklung und Bildungsverhalten

Die demographische Entwicklung der letzten drei Jahrzehnte in der Bundesrepublik Deutschland war dadurch gekennzeichnet, daß der Anstieg der Geburtenzahlen bis 1965 mit über eine Million Geburten in einen extremen Rückgang innerhalb eines sehr kurzen Zeitraumes umschlug: Bis 1970 hatte sich die Geburtenzahl auf 811.000 verringert, 1975 betrug sie nur noch rd. 600.000. Der Tiefpunkt wurde 1984 mit 585.000 Geburten erreicht; bis 1987 stieg die Zahl dann wieder leicht auf 642.000 an. Diese Zahlen umfassen Deutsche und Ausländer.

Mit entsprechender zeitlicher Phasenverschiebung zur Geburtenentwicklung durchlaufen die unterschiedlich starken Altersjahrgänge die einzelnen Bereiche des Bildungswesens. Die Stärke der Altersgruppe der Sechs- bis unter Zehnjährigen (Primarbereich) lag 1988 rd. 20% unter dem Wert von 1960, bei den Zehn- bis unter Sechzehnjährigen (Sekundarbereich I) waren es 14% weniger, bei den Sechzehn- bis unter Neunzehnjährigen (Sekundarbereich II) wurde wieder Gleichstand mit dem Wert von 1960 erreicht, dagegen lag die Altersgruppe der Neunzehn- bis unter Sechsundzwanzigjährigen (also die hochschulrelevanten Altersjahrgänge) noch um rd. 13% über dem Wert von 1960.

Vom Hochschulbereich abgesehen ist die quantitative Belastung der einzelnen Bildungssektoren durch die geburtenstarken Jahrgänge bewältigt worden. Neben den demographisch bedingten Schwankungen der Altersjahrgänge erforderte ein verändertes Bildungsverhalten zusätzliche Ausbaumaßnahmen im Bildungswesen: Immer mehr Kinder und Jugendliche haben höherwertige Ausbildungen in längeren Ausbildungszeiten erworben. 1987 erwarben 290.000 Jugendliche eine Studienberechtigung, davon 220.000 mit allgemeiner Hochschulreife und 70.000 mit Fachhochschulreife. Über 1,7 Millionen Jugendliche durchliefen eine berufliche Ausbildung im dualen System; zwei Drittel der Auszubildenden waren älter als 18 Jahre (1970 lag das Durchschnittsalter der Auszubildenden noch bei 16,6 Jahren.). Ein wachsender Anteil der Auszubildenden besitzt eine Studienberechtigung (1986: 13%). Eine steigende Zahl von Absolventen des dualen Systems schließen ein Studium an: 1987 hatten 28% der Studienanfänger eine Berufsausbildung abgeschlossen. Dieser Trend dürfte sich in den nächsten Jahren noch fortsetzen.

Früher bestehende regionale und geschlechtsspezifische Benachteiligungen wurden weitgehend abgebaut. Die Politik des Offenhaltens der Bildungswege für die geburtenstarken Jahrgänge, zu der es keine verantwortbare Alternative gab, hat sich somit bewährt.

Insgesamt betrachtet wird die Bevölkerung in der Bundesrepublik Deutschland bis ins nächste Jahrhundert hinein abnehmen. Der Anteil der älteren Jahrgänge wird wachsen, während die Zahl der Menschen im Ausbildungsalter deutlich sinkt. Nach dem Mangel an Ausbildungsplätzen (und Arbeitsplätzen) droht ein Mangel an Nachwuchskräften und später auch an Arbeitskräften. Die ersten Anzeichen dafür sind bereits erkennbar.

Weniger attraktive Ausbildungsplätze können schon heute nicht mehr besetzt werden. In der langfristigen Auswirkung noch bedeutsamer als der absolute Rückgang der Bevölkerung ist die damit einhergehende Strukturveränderung im Altersaufbau der Bevölkerung. Für die Bildungspolitik hat dies u. a. zur Konsequenz, daß sie ihr Augenmerk verstärkt auf die erwachsene Bevölkerung richtet und die Weiterbildung tatsächlich zu einer Vierten Säule des Bildungswesens ausbaut.

2.2 Ökonomischer und technologischer Wandel

Die heutige Welt ist von raschen ökonomischen und technischen Veränderungen geprägt. Das Bildungswesen muß sich auf veränderte Anforderungen einstellen und flexibel reagieren. Dabei darf es seinen grundständigen Bildungsauftrag nicht aus dem Auge verlieren. Die Vermittlung von Qualifikationen für den Arbeitsmarkt von morgen einerseits und die Entfaltung der Persönlichkeit andererseits sind keine sich gegenseitig ausschließenden Gegensätze, sondern lediglich unterschiedliche Aspekte einer dem ganzen Menschen verpflichteten Bildungspolitik. Bildungs-, Arbeitsmarkt-, Wirtschafts-, Familien- und Finanzpolitik können nicht isoliert voneinander betrieben werden.

Das schnelle Wachstum wissenschaftlicher Erkenntnisse, das rasche Vordringen neuer Technologien in fast alle Lebensbereiche stellen nicht nur neue Anforderungen an den Menschen, sie gehen einher mit Urteils- und Wissensfragen von ständig zunehmender Komplexität und Bedeutung. Eine zentrale Anforderung erwächst aus der sich rasant beschleunigenden Zunahme an Wissen und Informationen in allen Bildungsbereichen. Die Fähigkeit, aus der Flut wachsender Informationen auszuwählen, veraltetes Wissen zu ersetzen, selbständig neues Wissen zu erwerben, wird immer wichtiger. Wenn zudem der Zwang, immer wieder neues Spezialwissen zu erwerben, ständig zunimmt und dadurch die Fähigkeit, Zusammenhänge zu erkennen, wichtiger wird, braucht der einzelne Mensch als unerläßliche Basis für eine spezialisierende Vertiefung solides Grundwissen und sichere Urteilskraft. Als rohstoffarmes Land ist die Bundesrepublik Deutschland auf ein hochqualifiziertes Arbeitskräftepotential angewiesen. In einer jüngst vom IFO-Institut durchgeführten Unternehmensbefragung zum Thema "Standort Bundesrepublik Deutschland" wurde an erster Stelle der Faktoren, die bei Entscheidungen über den langfristigen Unternehmensstandort eine Rolle spielen, neben den Lohnkosten und der Arbeitsproduktivität die Verfügbarkeit qualifizierter Mitarbeiter genannt. Das Qualifikationsniveau der Arbeitskräfte gilt als eindeutiger Wettbewerbsvorteil. Ihn gilt es zu erhalten. Das Bildungswesen schafft die Voraussetzungen für neue Wirtschaftsstrukturen (z. B. Anwachsen des Dienstleistungssektors), neue Produktionsverfahren (z. B. neue Technologien, "intelligente" Produkte) und internationale Wettbewerbsfähigkeit.

Eine berufliche oder akademische Erstausbildung genügt heute nicht mehr den Anforderungen des gesamten Berufslebens. Die technologische Entwicklung wird neue Berufe und Tätigkeiten hervorbringen. Alte Berufe werden an Bedeutung verlieren. In einer Vielzahl von Berufen wird die beschleunigte Produktinnovation und die Umstellung auf neuartige Arbeitstechniken und Produktionsverfahren zum Nacherwerb von Qualifikationen und zur Einstellung auf neue Anforderungen zwingen. Berufliche Flexibilität und Mobilität sowie fortdauernde Lernbereitschaft des einzelnen sind daher wichtige Voraussetzungen, den Anforderungen des Arbeitsmarktes auf Dauer entsprechen zu können. Dem muß das Bildungswesen schon in der Erstausbildung, vor allem aber in der Weiterbildung Rechnung tragen.

Erhebliche wirtschafts- und arbeitsmarktpolitische Auswirkungen hat auch die steigende Erwerbstätigkeit der Frauen. Nicht nur die Unternehmen, auch das Bildungswesen ist hier zu mehr Flexibilität herausgefordert, dem Wunsch der Frauen nach einer Verknüpfung von Familie und Beruf besser Rechnung zu tragen.

2.3 Europäischer Binnenmarkt

Nach dem Willen der Einheitlichen Europäischen Akte soll bis Ende 1992 ein gemeinsamer Binnenmarkt geschaffen werden. Dieser Europäische Binnenmarkt, der die Bundesrepublik Deutschland mit ihren Nachbarn in der EG eng verbindet, wird ein Wirtschaftsraum mit 320 Millionen Einwohnern sein, der keine Grenzen für Waren, Dienstleistungen, Kapital und Arbeitskräfte mehr kennt. Zur Verwirklichung des gemeinsamen Binnenmarktes können und müssen alle Politikbereiche beitragen, auch die Bildungspolitik. Gerade sie ist aufgerufen, daran mitzuwirken, daß die Grundlagen für einen immer engeren Zusammenschluß der europäischen Völker und für einen gemeinsamen Wirtschafts- und Lebensraum geschaffen werden. Daher müssen auch in Bildung und Wissenschaft die Grenzen fallen. Lernende und Lehrende müssen selbst bestimmen können, wo in Europa sie ihr Wissen erwerben und beruflich anwenden wollen. Nur in gemeinsamer Anstrengung und im Wettbewerb kann Europa sein Qualifikations- und Forschungspotential so entwickeln und nutzen, daß es im rauhen Wind der Weltwirtschaft bestehen kann. Hierbei stellen sich in erster Linie Fragen der Mobilität zwischen den Ländern der Gemeinschaft, und zwar der Mobilität innerhalb des Bildungswesens sowie beim Übergang in den Beruf.

Der neue große europäische Markt wird neue Qualifikationsanforderungen an die Bürger stellen. Es gilt die Frage zu beantworten, welche Qualifikationen der junge europäische Bürger braucht, um im gemeinsamen Markt bestehen und Europa mitgestalten zu können; ferner, welchen Beitrag Erziehung und Bildung leisten müssen, um einem "Europa der Bürger" näher zu kommen. Die Bundesrepublik Deutschland wird ihre wirtschaftliche Position im neuen Europa nur halten können, wenn ein hohes Niveau in Berufsausbildung, Hochschule und Weiterbildung gesichert wird.

3. Schwerpunkte einer zukunftsorientierten Bildungspolitik

Die Bildungspolitik für die 90er Jahre muß vor allem inhaltlich durch eine Steigerung der Qualität des Bildungswesens bestimmt sein. Der Wettbewerb sowohl der Wirtschaften sowie auch der gesellschaftlichen Systeme von morgen wird durch die Leistung bestimmt, die in Bildung und Wissenschaft erbracht wird.

3.1 Steigerung der Ausbildungsqualität

Nachdem in der Vergangenheit große Anstrengungen vor allem zur quantitativen Versorgung der geburtenstarken Jahrgänge mit ausreichenden Bildungsangeboten im Vordergrund der Bemühungen gestanden haben, muß sich die Bildungspolitik wieder stärker Fragen der Qualität im Bildungswesen zuwenden. Qualifikation wird immer mehr als ein Schlüsselbegriff für die Entwicklung des einzelnen Menschen wie für die gesamte Gesellschaft betrachtet. Dies gilt für alle Bereiche des Bildungswesens, für die Schule wie für die Hochschule, für die berufliche Ausbildung wie für die Weiterbildung. Hierbei ist die Kernfrage zu beantworten, welches Wissen, welche Kenntnisse und Fertigkeiten in welchem Bildungsgang und an welchem Lernort erworben werden sollen. Es vergeht kaum ein Tag, an dem nicht neue inhaltliche Anforderungen vorgetragen werden, sei es die Forderung nach einer informationstechnischen Grundbildung für alle, die Forderung nach Umweltbildung, nach mehr Allgemeinbildung oder nach besonderen Spezialkenntnissen. Die Antwort kann nicht in einer dauernden Ausweitung der zu vermittelnden Bildungsinhalte liegen. Bei den Ausbildungzeiten liegt die Bundesrepublik Deutschland im internationalen Vergleich an der Spitze, insbesondere wegen der überlangen Studienzeiten. Unsere Hochschulabsolventen treten häufig erst zu Beginn ihres 4. Lebensjahrzehnts in das Berufsleben ein. Dies ist einfach zu spät. Staat, Hochschulen und Studenten müssen alle Anstrengungen unternehmen, um die Studienzeiten so zu verkürzen, daß das Studium wieder innerhalb einer angemessenen Zeit abgeschlossen werden kann. Nur wenn auf diesem Wege wesentliche Fortschritte erreicht werden, können die Hochschulabsolventen ihr Studium in einem so frühen Alter abschließen, daß sie im beruflichen Wettbewerb auch mit den Hochschulabsolventen der anderen EG-Mitgliedstaaten nach Realisierung des EG-Binnenmarktes noch konkurrieren können.

Tendenzen zu einer generellen Verlängerung der Ausbildungszeiten im dualen System ist rechtzeitig zu begegnen. Es muß endlich Abschied von der falschen Vorstellung genommen werden, daß in der Erstausbildung alle Kenntnisse und Fertigkeiten vermittelt werden müssen, die im Berufsleben gefordert werden. Die Erstausbildung kann nur – sie muß dies allerdings auch leisten – zur Berufsreife befähigen und die erforderlichen Grundlagen schaffen, auf denen weitere Lernphasen im Berufsleben aufbauen. Bildung und – lebenslange – Weiterbildung müssen künftig stärker im Zusammenhang gesehen werden.

Unter dem Gesichtspunkt der Qualität des Bildungswesens ist auch die Frage des Verhältnisses von Breiten- und Begabtenförderung in sehr viel systematischerer und umfassenderer Weise als bisher anzugehen. Neben der notwendigen Breitenförderung verdienen besonders begabte junge Menschen gezielte Förderung. Auch der herausragend Begabte hat das Recht auf volle Entfaltung seiner Fähigkeiten. Unsere Gesellschaft ist nicht nur auf ein allgemein hohes Qualifikations- und Leistungsniveau der gesamten Bevölkerung angewiesen, sondern auch auf sogenannte Leistungseliten, die bereit und fähig sind, in Wissenschaft und Kunst, Wirtschaft, Handwerk und Industrie Besonderes zu leisten. Leistungsbewußtsein und Leistungsbereitschaft, gepaart mit dem Gedanken der Solidarität, ermöglichen erst die Unterstützung sozial schwächerer Gruppen und Benachteiligter. Zur Stärkung des Leistungswillens müssen wieder mehr Freiräume zum eigenverantwortlichen Handeln geschaffen werden. Es gilt, die latenten freien Kräfte stärker zu mobilisieren, nicht alles darf dem Staat übertragen werden. Dieses Prinzip muß noch stärker als bisher im Bildungsbereich beachtet werden. Deshalb sollten vermehrt Elemente des Wettbewerbs Eingang im Bildungswesen finden. Dabei geht es nicht um Wettbewerb im wirtschaftlichen Sinn; es geht um die beste Erfüllung der jeweiligen Aufgaben, vor allem um den Wettbewerb von Ideen. Dazu muß sowohl dem Lehrer in der Schule wie dem Professor in der Hochschule der erforderliche Gestaltungsfreiraum gewährt werden.

3.2 Verbesserung der Ausbildungs- und Berufschancen von Frauen

Die Bildungssituation der Frauen hat sich in den letzten Jahren erheblich verbessert. Damit leistet das Bildungswesen einen wichtigen Beitrag, der es Frauen erleichtert, zwischen familiärem und beruflichem Engagement zu wählen oder beides zu verbinden. Das in der jüngeren Frauengeneration gestiegene Bildungsniveau hat zudem die Bildungsperspektive und die gesellschaftliche Position aller jungen Frauen verbessert. Die Möglichkeiten zur Bildungsbeteiligung, insbesondere in der Berufsausbildung, sind allerdings weiter auszubauen. Dazu gehört auch, daß Gleichbehandlungsansprüche der Frauen überall anerkannt und Vorurteile noch weiter abgebaut werden. Im Bereich der allgemeinbildenden weiterführenden Schulen sind Mädchen gleich stark, z. T. sogar stärker vertreten als Jungen. Probleme aber liegen vielfach noch immer in der zu beobachtenden Distanz von Mädchen zu technischen Unterrichtsinhalten und einem entsprechend eingeschränkten Berufswahlverhalten. Es gilt, junge Frauen zur Beschäftigung auch mit naturwissenschaftlich-technischen Lerninhalten und zur Ausbildung und Erwerbstätigkeit in diesem Bereich zu ermutigen. Dazu kann sicherlich durch Schärfung des Problembewußtseins der Öffentlichkeit beigetragen werden.

Ein bildungspolitisches Hauptproblem der Berufsausbildung ist immer noch die hohe Konzentration der Frauen auf wenige Ausbildungsberufe. Fast 70% der Frauen konzentrieren sich auf nur 15 Ausbildungsberufe. Diese Berufe entsprechen dem traditionellen weiblichen Berufsbild. Häufig bieten die besonders von Frauen gewählten Berufe nur eingeschränkte Perspektiven der Beschäftigung, der beruflichen Weiterbildung, geringere Aufstiegschancen und ungünstigere Verdienstmöglichkeiten. Es gilt daher, das Berufsfeldspektrum für Frauen zu erweitern. Gute Ansätze dazu sind vorhanden. Künftig kommt es darauf an, die vorhandenen breiten Berufschancen von Frauen auch in der Öffentlichkeit noch deutlicher zu machen. Wichtig wird auch sein, die jungen Frauen zu ermutigen, die Chancen, die ihnen neue Techniken bieten, zu nutzen. Der Einsatz neuer Techniken bringt veränderte und neue Berufsbilder mit sich, die keinen verfestigten Rollenvorstellungen unterliegen. Verbesserungsmöglichkeiten liegen auch in den Rahmenbedingungen für die Berufstätigkeit von Frauen, z. B. in der besseren Koordinierung der Kindergarten- und Schulzeiten mit den Arbeitszeiten, einem erweiterten Angebot von Ganztagsschulen für alle Schulformen, aber auch in der flexibleren Gestaltung der individuellen Arbeitszeit.

3.3 Förderung der informationstechnischen Grundbildung

Ein zukunftsorientiertes Bildungswesen muß den Anforderungen, die sich aus der Entwicklung der neuen Informations- und Kommunikationstechniken ergeben, in seinen Unterrichts-, Ausbildungs- und Lehrangeboten entsprechen. Basis ist eine informationstechnische Grundbildung für alle Schüler, auf die eine vertiefende informationstechnische Bildung in Form der Informatik bzw. eine berufsbezogene informationstechnische Bildung und Ausbildung aufbauen. Dabei sind pädagogische Aspekte wie z. B. die Sicherung eines altersgemäßen Bildungsangebots und die gleiche Förderung von Jungen und Mädchen zu berücksichtigen. An den Hochschulen müssen im ausreichenden Umfang differenzierte Studienangebote in Informatik bereitgestellt werden. Die Forschung muß – ggf. unter Bildung von Schwerpunkten – verstärkt werden. Neben Angeboten im Studienfach "Informatik" ist es erforderlich, daß die Hochschulen auch eine informationstechnische Bildung für Hörer aller Fachrichtungen anbieten. Sie sollte dem Studenten eine Einführung in den Bereich der Informatik geben und ihm die Möglichkeit bieten, bereits vor Aufnahme des Studiums erworbene Kenntnisse zu erweitern. Damit wird er in den Stand gesetzt, neue Informations- und Kommunikationstechniken zur Durchführung seines Studiums sinnvoll einzusetzen. Auch die Träger der Weiterbildung müssen ein nach Anwendungsbereichen und Aufbaustufen differenziertes Angebot informationstechnischer Bildung entwickeln. Eine berufliche Weiterbildung in den Informations- und Kommunikationstechniken wird sich an alle Berufsgruppen und Verantwortungsebenen richten müssen. Die inhaltliche Ausgestaltung muß jeweils nach der Zielgruppe differenziert werden.

3.4 Weiterentwicklung der beruflichen Bildung

Viele Länder beneiden die Bundesrepublik Deutschland um das System der dualen Berufsausbildung. Mit seiner differenzierten Palette von Ausbildungsberufen und seiner Verbindung von Praxis und Theorie ist es wie kein anderes System der Berufsbildung geeignet, jungen Menschen unterschiedlicher Vorbildung, unterschiedlicher Leistungsfähigkeit und unterschiedlicher Neigungen eine qualifizierte, Beschäftigungschancen sichernde Berufsausbildung zu geben. Das duale System bleibt deshalb die wichtigste Voraussetzung dafür, daß es in der Bundesrepublik Deutschland auch weiterhin gelingt, nahezu 90% eines Altersjahrgangs junger Menschen auf insgesamt hohem Niveau zu qualifizieren. Um die Wettbewerbsfähigkeit des dualen Systems bei zurückgehenden Bewerberzahlen zu sichern, muß die Qualität der dualen Ausbildung erhalten und weiterentwickelt werden. Es gilt, die begonnene Modernisierung der Ausbildungsordnungen fortzusetzen. Bis 1990 werden für etwa 95% aller Auszubildenden Ausbildungsordnungen nach dem Berufsbildungsgesetz vorliegen. Danach muß in einer zweiten Modernisierungswelle die Überarbeitung der Anfang der 70er Jahre neugeordneten Ausbildungsberufe in Angriff genommen werden. Hauptziel der Neuordnungsarbeiten wird sein, dazu beizutragen, daß die Qualität der Berufsausbildung in der ganzen Vielfalt der Betriebe kontinuierlich an die technische, wirtschaftliche und gesellschaftliche Entwicklung angepaßt und weiterentwickelt wird. Schon die sich ständig veränderten Anforderungen der Arbeitswelt zwingen dazu.

Die Verfestigung von Vorbildungsstrukturen in einigen Ausbildungsberufen und Ausbildungsbereichen sowie die trotz der gewachsenen Anteile von älteren Auszubildenden mit mittleren und höheren allgemeinbildenden Abschlüssen insgesamt zunehmende Ausbildungsdauer sind ein Zeichen dafür, daß noch nicht hinreichend von den Differenzierungsmöglichkeiten, die das Berufsbildungsgesetz bietet, Gebrauch gemacht wird.

Angesichts steigender Anforderungen an die Ausbildungsqualität muß darauf geachtet werden, die Ausbildungsfähigkeit auch der kleinen und mittleren Betriebe aufrecht zu erhalten, um ein Qualitätsgefälle zu Großbetrieben zu vermeiden. Einen Beitrag hierzu leisten die überbetrieblichen Ausbildungsstätten, die zunehmend auch zu Aufgaben der beruflichen Weiterbildung, der Technologieberatung und des Technologietransfers herangezogen werden.

Um der Aufgabe gerecht werden zu können, eine Berufsausbildung möglichst für alle zu gewährleisten, ist es notwendig, einen Chancenausgleich für leistungschwächere Jugendliche zu schaffen. Besondere Maßnahmen für Jugendliche, die wegen mangelnder Vorbildung, mangelnder Berufsreife oder sozialer Benachteiligung keinen Ausbildungsplatz finden oder die für die Aufnahme einer Berufsausbildung nicht motiviert sind, bleiben notwendig. Besondere Lösungen müssen gefunden werden für Jugendliche, die trotz aller Hilfen an den theoretischen Anforderungen einer herkömmlichen Vollausbildung scheitern. Es liegt im Interesse nicht nur der Jugendlichen, sondern auch der Wirtschaft und Gesellschaft insgesamt, daß diesen Jugendlichen Qualifizierungsangebote gemacht werden, die sich an ihrer Leistungsfähigkeit orientieren und die ihnen die zunehmenden Beschäftigungsrisiken an- und ungelernter Arbeitskräfte ersparen. Ziel sollte es sein, diesen Jugendlichen eine stärker praxisorientierte Ausbildung zu ermöglichen, die zu einem qualifizierten Abschluß führt, Beschäftigungsperspektiven eröffnet sowie die Möglichkeit offenhält, auch später noch einen Abschluß in einem anerkannten Ausbildungsberuf zu erreichen.

3.5 Ausbau der Weiterbildung

Die Weiterbildung, nicht nur die berufliche, wird in den kommenden Jahren an Bedeutung gewinnen. Dafür gibt es zwei Hauptgründe: Weiterbildung kann den Bürgern unseres Landes helfen, sich in dem raschen wirtschaftlichen, sozialen und technologischen Wandel zu entfalten und ihn innerhalb des eigenen Einflußbereichs mitzugestalten. Die wirtschaftliche Entwicklung unseres Landes und damit unser Wohlstand hängen von der Qualifikation der Bevölkerung ab, von ihrer Fähigkeit und Bereitschaft zu Innovationen, von ihrer Kreativität und ihrem Arbeitseinsatz.

Weiterbildung wird damit zu einem Motor unserer wirtschaftlichen, kulturellen und sozialen Entwicklung. Sie ist zur 4. Säule im Bildungssystem auszubauen. Dabei ist zu beachten, daß das Weiterbildungssystem gekennzeichnet ist durch seine dezentrale Entscheidungsstruktur, seine Pluralität der Träger und Verbände, durch die Vielfalt der Finanzierungsmodelle und eine geringe Regelungsdichte. Der Vielfalt der unterschiedlichen Anforderungen, Wünsche und Bedürfnisse kann nur durch ein entsprechend vielfältiges Weiterbildungsangebot einer Vielfalt von Trägern Rechnung getragen werden. Dieses offene System ist am besten durch Wettbewerb zu sichern. Auch in diesem Bereich führt Wettbewerb zu schneller Reaktion und Anpassung an veränderte Notwendigkeiten. Der Staat soll lediglich dafür Sorge tragen, daß die Rahmenbedingungen stimmen. Freiwilligkeit, Eigeninitiative und Selbstverantwortung müssen als Grundsätze einer zukunftsorientierten Weiterbildungspolitik gewahrt bleiben.

Die aktuelle Weiterbildungsbeteiligung der Bevölkerung im Erwerbsalter wird allerdings den künftigen Anforderungen noch nicht gerecht. Weiterbildung braucht daher unbedingt einen Entwicklungsschub, der die Weiterbildungsbeteiligung in eine neue Größenordnung bringt, besonders bei Facharbeitern und Ungelernten, der die Weiterbildung für breite Bevölkerungskreise attraktiver macht und die Qualität des Angebots verbreitert und verbessert. Es ist zu hoffen, daß die Tarifpartner künftig in Tarifverträgen nicht nur über zusätzlichen Lohn oder zusätzliche Freizeit, sondern auch über die Weiterbildung der Arbeitnehmer Regelungen treffen.

3.6 Künftige Aufgaben der Hochschulen

Nach Auffassung des Wissenschaftsrats werden sich die Aufgaben- und Arbeitsbedingungen der Hochschulen in den 90er Jahren in mehrfacher Hinsicht ändern. Zu den absehbaren Entwicklungen zählen einerseits der erwartete Rückgang der Studentenzahlen auf eine Größenordnung, die Mitte der 70er Jahre üblich war, andererseits nimmt der Wettbewerb der Hochschulen untereinander sowie mit außeruniversitären Forschungseinrichtungen um knappe Mittel zu. Darüber hinaus werden die Hochschulen durch anwendungsbezogene Forschung und Fragen des Wissenstransfers in die Wirtschaft herausgefordert. Die Hochschulen müssen sich künftig zunehmend der Fort- und Weiterbildung zuwenden. Um diesen Aufgaben gerecht zu werden, werden die Hochschulen ihr Lehrangebot und die Organisation der Ausbildung des wissenschaftlichen Nachwuchses ändern müssen. Voraussetzung für ein funktionsfähiges Hochschulwesen ist allerdings zunächst einmal die Bewältigung der derzeitigen Überlastbedingungen. Die Hochschulen müssen bereit sein, ihre Leistungen zu verbessern und neue Aufgaben zu übernehmen. Durch gezielten Einsatz der Ressourcen und effizientere Organisationsformen (Sonderforschungsbereiche, eigene Forschungsschwerpunkte, Forschergruppen, Graduiertenkollegs) müssen die Universitäten nach Auffassung des Wissenschaftsrats als Stätten leistungsfähiger Forschung erhalten und gestärkt werden. Die Verbesserung der Qualität der Lehre soll durch kleinere Gruppengrößen erreicht werden, auch wenn künftig ein hoher Prozentsatz eines Altersjahrgangs eine Hochschulausbildung erhält. Zur Qualitätsverbesserung gehört aber ebenfalls, daß die Studienzeiten durch gezielte Auswahl und Konzentration des Lehrangebots wirksam verkürzt werden. Hierzu haben 1988 die Kultusminister der Länder und die Bund-Länder-Kommission für Bildungsplanung und Forschungsförderung ein umfassendes Maßnahmenbündel vorgelegt, das im Eigeninteresse der Hochschulen zügig umgesetzt werden muß. Auch die Ausbildung des Nachwuchses sollte intensiviert werden. Die Arbeit der Doktoranden muß enger in den Forschungsbetrieb eingebettet werden. Die Promotionszeit sollte nicht länger als 3 Jahre dauern. Um das wissenschaftliche Potential der Hochschulen für Fort- und Weiterbildung, für Technologietransfer und für Untersuchungs- und Beratungsaufgaben besser zu nutzen, müssen die Hochschulen mehr Dienstleistungen anbieten können.

Zur Erfüllung all dieser Aufgaben benötigen die Hochschulen eine angemessene Ausstattung nicht nur an Geräten und Gebäuden, sondern auch eine ausreichende und flexibel einsetzbare Personal- und Sachausstattung. Dies bedeutet, daß auch bei rückläufigen Studienanfänger- und Studentenzahlen Bund und Länder ausreichende Finanzmittel zur Verfügung stellen. Ein verstärktes Engagement von Bund und Ländern sollte möglichst durch Hilfen der Wirtschaft ergänzt werden.

4. Schlußbemerkung

Die vorstehende Darstellung künftiger Aufgaben konnte nur einige Bereiche streifen. Wichtige Aufgaben mußten unerwähnt bleiben, so die Umweltbildung, die Medienerziehung, die Zusammenarbeit mit der DDR auf der Basis von Kultur- und Wissenschaftsabkommen, Fragen der sozialen (finanziellen) Absicherung der Ausbildung oder der Beitrag der Bildungspolitik zur Eingliederung der Aussiedler. Gleichwohl sei abschließend noch ein Bereich erwähnt, der in der bildungspolitischen Diskussion vielfach zu kurz kommt: die kulturelle Dimension des Bildungswesens. In einer leistungsorientierten Gesellschaft muß die aktive Teilhabe möglichst vieler Menschen an Kunst und Kultur ein zentrales Anliegen sein. Allein das Bildungswesen vermag kulturelle Bildung als Angebot für jeden zu vermitteln und gerade die junge Generation zu eigen- und nachschöpferischen Tätigkeiten hinführen. Die Rationalität unserer wissenschaftlich-technologisch geprägten Welt bedarf der Kultur, um erträglich, um lebenswert zu sein.

Dieter Plewka: Die kaufmännische Berufsschule im Spannungsfeld von Rahmenbedingungen und unterrichtsorganisatorischen Gestaltungsmöglichkeiten auf dem Weg in das Jahr 2000

Zur Person:

Dipl.-Hdl. Dieter Plewka, Oberstudiendirektor

Jahrgang 1935; kaufmännische Lehre und praktische Erfahrungen in Industrie- und Handelsbetrieben; Studium der Wirtschaftspädagogik an den Universitäten Hamburg und Frankfurt 1958 - 1963; Referendariat in Frankfurt, Schlüchtern und Hanau 1963 - 1965; Lehrer an kaufmännischen Schulen in Frankfurt und Bielefeld 1965 - 1978; Leiter der Kaufmännischen berufsbildenden Schulen des Kreises Gütersloh in Rheda-Wiedenbrück seit 1978

1. Veränderte Rahmenbedingungen für die Arbeit der kaufmännischen Berufsschule

Die Erforschung von Rahmenbedingungen, unter denen kaufmännische Berufsschulen effizient arbeiten können, gehört zu den wirtschaftspädagogischen Fragestellungen.

So hat sich auch Karl Abraham im Rahmen seiner Forschungen zur institutionellen Ordnung der wirtschaftlichen Erziehung mit Fragen der Rahmenbedingungen, wie der optimalen Größe oder fachlichen Gliederung einer kaufmännichen Berufsschule, beschäftigt. [1)] Seine Ausführungen zu diesen Aspekten sind von den grundsätzlichen Fragestellungen her auch heute noch aktuell. Nachdem die Berufsschule die Probleme eines rasanten Schülerwachstums in den Jahren zwischen 1970 und 1980 mühsam gelöst hat, steht sie vor neuen Herausforderungen. Gesellschaftliche, wirtschaftliche und technische Strukturdaten weisen seit einigen Jahren auf eine neue Phase gesellschaftlicher Entwicklung hin, auf die sich unter anderem auch die kaufmännischen Berufsschulen einstellen müssen.

Zahlreich sind seit einiger Zeit wirtschaftspädagogische Veröffentlichungen, die veränderte Rahmenbedingungen für kaufmännische Berufsschulen registrieren und sich mit der Frage auseinandersetzen, wie diese Herausforderungen bewältigt werden können. [2)]

Als Daten dieser veränderten Rahmenbedingungen werden u. a. genannt: rückläufige Schülerzahlen, die veränderte Altersstruktur der Schülerinnen und Schüler, eine deutlich veränderte Vorbildung, stärker individualisierte Ausbildungszeiten, hoher Anteil der Frauen, Einführung neuer Informations- und Kommunikationstechnologien, Einführung neuer und Neuordnung alter Ausbildungsberufe, komplexere berufliche Qualifikationsanforderungen, fachspezifischer Lehrermangel, Trend zur Dienstleistungsgesellschaft.

Die Fülle der Daten verdeutlicht, daß zur Bewältigung der anstehenden Probleme gesetzliche Initiativen, neue methodisch-didaktische Konzeptionen gefragt sind. Nun sind Planungen im Bereich der Berufsschule grundsätzlich eine Aufgabe der Bildungsverwaltung. Dennoch spielt bei der Umsetzung der Planung jede Schule auch ihre individuelle Rolle. Sie kann im Rahmen der vorgegebenen Daten ein beachtliches Eigenleben entfalten. [3)]

2. Das Beispiel der Kaufmännischen Berufsschule Rheda-Wiedenbrück

In den weiteren Ausführungen soll am Beispiel der Berufsschule der Kaufmännischen berufsbildenden Schulen des Kreises Gütersloh in Rheda-Wiedenbrück aufgezeigt werden, wie veränderte Rahmenbedingungen in Zusammenarbeit mit allen am Schulleben beteiligten Gruppen und Institutionen schulpraktisch umgesetzt worden sind.

Die Schule hat sich aus der kaufmännischen Abteilung einer Bündelschule entwickelt. Sie ist seit 1969 organisatorisch selbständig. Im Schuljahr 1988/89 besuchen 1.451 Schülerinnen und Schüler die Schule, davon sind 1.089 Berufsschüler und 362 Schüler des Berufsgrundschuljahres, der Berufsfachschule für Wirtschaft und Verwaltung (Handelsschule), der Höheren Berufsfachschule für Wirtschaft und Verwaltung mit den Schwerpunkten Betriebswirtschaft und Bürowirtschaft, der Höheren Handelsschule für Abiturienten und der Fachoberschule.

Der Stellenplan weist zur Zeit 48,3 besetzte Stellen aus. Die Stellen verteilen sich auf 51 hauptamtliche und 13 nebenberufliche Lehrkräfte (Ärzte) sowie 5 Referendarinnen bzw. Referendare. Von den hauptamtlich beschäftigten Lehrkräften sind 7 teilzeitbeschäftigt.

Die nachfolgenden Statistiken geben einen Überblick über einige relevante Entwicklungsdaten der Schule: [4)]

Berufsschule:	1969	1979	1988
Schülerinnen und Schüler (ohne BGJ) davon 1988 ca. 28 % mit verkürztem Ausbildungsvertrag	830	980	1.089
Abteilungen:	1969	1979	1988
Berufsgrundschuljahr	-	-	17
Industriekaufmann/-kauffrau	244	254	275
Einzelhandelskaufmann/kauffrau einschl. Verkäufer/in	221	189	149
Arzthelferinnen	130	119	170
Bürokaufmann/-kauffrau	18	79	102
Zahnarzthelferinnen	-	96	134
Kaufmann/Kauffrau im Groß- und Außenhandel	88	92	89
Bankkaufmann/-kauffrau	89	50	67
Bürogehilfinnen	9	17	53
Tierarzthelferinnen	-	-	50

	1969	1979	1988
Handelsschule	120	245	88
Höhere Handelsschule	47	74	222
Höhere Handelsschule für Abiturienten	-	-	15
Fachoberschule	25	18	20
Eingangsqualifikationen:			
Hauptschulabschluß	68 %	32 %	13 %
Fachoberschulreife	32 %	64 %	62 %
Fachhochschulreife, theoret. Teil	-	1 %	12 %
Abitur	-	3 %	13 %

Die Daten der Schulstatistik verdeutlichen:

Die Schule hatte eine Expansionsphase seit Anfang der siebziger Jahre durchzustehen, die in der Berufsschule erst im laufenden Schuljahr zum Stillstand gekommen zu sein scheint. Deutlich ist auch zu erkennen, daß die Neustrukturierung der Berufsfachschulen in Nordrhein-Westfalen in der Handelsschule ihre Spuren hinterlassen hat.

Heute weist die Schule ca. 280 Schülerinnen und Schüler mehr als der statistische Durchschnitt der Kaufmännischen Berufsschulen im Bundesgebiet auf. [5)] Mit der erreichten Größenordnung wird zwar nicht die von Karl Abraham gewünschte optimale Größe einer kaufmännischen Berufsschule (1.500 - 1.800) erreicht, [6)] sie reicht aber aus, um ein weiteres Qualitätsmerkmal beruflicher Schulen auszuweisen: Sie kann ausbildungsberufsgerechte Fachklassen bilden, insgesamt 50. In der Möglichkeit, Fachklassen zu bilden, kommt, wie Karl Abraham mit Recht feststellt, die gesamte pädagogische Problematik einer kaufmännischen Berufsschule zum Ausdruck.

Entscheidend für diese Entwicklung war der Ausbau der alten Kreisberufsschule aus dem Jahre 1956 zu einem modernen Berufsschulzentrum. Die Ausbauphase wurde 1987 mit der Errichtung eines Bautraktes für Fachräume abgeschlossen. Die Schule verfügt seitdem über 15 Fachräume, die mit dazu beitragen, einen Teil der veränderten Rahmenbedingungen in der Unterrichtsarbeit zu berücksichtigen.

Die **Fachraumausstattung** umfaßt

- einen Rechenautomaten-Fachraum,
- zwei EDV-Fachräume,
- einen Fachraum mit 28 Bildschirmschreibmaschinen,
- zwei weitere Textverarbeitungsräume,
- einen Diktanten-Schulungsraum,
- zwei Fachräume für den Waren- bzw. Verkaufskundeunterricht,
- einen Fachraum für den Fachunterricht in den ärztlichen, zahnärztlichen und tierärztlichen Helferberufen,
- zwei bürowirtschaftliche Zentren mit entsprechender Personalcomputer-, Textverarbeitungs- und Büroausstattung,
- ein Zentrum für den naturwissenschaftlichen Unterricht,
- ein Sprachlabor,
- einen Fachraum für den Politikunterricht.

Die **Fachräume für Bürowirtschaft, EDV und Textverarbeitung/Textautomation** unterstützen mit ihrer Ausstattung insbesondere auch neuere Unterrichtsmethoden, wie den handlungsorientierten Unterricht. Der **Fachraum für den ärztlichen, zahn- und tierärztlichen Fachkundeunterricht** schafft die Voraussetzungen, die erfolgte oder anstehende Neuordnung von Ausbildungsberufen in diesem Bereich methodisch-didaktisch effizienter umzusetzen. Die **Fachräume für den Warenverkaufskundeunterricht** in Klassen des Einzelhandels dienen den gleichen Zielen. Die Forderung nach warengruppenorientiertem binnendifferenziertem Unterricht ist nunmehr für die Hauptwarengruppen Lebensmittel und Textil erfüllt. Der **Politikraum** ist zu einem Zentrum für einen methodisch variantenreicheren Politikunterricht in der Berufsschule geworden.

Mit der Entwicklung des modernen Fachraumkonzeptes erhielt die Schule eine neue **Medienkonzeption** bis hin zu Videokameras und Videogeräten. Die Medienausstattung fördert ein verändertes Methodenverständnis, auch im Sinne komplexerer Qualifikationsvermittlung.

Dazu kommt ein **Sportzentrum** mit einer Dreifach-Sporthalle, mit einem Gymnastikraum einer Turnhalle, einem Kraftraum, einer in die Sporthalle integrierten überdachten 60-m-Laufbahn mit Weitsprunganlage. Darüber hinaus enthält das Sportzentrum Außenanlagen, die es ermöglichen, die üblichen Leichtathletik- sowie Mannschaftssportarten einschließlich Tennis auszuüben. Die Sportanlagen werden zusammen mit den Gewerblichen Schulen des Kreises Gütersloh genutzt. Die moderne Sportanlage - sie ist Kreis-Sport-Leistungszentrum - räumt dem Sportunterricht in der Bewertung der Schüler einen hohen Stellenwert über den Pflichtunterricht hinaus ein.

Der Bau einer **Aula** führte zur Wiederentdeckung der Feier als pädagogische Kategorie. Die großzügige, im Mittelpunkt des Berufsschulzentrums befindliche **Cafeteria** ermöglicht eine Versorgung der Schülerinnen und Schüler bis in den Abend.

Die Ausstattung der Schule bietet somit eine Reihe von sächlichen Voraussetzungen, mit den aufgezeigten Herausforderungen fertig zu werden.

3. Der Einfluß der Landespolitik auf die Entwicklung der Berufsschule

Für die Beantwortung der Frage, in welcher Weise die Berufsschule sich den veränderten Rahmenbedingungen stellen kann, ist über die Leistungen der Schulträger hinaus die jeweilige Landesberufsschulpolitik von entscheidender Bedeutung.

Ziel der Landesregierung Nordrhein-Westfalen ist, die Berufsschule als leistungsfähigen Partner im dualen System in notwendiger Kooperation mit dem Lernort Betrieb auch in Zukunft zu erhalten und zu stärken. [7)]

Die geplante Rechtsverordnung über die Bildungsgänge in der Berufsschule soll die Voraussetzungen für diese Zielvorstellungen schaffen. Insbesondere soll die Rechtsverordnung den Charakter der Berufsschule als Schule junger Erwachsener herausstellen.

Es zeichnet sich ab, daß die nordrhein-westfälische Rechtsverordnung und ihre Verwaltungsvorschriften u. a. folgende schulrechtliche Bestimmungen enthalten wird: [8)]

Hinweise auf das Alter der Schülerinnen und Schüler, auf didaktische Ansätze und methodische Verfahren, auf das Versetzungsverfahren, auf die Leistungsbewertung, auf die Möglichkeiten der Abstimmung zwischen Berufsschule und Betrieben, auf den Berufsschulabschluß, der deutlicher als bisher das Lern- und Leistungsprofil der Berufsschule herausstellen soll. Die Rahmenstundentafeln sollen u. a. auch Unterrichtsangebote enthalten, die auf höhere Bildungsabschlüsse, auf Ausbildungszeitverkürzer und auf Lernschwache ausgerichtet sind.

Unterrichtsorganisatorisch ist z. B. eine Zusammenfassung von Schülerinnen und Schülern gleicher Vorbildung in besonderen Fachklassen nicht vorgesehen. Wohl sollen bildungsabschlußbezogene Kurse oder klassenübergreifende Differenzierungen, z. B. in den Fächern Deutsch, Englisch, Sport, ermöglicht werden. Auch sollen für Schüler mit individuellen Ausbildungszeiten besondere Unterrichtsangebote gemacht werden können.

Für die zukünftige Unterrichtsorganisation ist auch wesentlich, daß Möglichkeiten eröffnet werden sollen, Fächer mit geringem Stundenanteil block- und kursartig zu didaktisch optimalen Einheiten zusammenzufassen.

Die erwartete Rechtsverordnung für die Berufsschule würde zahlreiche Einzelerlasse, die die Rechtsverordnung trendmäßig vorbereitet haben, zusammenfassen. Die Berufsschule wird mit Inkrafttreten dieser Rechtsverordnung mehr Möglichkeiten als bisher erhalten, flexibler auf Herausforderungen der Gesellschaft zu reagieren.

Zu den unerläßlichen Aktivitäten, die Berufsschule modern zu gestalten, gehört auch das Fortbildungsprogramm der Landesregierung. Es zielt auf eine Qualifizierung der Lehrerinnen und Lehrer im Bereich der neuen Informations- und Kommunikationstechnologien, auf den Abbau fachspezifischen Lehrermangels, u. a. in wirtschaftswissenschaftlichen Fächern und auf ein neues didaktisch-methodisches Verständnis in den Lehrplänen für die neugeordneten Ausbildungsberufe.

4. Das neue didaktische Leitprinzip der Berufsschule

Das neue didaktische Leitprinzip der Berufsschule soll handlungsorientiert gestaltet werden.

Seit dem Anfang Dezember 1988 durchgeführten Fachkongreß des Bundesinstituts für Berufsbildung mit dem Thema "Neue Berufe/Neue Qualifikationen" ist für einen breiteren Expertenkreis erkennbar, daß nicht nur die neu geordneten Metall- und Elektroberufe, sondern auch die zur Neuordnung anstehenden bürowirtschaftlichen Berufe, wie der Kaufmann/die Kauffrau für Büroorganisation und der Kaufmann/die Kauffrau für Organisation (Arbeitsbegriffe) dem didaktischen Leitprinzip Handlungsorientierung unterliegen werden. [9)] Handlungsorientierung stellt didaktisch im gewerblichen Unterrichtsverständnis fachübergreifende Unterrichtseinheiten in den Mittelpunkt. Man hofft damit, den Schülerinnen und Schülern Problemzusammenhänge näherbringen zu können, die sie dann funktionsanalytisch durchdringen und Lösungen zuführen. Ein fächerübergreifender Projektunterricht erfordert dann konsequenterweise auch u. a. eine abgestimmte Unterrichtsplanung, Abstimmungsgespräche mit den Ausbildungsbetrieben und eine Auswahl von Projekten, die der Gewinnung von Informationen, dem selbständigen Planen, Durchführen und Kontrollieren der Unterrichtsarbeit dient. Die Entwicklung von Schlüsselqualifikationen, wie Kooperationsfähigkeit oder die Tätigkeit, selbständig zu lernen, hofft man besser als bisher fördern zu können. Konsequenterweise steht diesem Aspekt des handlungsorientierten Unterrichts eine stärkere Mitwirkung der Schüler bei der Unterrichtsgestaltung und eine veränderte Lehrerrolle im Sinne des Beratens, Organisierens, Beschaffens und Förderns gegenüber. [10)]

Es ist zu erwarten, daß vom didaktischen Leitprinzip Handlungsorientierung in Nordrhein-Westfalen starke Impulse auch auf die erwarteten Lehrpläne im Berufsfeld Wirtschaft und Verwaltung ausgehen werden.

Die mit Härte unter Wirtschaftspädagogen geführte wissenschaftliche Diskussion über eine handlungsorientierte Didaktik an kaufmännischen Schulen zeigt, daß die angestrebten Veränderungen einen didaktischen Hauptnerv berühren. So befürchtet R. Hentke z. B., daß die traditionellen Fächer im wesentlichen nur noch Zuliefererfunktion für die Fächer wie Organisationslehre und Bürowirtschaft mit ihrem mehr oder weniger deutlichen Dominanzanspruch zu erfüllen hätten.[11)]

Es bleibt die Frage, was die einzelne Berufsschule im Kräftefeld ihrer auf sie einwirkenden Partner eigenständig zur Lösung der anstehenden Probleme beitragen kann.

5. Auf der Suche nach gestalterischen Freiräumen für die kaufmännischen berufsbildenden Schulen

5.1 Kursangebote und Kriterien für ihre Organisation

Auf der Suche nach gestalterischen Freiräumen haben Schulleitung, Kollegium und Schüler in Rheda-Wiedenbrück nach unterrichtsorganisatorischen Möglichkeiten gesucht, über die bisher aufgezeigten Möglichkeiten hinaus eigene Initiativen zu entwikkeln. Bei diesen Überlegungen kam der Schulleitung die an einigen beruflichen Schulen Nordrhein-Westfalens entstandene Nachfrage nach erweiterten beruflichen Qualifikationen zugute.

Das Kultusministerium genehmigte ab Schuljahr 1985/86 einigen Berufsschulen, modellhafte Kursangebote für Ergänzungsqualifikationen zu machen. Zu diesen Schulen gehört die hier vorgestellte Schule, weil sie auf eine längere Tradition bei der Bildung von Arbeitsgemeinschaften zurückgreifen kann. Insbesondere Hobby-Arbeitsgemeinschaften waren in einem eng begrenzten Rahmen stets im freiwilligen Lernangebot zu finden, wie die Schulchronik ausweist.

Darüber hinaus verfügte der Schulleiter über Erfahrungen mit Kursunterricht, wie er in der ersten Hälfte der siebziger Jahre bei der Einführung des Blockunterrichts in einigen kaufmännischen Berufsschulen Nordrhein-Westfalens versucht worden war.

Der Kursunterricht als Organisationsform des Unterrichts, bei der sich die Kursgruppe als Organisationseinheit durch Option der Schülerinnen und Schüler innerhalb eines vorgegebenen Lernangebots bildet, wurde im Schuljahr 1981/82 zum ersten Male im Fach Sport angeboten. Die Fertigstellung vorbildlicher Sportanlagen schaffte die organisatorische Voraussetzung für ein mannigfaches Kursangebot, das auf Wunsch der

Schülerinnen und Schüler über einen Pflichtbereich hinaus auf freiwillige Arbeitsgemeinschaften ausgedehnt wurde.

Arbeitsgemeinschaften wurden aber auch in anderen Fachbereichen angeboten, teilweise von der Schülervertretung angeregt. So trafen sich seit Schuljahr 1980/81 die Schülerinnen und Schüler regelmäßig freiwillig in Arbeitsgemeinschaften für Musik, Theater, Volkstanz, Französisch, zeitweilig auch Foto/Film und Kunst. Die Ergebnisse dieser Arbeit wurden bei Schulabschlußfeiern, während der Tage der offenen Tür oder in Wettkämpfen präsentiert.

Das Kursmodell des Kultusministeriums ermöglichte es, mit Beginn des zweiten Schulhalbjahres 1985/86 die schuleigenen Erfahrungen mit Arbeitsgemeinschaften unter Anrechnung der Stunden der Arbeitsgemeinschaften als normale Pflichtstunden für die Kurslehrerinnen und -lehrer weiterzuentwickeln.

Das Interesse konzentrierte sich insbesondere auf Pflichtfächer des allgemeinen Bereichs, z. B. katholische Religionslehre, Politik und Sport, zum anderen auf ein freies Wahlangebot außerhalb des Unterrichtsangebotes der Stundentafel.

Das Kurssystem weist somit Wahlpflichtkurse und freie Wahlkurse aus.

Das Kursprogramm galt schwerpunktmäßig den Schülerinnen und Schülern der Berufsschule. Es konnte aber auch von Schülerinnen und Schülern der Vollzeitschulformen angenommen werden. Die Chance, sich insbesondere über das Kursangebot im freien Wahlbereich beruflich zusätzlich zu qualifizieren, flexibel auf neue berufliche Anforderungen zu reagieren, persönlichen Begabungen und Neigungen nachzugehen, unterschiedliche Vorbildungen zu nutzen und mit Schülerinnen und Schülern anderer Ausbildungsberufe bzw. anderer Schulformen im Kursunterricht zusammenzuarbeiten, wird seitdem ununterbrochen wahrgenommen.

Die organisatorischen Überlegungen zur Vorbereitung der Kurse umfaßten folgende Kriterien:

- Inhaltsbestimmungen für die Kurse,
- formale Gestaltung der Kursverzeichnisse, Kalkulation der Kursverzeichnisse, Druck der Kursverzeichnisse,
    - Bestimmung des Teilnehmerkreises,
    - Dauer der Kurse, Veranstaltungstage, -zeiten und -orte,
    - Anmeldeformalitäten,
    - Überlegungen für den Fall der Überbelegung von Kursen,
    - Festlegung der Leistungsnachweise, Form und Inhalt der Kursbescheinigungen,
    - Festlegung der Beratungszeiten und der Beratungsverfahren,
    - Aufbau eines computergestützten Stundenplansystems.

Der Kursunterrricht im Wahlpflichtbereich kann grundsätzlich jeweils für Unter-, Mittel- und Oberstufenschüler organisiert werden. Voraussetzung ist die Mehrzügigkeit der Klassen der jeweiligen Ausbildungsstufe und die Möglichkeit zu einer Unterrichtskopplung kann ausbildungsberufsbezogen oder ausbildungsübergreifend erfolgen. Damit wird in der Regel der Klassenverband aufgelöst. Für eine Zusammenfassung von Schülerinnen und Schüler mit gleicher Vorbildung waren die organisatorischen Voraussetzungen nicht gegeben.

Die Erprobung erfolgte für das Fach katholische Religionslehre lediglich in den Unterstufen der Berufsschule. In das Fach Politik wurden alle Unter-, Mittel- und Oberstufenklassen in Teilzeitform einbezogen. Diese Bedingungen galten auch im Sportbereich.

Die Kurse werden ganzjährig oder halbjährig angeboten. Sie enthalten in der jeweiligen Ausbildungsstufe ein gemeinsames Pflichtthema gemäß Lehrplan. Die Neuerung besteht darin, daß weitere Themen (Wahlthemen) benannt werden, die sich von den Wahlthemen anderer Kurslehrerinnen und Kurslehrer unterscheiden. So entsteht die Möglichkeit, aus einem breiten Spektrum interessierender Themen zu wählen. Bei der Zusammenstellung der Lerninhalte werden die Schülerinnen und Schüler über die Schülervertretung beteiligt. Mit der Themenwahl steht auch fest, welche Lehrkraft den Unterricht erteilt.

5.2 Beispiele für Kursangebote

Die folgenden Ausführungen verschaffen beispielhaft einen Überblick über angebotene Wahlpflichtthemen bzw. über Einzelkursangebote des Wahlpflichtbereiches.

Beispiele für Wahlpflichtkursthemen im Fach Politik in Unter-, Mittel- und Oberstufenklassen:

- **Pflichtthema:**
  - Information und Meinungsbildung
- **Wahlthemen:**
  - Grund- und Menschenrechte, Politik und Recht
  - oder: Der Verbraucher im Einfluß der Werbung/Freizeit - frei von Zwängen selbst gestalten/Aktuelle Politik
  - oder: Grundrechte, Deutschland/Aktuelle politische Themen

Mittelstufenangebote:

- **Pflichtthema:**
  - Parlamente und Regierung als Orte legitimer politischer Entscheidungen
- **Wahlthemen:**
  - Die Gesellschaft im Wandel/Aktuelle politische Themen

- oder: Der Nord-Süd-Konflikt/Politische Beteiligung im Staat/Wissen über soziale Entwicklung und soziales Handeln
- oder: Parteien/ Die Familie in der modernen Gesellschaft/Aktuelle Fragen
- oder: Die Ordnungsfunktion des Strafrechts und Jugendstrafrechts in unserer Gesellschaft, dargestellt an Straftaten gegen die Persönlichkeitswerte/ Rechtliche Probleme im Bereich Ehe/Familie und Verwandtschaft unter Bezugnahme auf das Bürgerliche Recht

Oberstufenangebote:

- **Pflichtthema:**
  - Wirtschaft und Politik
- **Wahlthemen:**
  - Weltpolitische Probleme, Herrschaftsformen des 20. Jahrhunderts
  - oder: Tarifpolitik/Mitbestimmung
  - oder: Friedenssicherung und Friedensforschung/Der Nord-Süd-Konflikt
  - oder: Ost-West-Gegensatz/Nationalsozialismus/Entwicklungshilfe: Nord-Süd-Konflikt
  - oder: Faschismus und Neofaschismus - zum Wiederaufleben faschistischen Gedankenguts/Aktuelle politische Themen

Beispiele für Wahlpflichtkurse im Fach katholische Religionslehre in Unterstufenklassen:

- **1. Veränderte moralische Vorstellungen?**
  Reform des StGB (§§ 175, 216, 218)/Grenzen wissenschaftlicher Forschung
- **2. Kehrseite des Wohlstandes**
  Umweltprobleme, Kriminalität, Abhängigkeiten, Einsamkeit, Randgruppen, Angst vor der Zukunft
- **3. Glauben**
  Überholte Positionen oder Aufbruch zu neuer Aktualität?
- **4. Menschenwürde - Menschenrechte**
- **5. Kirche und soziale Frage**
- **6. Sexualität - Partnerschaft - Ehe**
  Erscheinungsformen der Sexualität und Geschäft, Faszination - Verliebtheit - Liebe, Partnerwahl, Partnerschaft oder Unterordnung, Ehe und Sexualität, Ehe als Vertrag, Vorbedingungen einer glücklichen Ehe, Ehe als Sakrament, konfessionsverschiedene Ehen, Ehescheidung, Menschen, die nicht zur Ehe kommen
- **7. Neue Formen der Religiosität**
  Neue Jugendreligionen außerhalb der Kirche, Jugendreligiosität innerhalb der Kirche, Kloster auf Zeit, Aberglaube - eine Form der Religiosität?

Das Wahlpflichtkurssystem im Sportunterricht

Der einzelne Sportkurs besteht jeweils aus vier verschiedenen Sportarten, die den Sportbereichen

- I: allgemeiner Sport
- II: Mannschaftsspiele
- III: Rückschlagspiele
- IV: sonstige Sportarten

entnommen sind. In allen Sportkursen wird allgemeiner Sport angeboten, um den Schülerinnen und Schülern die Möglichkeit zu bieten, das Deutsche Sportabzeichen zu erwerben. Die übrigen drei Sportarten sind den Sportbereichen II bis IV entnommen.

- I. Allgemeiner Sport
    - 1. Leichtathletik (Sportabzeichen)
    - 2. Konditionstraining
    - 3. Jogging
- II. Mannschaftsspiele
    - 1. Handball
    - 2. Fußball
    - 3. Basketball
    - 4. Volleyball
    - 5. Hockey
    - 6. Kleine Hallenspiele
- III. Rückschlagspiele
    - 1. Badminton
    - 2. Tischtennis
    - 3. Tennis
    - 4. Squash
- IV. Sonstige Sportarten
    - 1. Geräteturnen
    - 2. Trampolinspringen
    - 3. Schwimmen
    - 4. Discoroller
    - 5. Tanzen
    - 6. Judo

Die Sportkurse für Berufsschulklassen im Teilzeitbereich sind einstündig und in der Regel koedukativ. Bei zwei- bzw. dreifachparallelen Kursen haben die Schülerinnen und Schüler die Möglichkeit, unter Auflösung der Klassenverbände zwischen zwei bzw. drei Kursangeboten zu wählen. In allen anderen Schulformen wird Sportunterricht zweistündig im Kurssystem nach Neigung angeboten.

Beispiele für Kursangebote im Fach Sport:

Kursthema:
Ausgewählte Sportarten aus dem Bereich der verbindlichen und alternativ verbindlichen Sportarten

Lernziele:
Grundlagen und Übungsformen in den folgenden Sportarten

Inhalte:

	Kursnummer	Kursnummer	Kursnummer
I.	allgemeiner Sport	allgemeiner Sport	allgemeiner Sport
II.	Volleyball	Basketball	kleine Hallenspiele
III.	Badminton	Tennis	Tischtennis
IV.	Tanz	Trampolin	Gymnastik

5.3 Erfahrungen mit den Wahlpflichtkursen

Die Erfahrungen mit Wahlpflichtkursen waren in der Anfangsphase für Lehrer und Schüler gleichermaßen ermutigend. Die Schülerinnen und Schüler konnten aus einem vielseitigen Kursangebot interessierende Kursthemen wählen und auch für eine Lehrerin bzw. einen Lehrer ihrer Wahl optieren.

Die Lehrerinnen und Lehrer erfuhren über den Kursunterricht eine Ausweitung des pädagogischen Freiraums. Sie mußten sich aber auch zu einem veränderten Lehrerverhalten bekennen.

Dennoch folgte der Zeit des dynamischen Aufbruchs bald eine skeptische Grundstimmung, die durch folgende Aspekte zu klären ist:

- Die in der Berufsschule unvermeidlichen Stundenplanänderungen zur Gewinnung von Lehrerstunden wegen der nicht zeitgerechten Einschulung von Auszubildenden führen in Einzelfällen zur Auflösung bestehender Kurse. Die davon betroffenen Kursteilnehmer müssen gegen ihren Willen anderen Kursen zugewiesen werden.
- Die relativ schmale Basis von parallelgeschalteten Klassen verhindert die Bildung von vorbildungshomogenen Gruppen. Dieses Kriterium wird von den Kurslehrerin-

nen und -lehrern aber als ein entscheidendes Argument für die Effizienz dieser Unterrichtsform im Gegensatz zum Unterricht im Klassenverband angesehen.

- Die Parallelschaltung von Kursen wird auch durch die Bitte vieler Ausbildungsbetriebe erschwert, Auszubildende des gleichen Ausbildungsjahres nicht an gleichen Berufschultagen zu beschulen.
- Wahlpflichtkursangebote werden im allgemeinen mit Ausnahme des Faches Sport nur bei der Einschulung relativ gerne angenommen. Die zeitweilige Auflösung eines festgefügten Klassenverbandes stößt in der Regel auf Widerstand.
- Die Kurswahl der Schülerinnen und Schüler erfolgt nicht ausschließlich themenorientiert.
- Besonders stark nachgefragte Kursthemen müssen mehrfach angeboten werden.
- Die Frage der Lehrerakzeptanz hat sich bei freier Option als ein entscheidendes Problem für Erfolg und Mißerfolg des Wahlpflichtkurssystems herausgestellt.

Dennoch sind die vorliegenden Erfahrungen im ganzen nicht entmutigend. Bei vorhandener Lehrerakzeptanz durch die Schülerinnen und Schüler und bei Akzeptanz der Arbeitsbedingungen durch die Lehrerinnen und Lehrer hat sich diese neue Form der Unterrichtsorganisation als motivierend herausgestellt und die Unterrichtsqualität gesteigert.

5.4 Erfahrungen mit dem freien Kursangebot

Die Kursangebote im freien Wahlbereich umfassen abschluß- und berufsbezogene Kurse nach Eingangsqualifikationen und berufsbezogene sowie freie qualifikationsneutrale Kurse.

Zu den abschlußbezogenen Kursen, die bestimmte Eingangsqualifikationen voraussetzen, gehören die abschlußorientierten Kurse zur Erlangung der Fachoberschulreife im Fach Englisch. Sie werden zusammen mit Schülerinnen und Schülern der gewerblichen Nachbarschule durchgeführt.

Dieser Kurskategorie gehören darüber hinaus Stützkurse in den Fachbereichen Deutsch, Englisch, Französisch, Rechnungswesen, kaufmännisches Rechnen, Mathematik, Textverarbeitung und Kurzschrift an.

Berufsbezogene Kurse, die auf Eingangsqualifikation aufbauen, sind Kurse aus den Fachbereichen Rechnungswesen, Volkswirtschaftslehre, Betriebswirtschaftslehre, Englisch, Französisch und Spanisch. Einige Kurse werden nur von sogenannten Ausbildungszeitverkürzern besucht oder aber speziell für bestimmte Ausbildungsberufe angeboten, z. B. Englisch für Bankkaufleute. Auch EDV-Kurse, die stark nachgefragt werden, bauen z. T. auf Eingangsqualifikationen auf.

Zu den regelmäßig stattfindenden qualifikationsneutralen, berufsbezogenen Kursen gehören i. d. R. Anfängerkurse für Spanisch, EDV, Lern- und Arbeitstechnik und Textautomation.

Den Mittelpunkt der freien, qualifikationsneutralen Kurse bilden Kurse für Sport (u. a. Kanu), Tanz, Musik, Theater und Film/Foto.

Die Zahl der Kurse wird von den Möglichkeiten, Lehrerinnen und Lehrer freizustellen, bestimmt. Seit Schuljahr 1985/86 kommen durchschnittlich 15 - 20 Kurse zustande.

Die Erfahrungen im freien Kursangebot sind im allgemeinen positiv. Aus den Ausführungen wird deutlich, daß Lehrerinnen und Lehrer, Schülerinnen und Schüler diese Art des Kursangebotes bejahen und es als Bereicherung des schulischen Angebots sehen.

Es hat sich gezeigt, daß das Kollegium ein für die Schülerinnen und Schüler interessantes Kursangebot entwickeln kann, daß es darüber hinaus bereit ist, auch Schüleranregungen in Kursangebote umzusetzen. Die relativ begrenzte Zahl der zustandegekommenen freien Kurse ist, über die genannten Gründe hinaus, auf folgende Einflußgrößen zurückzuführen:

- auf die Bereitschaft der Ausbildungsbetriebe, ihre Auszubildenden am zweiten Berufsschultag in der 5. und 6. Stunde freizustellen,
- auf die Bereitschaft der Auszubildenden, am ersten Berufsschultag über die 6. Stunde hinaus in der Schule zu bleiben, um am Kursunterricht in der 7. und 8. Stunde teilzunehmen,
- auf die Bereitschaft der Auszubildenden, am Abend am Kursunterricht teilzunehmen,
- auf die Bereitschaft der Lehrer, am Abend Kurse zu erteilen (soziale Probleme insbesondere für Lehrerinnen, die Kinder erziehen),
- auf die Bereitschaft der Lehrer, Kurse anzubieten, die das Interesse der Auszubildenden finden,
- auf die Bereitschaft der Lehrer, Kurse anzubieten, die das Interesse der Ausbildungsbetriebe finden,
- auf die Möglichkeiten der Schule, im Bereich der neuen Verwaltungstechnologien eine entsprechende Ausstattung anzubieten (Kapazitätsproblem),
- auf die begrenzten Möglichkeiten zur Lösung der Verkehrsprobleme,
- auf die nicht vorhandenen Möglichkeiten, schulfremde Teilnehmer aufzunehmen,
- auf die eingeschränkten Möglichkeiten, werbewirksame Kursverzeichnisse vorlegen zu können,
- auf die Festlegung der Unter- bzw. Obergrenze der Teilnehmerzahl gemäß den Richtlinien zur Bildung von Kursgruppen, die z. Zt. in der Regel bei 16 Teilnehmern liegt,

- auf die Möglichkeiten, Schülerinnen und Schüler benachbarter kaufmännischer Schulen aufnehmen zu können,
- auf die Möglichkeit, auch ehemalige Schülerinnen und Schüler aufnehmen zu können, die ihre Erstausbildung erfolgreich abgeschlossen haben.

5.5 Schwierigkeiten und offene Fragen

Einige Schwierigkeiten bedürfen darüber hinaus der Erwähnung:

- Eine Schwierigkeit besonderer Art ist das Anwesenheitsproblem der Schüler. Die Erfahrungen zeigen, daß Kursteilnehmer überwiegend aus drei Gründen die gewählten Kurse abbrechen oder die Kursveranstaltungen unregelmäßig besuchen: Klassenarbeiten in den Regelfächern, Prüfungen, fehlende Anstrengungsbereitschaft. Es hat sich inzwischen als sinnvoll herausgestellt, Schülerinnen und Schüler aus Oberstufenklassen von der Teilnahme an freien Wahlkursen abzuraten, wenn sie nicht prüfungsrelevant oder beschäftigungrelevant für die Zeit nach der Prüfung sind. Dadurch haben sich Fehlquoten vermindert.
- Stützkurse werden für Schülerinnen und Schüler der Unterstufenklassen erst im zweiten Halbjahr angeboten, es sei denn, es handelt sich um Angleichungskurse.
- Eine Leistungsbewertung würde viele Interessenten vom Besuch der freien Kurse abhalten. Dennoch legen die Schülerinnen und Schüler auf Teilnahmebescheinigungen großen Wert. Sie beschreiben die erreichten Lernziele bzw. Qualifikationen. Häufig werden die Teilnahmebescheinigungen von den Ausbildungsbetrieben verlangt.
- Zu den nicht vorhersehbaren Nebenwirkungen des freien Kursangebotes gehört der Wunsch, insbesondere von Schülerinnen und Schülern aus dem Vollzeitbereich, in Silentien am Nachmittag arbeiten zu können. Das Interesse konzentriert sich auf Übungszeiten mit dem Bildschirm-Textverarbeitungssystem aber auch mit Personalcomputern. Dem Wunsch im Textautomationsbereich konnte entsprochen werden, nicht aber im Computerbereich. Lehrerstunden und Kapazitätsprobleme stehen dem Wunsch zur Zeit noch entgegen.
- Einer der bildungspolitisch interessantesten und in die Zukunft weisenden Erfahrungsaspekte dürfte der deutlich erkennbare Wunsch vieler Kursteilnehmer sein, sich in der Stamm-Berufsschule (ortsnah) fort- und weiterbilden zu können. Dieser Wunsch wird auch von den Betrieben der ausbildenden Wirtschaft und Verwaltung unterstützt. Hier scheint sich bei entsprechenden juristischen Rahmenbedingungen ein neues Arbeitsfeld der kaufmännischen Berufsschule zu entwickeln.

6. Der Schülerrückgang - ein Problem für die künftige Entwicklung

Auf ein Problem von besonderer Aktualität auf dem Weg zum Jahr 2000 soll abschließend hingewiesen werden: Es ist das Problem des erwarteten Schülerrückgangs.

Er wird für die vorgestellte Schule bis zum Jahr 2000 gemäß Schulentwicklungsplan mit ca. 30 % prognostiziert. Da dieser Prozentsatz wohl auch den durchschnittlichen Erwartungen im Bundesgebiet entspricht, ist anzunehmen, daß kleine kaufmännische Berufsschulen vor erheblichen Problemen stehen. Es gilt auszuloten, bei welcher Größe auch kleinere Berufsschulen noch dem erforderlichen Qualitätsstandard entsprechen. Wenn ortsnahe Berufsschulen erhalten bleiben sollen, müssen kleinere kaufmännische Berufsschulen saniert werden.

Sanierungsmaßnahmen können sein:

- Die Veränderung der Schüler-Lehrer-Relation in Fachklassen der Berufsschule von bisher 51 : 1 auf ein deutlich niedrigeres Maß.
- Die Neuordnung der Einzugsgebiete der Berufsschulen, um auch in Randlagen ortsnahe Berufsschulen erhalten zu können.
- Die Bildung von Kreis- und Bezirksfachklassen, die ausgewogen über alle kaufmännischen Berufsschulen verteilt werden müßten und nicht nur in sogenanten Oberzentren ihren Standort haben dürften.

Bildungspolitische Reformkonzepte, wie das des Deutschen Gewerkschaftsbundes, alle Ausbildungsberufe im Berufsfeld Wirtschaft und Verwaltung auf fünf kaufmännische Grundberufe zurückzuführen und ihnen eine zweijährige gemeinsame Grundbildung zu vermitteln, bevor im dritten Ausbildungsjahr die Spezialisierung einsetzt, könnten unterrichtsorganisatorisch bei rückläufiger Schülerzahl zwar vordergründig Probleme lösen, würden aber die Struktur der dualen Ausbildung im Berufsfeld Wirtschaft und Verwaltung entscheidend verändern.

In Nordrhein-Westfalen ist auch noch nicht deutlich abzusehen, in welcher Weise die 22 Kollegschulen die Qualität der Berufsbildung verändern werden. Sie sind durch Umwandlung beruflicher Schulen entstanden und vereinigen "die bisher auf gymnasiale Oberstufen und berufliche Schulen aufgegliederten Bildungsgänge in einem Schulsystem". [12)]

9 der Kollegschulen sind bisher aus kaufmännischen Schulen hervorgegangen. Weitere kaufmännische Schulen haben Anträge auf Übernahme in den Kollegschulversuch gestellt.

Die aufgezeigten Reformkonzepte verdeutlichen, daß sich die kaufmännische Berufsschule immer wieder aufs Neue einer Qualitätsprüfung unterziehen muß. Nur wenn die Berufsschule die Herausforderungen in enger Zusammenarbeit mit ihren Partnern dynamisch annimmt, kann sie auch auf dem Weg in das Jahr 2000 ihre in der Welt vorbildliche Stellung halten.

Anmerkungen:

(1) vgl. ABRAHAM, Karl: Wirtschaftspädagogik, Heidelberg 1960, S. 190 ff.

(2) vgl. u. a. BECKER, M./PLEISS: Wirtschaftspädagogik im Spektrum ihrer Problemstellung, Baltmannsweiler 1988

(3) vgl. Der Kultusminister des Landes NRW: Rahmenkonzeptgestaltung des Schullebens und Öffnung von Schule, Düsseldorf 1988

(4) vgl. Pressestelle Kreis Gütersloh: 50 Jahre Berufsbildende Schulen des Kreises Gütersloh in Rheda-Wiedenbrück, Rietberg 1988

(5) vgl. SIEKAUP, Waldemar: Organisation kaufmännischer Schulen, in: Handbuch für das kaufmännische Bildungswesen, Darmstadt 1985, S. 185

(6) vgl. ABRAHAM, Karl: a. a. O., S. 192

(7) vgl. Der Minister für Wirtschaft, Mittelstand und Technologie des Landes NRW, Pressereferat: Berufsbildungsbericht 1988, Düsseldorf 1988, S. 86 ff.

(8) vgl. Berufsbildungsbericht 1988, a. a. O., S. 87 ff.

(9) vgl. PLEWKA, Dieter: Neue Berufe - Neue Qualifikationen, in: Die Kaufmännische Schule, Verband der Lehrer an Wirtschaftsschulen, Düsseldorf 1/89, S. 27 ff.

(10) vgl. KAERGER, Rudi: Neue Ausbildungskonzepte in der Berufsschule, in: Der berufliche Bildungsweg, Düsseldorf, Verband der Lehrer an beruflichen Schulen, 4/88, S. 8 ff.

(11) vgl. HENTKE, Reinhard: Handlungsorientierung oder kritische Bildung, in: Wirtschaft und Erziehung, Bundesverband der Lehrer an Wirtschaftsschulen, Berlin 11/87, S. 354 ff. und 1/89, S. 5 ff. sowie ACHTENHAGEN, Frank: Ein Plädoyer wider didaktische Halbbildung - Stellungnahme zu Hentkes Beitrag "Handlungsorientierung oder kritische Bildung", in: Wirtschaft und Erziehung, a. a. O., 2/88, S. 47 ff.; HALFPAP, Klaus, Durch Handlungsorientierung kritische Bildung - Eine Erwiderung, in: Wirtschaft und Erziehung, a. a. O., 3/88, S. 83 ff.

(12) BROCKMEYER, R. u. a.: Begriffe und Definitionen zur Reform der Sekundarstufe II, Kultusministerium Düsseldorf, 1973, S. 91

Arnold Höfler: Vollschulische Berufsausbildung im Berufsfeld Wirtschaft und Verwaltung in Hessen

Zur Person:

Dipl.-Hdl. Dipl.-Kfm. Arnold Höfler, Ministerialrat

Jahrgang 1929; Studium der Wirtschaftswissenschaften und Wirtschaftspädagogik an der Universität Frankfurt 1950 - 1955; Referendariat 1956 - 1957; Studienrat/Oberstudienrat/Abteilungsleiter an einer kaufmännischen Schule in Frankfurt 1957 - 1967; Dezernent beim Regierungspräsidenten in Darmstadt 1968 - 1971; Referatsleiter für die kaufmännischen Schulen (und stv. Abteilungsleiter für berufliche Schulen) im Hessischen Kultusministerium seit 1971

1. Ausgangssituation

Die in Deutschland gewachsene duale Berufsausbildung, bei der Betrieb und Berufsschule partnerschaftlich zusammenarbeiten, hat sich bewährt. In keinem anderen Land gibt es ein in Form und Inhalt vergleichbares berufliches Bildungssystem. Während andere Länder vornehmlich vollschulische Berufsausbildung betreiben oder schulische Berufsbildungsgänge mit betrieblichen Anlernkursen verbinden, wird der Jugendliche hierzulande durch die Verbindung von berufspraktischem und schulischem Lernen unmittelbar praxisbezogen qualifiziert. Über 70 % der Jugendlichen in der Bundesrepublik erhalten auf diese Weise eine fundierte Berufsausbildung, die den Qualifikationserfordernissen in der Arbeitswelt entspricht. Die Qualität der deutschen Berufsausbildung ist unbestritten, die Leistungsfähigkeit der dualen Berufsausbildung anerkannt. Etwa 20 Milliarden DM wendet die ausbildende Wirtschaft jährlich für die betriebliche Berufsausbildung auf. Sie betrachtet die Ausbildungskosten mit Recht als notwendige Investition für die Zukunft. Die Gründe für diesen Erfolg liegen auf der Hand:

- Selbststeuerung und schnelle Anpassung an technologische und wirtschaftliche Veränderungen zeichnen die duale Berufsausbildung aus.
- Berufsausbildung direkt bei der Berufsarbeit vermittelt Erkenntnisse und Erfahrungen.
- Mitarbeit in der betrieblichen Ernstsituation gibt dem Jugendlichen ein begründetes Selbstwertgefühl und stärkt sein Verantwortungsbewußtsein.

Die hohe Arbeitslosenquote unter Jugendlichen etwa in den südeuropäischen Ländern zeigt, wie sehr eine allgemeine verschulte Berufsausbildung am Arbeitsmarkt vorbeiführen kann.

2. Vollschulische Berufsausbildung im Berufsfeld Wirtschaft und Verwaltung

Die duale Berufsausbildung wird in der Bundesrepublik durch eine gezielte vollschulische Berufsausbildung ergänzt. Berufsausbildung in beruflichen Schulen, in denen volle oder teilweise Ausbildung für bestimmte, meist handwerkliche Ausbildungsberufe möglich war, gab es in Deutschland schon im 19. Jahrhundert. Sie stand in engem Zusammenhang mit wirtschaftlichen Interessen einer Region oder eines Gewerbes.

Im kaufmännischen Berufsfeld war lange Zeit die Handelsschule das einzige vollschulische Bildungsangebot. Handelsschulabsolventen waren z. B. in Hessen bis 1961 nicht mehr berufsschulpflichtig.

Der Ausbau beruflicher Vollzeitschulen in diesem Jahrzehnt hat seine Ursache vielfach in der angespannten Situation am Ausbildungsstellenmarkt. Ein großer Teil der Angebote in beruflichen Vollzeitschulen, zum Beispiel im schulischen Berufsgrundbildungsjahr, in der einjährigen Höheren Handelsschule, diente in den letzten Jahren als Warteschleife für Jugendliche, die unmittelbar im dualen System keinen Ausbildungsplatz erhalten haben.

Berufliche Vollzeitschulen als Berufsfachschulen sind Schulen von mindestens einjähriger Dauer, für deren Besuch weder eine Berufsausbildung noch eine berufliche Tätigkeit vorausgesetzt werden. Sie vermitteln allgemeine und fachliche Lerninhalte. Es gibt in Hessen drei Formen der Berufsfachschule, die durch die Definition Berufsfachschulen der Kultusministerkonferenz abgedeckt sind:

- **Zweijährige Berufsfachschulen, die nach Berufsfeldern differenziert sind, eine berufliche Grundbildung in einem Berufsfeld vermitteln und zu einem mittleren Bildungsabschluß führen:** Im Berufsfeld Wirtschaft und Verwaltung ist dies die zweijährige Berufsfachschule (Handelsschule). Der erfolgreiche Besuch einer zweijährigen Berufsfachschule, die zu einem mittleren Bildungsabschluß führt, wird nach § 2 Abs. 1 der Berufsfachschul-Anrechnungs-Verordnung auf die Ausbildungszeit der Ausbildungsberufe des entsprechenden Berufsfeldes als erstes Jahr der Berufsausbildung angerechnet, wenn der Lehrplan der besuchten Schule mindestens 20 Wochenstunden Unterricht in fachbezogenen Fächern vorsieht.
- **Einjährige Berufsfachschulen, die auf einen mittleren Bildungsabschluß aufbauen und auf eine Fachausbildung mehrerer Ausbildungsberufe vorbereiten:** Im Berufsfeld Wirtschaft und Verwaltung ist dies die Einjährige Höhere Handelsschule. Der erfolgreiche Besuch eines solchen Bildungsganges wird nach § 3 Abs. 1 der Berufsgrundbildungsjahr-Anrechnungs-Verordnung auf die Ausbildungszeit in bestimmten Ausbildungsberufen als erstes Jahr der Berufsausbildung angerechnet, wenn der Lehrplan der besuchten Schule mindestens 26 Wochenstunden Unterricht in fachbezogenen Fächern und die Möglichkeit der Verstärkung des Unterrichts der fachbezogenen Fächer im Wahlbereich vorsieht. Nach einer Vereinbarung mit der ausbildenden Wirtschaft in Hessen wird der erfolgreiche Besuch der Einjährigen Höheren Handelsschule auf die Ausbildung zum Industriekaufmann,kaufmannkaufmannkaufmannkaufmann Kaufmann im Groß- und Außenhandel und Bürokaufmann mit einem Jahr angerechnet.
- **Zweijährige Berufsfachschulen, die auf einen mittleren Bildungsabschluß aufbauen und zu einer schulischen Berufsausbildung auf Assistentenebene führen:** Die Ausbildung an solchen zweijährigen Berufsfachschulen schließt in Hessen mit dem Abschluß "Staatlich geprüfte(r) Fremdsprachensekretär(in)" bzw. "Staatlich geprüfte(r) kaufmännische(r) Assistent(in) für Datenverarbeitung" ab. Diese Abschlüsse werden durch die Rahmenvereinbarung über die Ausbildung und Prüfung zum kaufmännischen Assistenten/zur kaufmännischen Assistentin an Berufsfachschulen (Beschluß der Kultusministerkonferenz vom 30. Dezember 1988) abgedeckt.

Vollschulische Berufsausbildung steht zur dualen Berufsausbildung nicht in Konkurrenz, sondern ergänzt sie. Sie hat "Nischenfunktion" und Ausnahmecharakter. Es handelt sich dabei um ein freies schulisches Angebot, das dann nicht mehr angenommen zu werden braucht, wenn die duale Berufsausbildung solche "Nischen" schließt.

Wenn Artikel 56 der Hessischen Verfassung das Schulwesen zur "Sache des Staates" erklärt, dann schließt die Ordnungsfunktion auch das Gestaltungsrecht vollschulischer Berufsausbildung ein.

§ 2 Abs. 1 Berufsbildungsgesetz bestätigt dieses Gestaltungsrecht der Länder in der schulischen Berufsbildung. Dort heißt es: "Dieses Gesetz gilt für die Berufsbildung, soweit sie nicht in berufsbildenden Schulen durchgeführt wird, die den Schulgesetzen der Länder unterstehen".

Im folgenden soll auf vollschulische Berufsausbildung zur Fremdsprachensekretärin und zum kaufmännischen Assistenten für Datenverarbeitung näher eingegangen werden.

3. Ausbildung zur Fremdsprachensekretärin

3.1 Errichtung und Rechtsgrundlage

In Hessen wird seit dem Schuljahr 1984/85 an zweijährigen Berufsfachschulen zur Fremdsprachensekretärin ausgebildet. Inzwischen gibt es 26 öffentliche Schulen dieser Art. Die Einrichtung dieses schulischen Ausbildungsganges hat in Wirtschaft und Gesellschaft eine breite Zustimmung gefunden. Die Berufschancen der Absolventen sind hervorragend.

Rechtsgrundlage ist die Verordnung über die Ausbildung und Abschlußprüfung an zweijährigen Berufsfachschulen für Fremdsprachensekretariat vom 27. Juni 1984 (ABl. S. 353), zuletzt geändert durch Verordnung vom 23. April 1988 (ABl. S. 285).

3.2 Aufnahmevoraussetzungen

Voraussetzungen für die Aufnahme in diesen Ausbildungsgang sind der Nachweis eines mittleren Bildungsabschlusses und mindestens befriedigende Leistungen in Deutsch und Englisch. Wer in diesen, für die Ausbildung zur Fremdsprachensekretärin charakteristischen Fächern unter dieser Notenschwelle liegt, muß sich einem Auswahlverfahren unterziehen.

3.3 Rahmenstundentafel

Dem Unterricht liegt folgende Rahmenstundentafel zugrunde:

Unterrichtsfächer	**Unterrichtsstunden im Ausbildungsjahr** 1	2
Pflichtbereich		
Allgemeiner Unterricht		
Deutsch	40	40
Politik	40	40
Religionslehre	40	40
Sport	40	40
Berufsbezogener Unterricht		
Englisch	200	200
Zweite Fremdsprache	200	200
Wirtschaftslehre	120	120
Textformulierung	80	80
Rechnungswesen	80	80
Datenverarbeitung	40	40
Maschinenschreiben	120	120
Phonotypie	-	60
Deutsche Kurzschrift	160	160
Fremdsprachliche Kurzschrift	-	80
Sekretariatstechnik	200	100
Wahlbereich		
bis	80	80

Der Unterricht umfaßt im Pflichtbereich 34 Wochenstunden. Der allgemeine und berufsbezogene Unterricht wird nach Rahmenplänen gestaltet. Für den allgemeinen Unterricht in Deutsch, Politik, Religionslehre und Sport gelten die entsprechenden Rahmenpläne der Berufsschule.

Die Ausbildung ist ganz auf die Anforderungen und die Qualifizierung im Fremdsprachensekretariat abgestellt. Schwerpunkte der Ausbildung liegen in den Fremdsprachen, in Wirtschaftslehre, Textformulierung, Datenverarbeitung, Maschinenschreiben, Kurzschrift, Bürokommunikation und Sekretariatstechnik. Erste Fremdsprache ist Englisch. Zweite Fremdsprache ist Französisch oder Spanisch. Im Wahlbereich kann eine dritte Fremdsprache betrieben werden. Die Ausbildung wird durch ein mehrwöchiges Betriebspraktikum unterstützt.

Zum Tätigkeitsfeld einer Fremdsprachensekretärin gehören vor allem:

- Bürokommunikation
- Umgang mit Organisations- und Ordnungsmitteln
- Postbearbeitung
- Aufnahme und Übertragung von Stenogrammen und Phonogrammen
- Maschinenschreiben und Textverarbeitung am Computer
- Dateiverarbeitung
- Arbeiten an Bildschirmgeräten
- Umgang mit modernen Informations- und Kommunikationstechniken (z. B. Teletex, Telefax, Btx)
- Korrespondenztätigkeit
- Abfassen von Berichten
- Sekretariatspraxis
- Vorbereitung von Besprechungen und Protokollführung.

Grundvoraussetzung ist das Beherrschen der deutschen Sprache in Wort und Schrift. Im fremdsprachlichen Bereich sind Texte zu übertragen, Geschäftsbriefe abzufassen, Telefongespräche in der fremden Sprache zu führen und Notizen anzufertigen.

3.4 Bewerber mit Hochschulzugangsberechtigung

Der Anteil der Bewerber mit Hochschulzugangsberechtigung liegt bei 30 - 40 %. Auch für solche Bewerber dauert die Ausbildung zwei Jahre. Die Ausbildung zur Fremdsprachensekretärin ist eine qualifizierte Berufsausbildung. Die Regelausbildung in der dualen Berufsausbildung beträgt drei Jahre. Wer eine kaufmännische Grundausbildung anstrebt, kann die Einjährige Höhere Handelsschule besuchen. Für eine qualifizierte schulische Berufsausbildung sind zwei Ausbildungsjahre die zeitliche Untergrenze. Fremdsprachen sind in der Ausbildung zur Fremdsprachensekretärin nicht der, sondern einer der Ausbildungsschwerpunkte. In den kaufmännischen, schreib- und sekretariatstechnischen Fächern, die auch Ausbildungsschwerpunkte sind, bringen Abiturienten meist ebensowenig Vorkenntnisse mit wie Bewerber mit einem mittleren Bildungsabschluß. Dagegen kann bei Absolventen einer Handelsschule an schreib- und bürowirtschaftliche Vorkenntnisse angeknüpft werden.

3.5 Abschlußprüfung

Die Ausbildung schließt mit einer schriftlichen, schreib- und sekretariatstechnischen und einer mündlichen Prüfung ab. Schriftliche Prüfungsfächer sind die Pflichtfremdsprachen, Wirtschaftslehre und Textformulierung. In Maschinenschreiben werden mindestens 220 Anschläge in der Minute, in Deutscher Kurzschrift mindestens 140 Silben in der Minute und in Fremdsprachlicher Kurzschrift mindestens 80 Silben in der Minute verlangt. Jeder Schüler wird mindestens in einem Fach mündlich geprüft.

Wer die Abschlußprüfung mit Erfolg abgelegt hat, kann die Berufsbezeichnung "Staatlich geprüfte(r) Fremdsprachensekretär(in)" führen.

3.6 Berufseinmündung

Absolventen der zweijährigen Berufsfachschule für Fremdsprachensekretariat können

- unmittelbar in die betriebliche Praxis übergehen oder
- an einer Fachoberschule nach einem Jahr die Fachhochschulreife erwerben.

Die Erfahrung zeigt, daß die meisten Absolventen unmittelbar in die betriebliche Praxis übergehen. Wer sich im Sekretariatsbereich weiterbilden will, kann sich nach Teilnahme an einer Fortbildungsmaßnahme und bei Nachweis einer mindestens einjährigen einschlägigen beruflichen Tätigkeit durch eine Prüfung vor der Industrie- und Handelskammer zur "geprüften Sekretärin" qualifizieren.

3.7 Verschiedene Wege zur Qualifizierung zum Fremdsprachensekretariat

Die in den Blättern zur Berufskunde (herausgegeben von der Bundesanstalt für Arbeit in Nürnberg) beschriebenen Fortbildungsmaßnahmen zur geprüften Sekretärin, Direktions- und Vorstandssekretärin, Europasekretärin, Fremdsprachensekretärin bauen auf einer einschlägigen Berufsausbildung und/oder einschlägigen beruflichen Tätigkeit auf.

Es gibt zwei Wege, sich für die Tätigkeit im Fremdsprachensekretariat zu qualifizieren:

- über die duale Berufsausbildung mit anschließender Fortbildung und
- über die zweijährige Berufsfachschule für Fremdsprachensekretariat.

Beide Wege sollten offengehalten werden, zumal auch der Weg über die duale Berufsausbildung unterrichtlich stark geprägt ist.

Im Unterschied zum Fremdsprachensekretariat überläßt Hessen die Ausbildung zum staatlich geprüften Fremdsprachenkorrespondenten privaten Sprachschulen, die als Ergänzungsschulen staatlich anerkannt sind. Die Abschlußprüfung basiert auf der Verordnung über die Abschlußprüfung an den als Ergänzungsschulen staatlich anerkannten privaten zweijährigen Berufsfachschulen für Fremdsprachenkorrespondenz vom 25. Mai 1983 (ABl. S. 387).

4. Ausbildung zum kaufmännischen Assistenten/zur kaufmännischen Assistentin für Datenverarbeitung

4.1 Errichtung und Rechtsgrundlage

In Hessen wird ab Schuljahr 1989/90 mit der Ausbildung zum kaufmännischen Assistenten für Datenverarbeitung an mehreren Schulen begonnen. Neue Informations- und Kommunikationstechniken haben in der Arbeitswelt und in unserer täglichen Umwelt Fuß gefaßt. Man schätzt, daß in einigen Jahren etwa 70 % aller Beschäftigten von den neuen Technologien unmittelbar betroffen sein werden. Das Vordringen der Computertechnologie verlangt neue Berufe. Ein solcher auf neue Anforderungen gerichteter Beruf ist der kaufmännische Assistent für Datenverarbeitung. Auch dieser Assistentenberuf ist geeignet, die Berufsausbildung im kaufmännischen Berufsfeld sinnvoll und wirksam zu ergänzen. Diese Assistentenausbildung wird in dem Maße wieder entbehrlich, wie entsprechende neue duale Ausbildungsberufe entstehen oder geltende Ausbildungsberufe (z. B. der Datenverarbeitungskaufmann von 1969) der technologischen Entwicklung und den beruflichen Erfordernissen angepaßt werden.

Das Landesarbeitsamt Hessen stellt zu diesem Bildungsgang grundsätzlich fest: "Die Arbeitsmarktziffern, die Erfahrungen mit einschlägigen arbeitsmarktpolitischen Maßnahmen und die Kenntnis über das Volumen des Bedarfs an DV-Kräften lassen den Schluß zu, daß kurz- und mittelfristig jede berufliche Erstausbildung, die in diese Richtung orientiert, nicht nur gute Chancen für den Absolventen bietet, sondern zur Bewältigung von Wirtschaftswachstum, Strukturwandel und Aufrechterhaltung der internationalen Wettbewerbsfähigkeit dringend geboten erscheint".

Die Ausbildung zum kaufmännischen Assistenten für Datenverarbeitung ist so gestaltet, daß ein unmittelbarer Einstieg in eine berufliche Tätigkeit in Computer-Anwendungsfeldern möglich ist.

Rechtsgrundlage ist die Verordnung über die Ausbildung an zweijährigen Berufsfachschulen für Informationsverarbeitung vom 18. Dezember 1988 (ABl. 1989, S.3).

4.2 Aufnahmevoraussetzungen

Voraussetzung für die Aufnahme in diesen Ausbildungsgang sind der Nachweis eines mittleren Bildungsabschlusses und mindestens befriedigende Leistungen in Deutsch, Englisch und Mathematik. Wer in diesen, für die Ausbildung zum kaufmännischen Assistenten für Datenverarbeitung charakteristischen Fächern unter dieser Notenschwelle liegt, muß sich einem Auswahlverfahren unterziehen.

Sofern freie Ausbildungsplätze zur Verfügung stehen, können Bewerber in das zweite Ausbildungsjahr aufgenommen werden, wenn sie die Aufnahmevoraussetzungen erfüllen, eine abgeschlossene kaufmännische Berufsausbildung nachweisen und erfolgreich an einer Aufnahmeprüfung in den Fächern des berufsbezogenen Unterrichts teilnehmen.

4.3 Rahmenstundentafel

Unterrichtsfächer	Unterrichtsstunden im Ausbildungsjahr 1	2
Pflichtbereich		
Allgemeiner Unterricht		
Deutsch	40	40
Politik	40	40
Religionslehre	40	40
Sport	40	40
Berufsbezogener Unterricht		
Betriebswirtschaftslehre	160	160
Volkswirtschaftslehre	80	80
Rechnungswesen	160	160
Wirtschaftsmathematik	120	80
Englisch	80	80
Datenverarbeitung	200	200
Programmierung	200	200
Systemanalyse	-	120
Bürokommunikation	120	120
Maschinenschreiben	80	-
Wahlbereich		
bis	80	80

Der Unterricht umfaßt im Pflichtbereich 34 Wochenstunden. Der allgemeine und berufsbezogene Unterricht wird nach Rahmenplänen gestaltet. Für den allgemeinen Unterricht in Deutsch, Politik, Religionslehre und Sport gelten die entsprechenden Rahmenpläne der Berufsschule. Die Ausbildung wird durch ein mehrwöchiges Betriebspraktikum unterstützt.

Die Ausbildung ist ganz auf die Anforderungen und die Qualifizierung zum kaufmännischen Assistenten für Datenverarbeitung abgestellt. Schwerpunkte der Ausbildung liegen in Betriebswirtschaftslehre, Rechnungswesen, Wirtschaftsmathematik, Datenverarbeitung, Programmierung, Systemanalyse und Bürokommunikation.

Der kaufmännische Assistent für Datenverarbeitung soll über Kenntnisse und Fertigkeiten verfügen, die ihn befähigen, Probleme und Aufgabenstellungen zur Struktur von Rechnersystemen, zur Systemsoftware, Datenorganisation und Datenstruktur (Dateien, Datenbanken, Informationssysteme) in kaufmännischen Anwendungsgebieten zu lösen und Methoden und Techniken der Planung, Überwachung und Steuerung von Datenverarbeitungsprojekten und Verfahren und Werkzeuge für Informations- und Kommunikationssysteme und ihre Vernetzung anzuwenden. Nach dem gegenwärtigen Stand erscheint es erforderlich, Entwurf, Codierung und Analyse von Programmen in einer standardisierten und einer problemorientierten Programmiersprache (z. B. Basic, Cobol, Datenbankabfragespräche) im Unterricht zu vermitteln. Entwurf, Darstellung und Analyse von Algorithmen und Datenstrukturen sollen an kaufmännischen Problemstellungen ausgerichtet werden.. In zunehmendem Maße sollen auch neue Medien (z. B. Teletex, Datex und die (integrierte) Bürokommunikation in den Unterricht einbezogen werden. Wesentlich ist auch die Textverarbeitung mit dem Computer.

4.4 Bewerber mit Hochschulzugangsberechtigung

Voraussichtlich wird der Anteil der Bewerber mit Hochschulzugangsberechtigung nicht unerheblich sein. Für sie gilt das unter 3.4 Gesagte entsprechend.

4.5 Abschlußprüfung

Die Ausbildung schließt mit einer schriftlichen und einer mündlichen Prüfung ab. Schriftliche Prüfungsfächer sind Betriebswirtschaftslehre, Rechnungswesen, Datenverarbeitung und Programmierung. Jeder Schüler wird mindestens in einem Fach mündlich geprüft.

Wer die Abschlußprüfung mit Erfolg abgelegt hat, kann die Berufsbezeichnung "Staatlich geprüfte(r) kaufmännische(r) Assistent(in) für Datenverarbeitung" führen.

4.6 Berufseinmündung

Absolventen der zweijährigen Berufsfachschule für Informationsverarbeitung können

- unmittelbar in die betriebliche Praxis übergehen oder
- eine betriebliche Anschlußlehre absolvieren oder
- an einer Fachoberschule nach einem Jahr die Fachhochschulreife erwerben.

Die Erfahrung in anderen Ländern zeigt, daß ein großer Teil der Absolventen unmittelbar in die betriebliche Praxis übergeht.

5. Abschließende Bemerkungen

Die vollschulische Berufsausbildung zur Fremdsprachensekretärin und zum kaufmännischen Assistenten für Datenverarbeitung ergänzt die Berufsausbildung im Berufsfeld Wirtschaft und Verwaltung.

Die weitere Entwicklung der vollschulischen Berufsausbildung hängt von der eingeleiteten Neuordnung der bürowirtschaftlichen Berufe und von der erwarteten Neuordnung der Ausbildung zum Datenverarbeitungskaufmann ab. Auch von den jeweiligen Rahmenbedingungen der dualen Berufsausbildung und der Gesamtsituation auf dem Ausbildungsstellenmarkt bleibt die vollschulische Berufsausbildung nicht unbeeinflußt. Unbeschadet dessen wird den Jugendlichen die Möglichkeit geboten, sich Grundlagen für eine sichere berufliche Zukunftsperspektive zu erarbeiten.

Auch mit Blick auf das Jahr 1992 und den gemeinsamen Binnenmarkt weisen die hier dargestellten Ausbildungsgänge in die richtige Richtung.

Franz Josef Götte: Anmerkungen zur Ausbildung der Ausbilder

Zur Person:

Dipl.-Hdl. Dr. rer. pol. Franz Josef Götte, Verwaltungsdirektor

Jahrgang 1936; Studium der Wirtschaftspädagogik an den Universitäten Göttingen und Frankfurt 1956 - 1961; Assistent am Wirtschaftspädagogischen Seminar der Universität Frankfurt (Prof. Abraham) 1961 - 1967; Promotion (Thema: Die deutschen Katholikentage im neunzehnten Jahrhundert und ihre Verhandlungen über den Problemkreis Handwerk und Erziehung) 1966; Referendariat in Rheinland-Pfalz 1967 - 1968; Studienassessor/Studienrat an der Kaufmännischen Berufsschule in Frankfurt-Höchst 1969 - 1973; während dieser Zeit Tätigkeiten als Mentor und Mitglied des Prüfungsausschusses sowie Lehrauftrag an der Fachhochschule Wiesbaden; Leiter der Verwaltungsschule Münster der Bundesanstalt für Arbeit seit 1973

1. Die Entwicklung der Ausbildung der Ausbilder zu einem eigenständigen Bereich

Die Ausbildung der Ausbilder, allgemein als AdA abgekürzt, ist heute ein anerkannter und wichtiger Bereich. Schon in den ersten Jahrzehnten unseres Jahrhunderts wurden Forderungen gestellt, die außerschulische Berufsausbildung durch ein Berufsbildungsgesetz zu regeln, doch auf Grund starker gegensätzlicher Interessen der Beteiligten ließ sich ein derartiges Vorhaben nicht realisieren. Die Zeit für ein Gesetz reifte in den 50er und 60er Jahren heran, und da gáb es teilweise noch eine große und verbreitete Skepsis, ob jemals ein Berufsbildungsgesetz zustandekommen werde. Schließlich konnte am 1. September 1969 das **Berufsbildungsgesetz (BBiG)** in Kraft treten, und es begann eine neue Ära der Berufsbildung.

Nach § 20 dieses Gesetzes darf nur derjenige Auszubildende ausbilden, der persönlich und fachlich geeignet ist. Die fachliche Eignung umschließt einerseits die erforderlichen beruflichen Fertigkeiten und Kenntnisse und andererseits die erforderlichen berufs- und arbeitspädagogischen Kenntnisse. Näheres wurde in entsprechenden Verordnungen geregelt, z. B. für den öffentlichen Dienst, auf den diese Ausführungen schwerpunktmäßig abgestellt werden, durch zwei Verordnungen, die zwei verschiedene Gruppen von Ausbildern betreffen.

Auf Grund der in § 21 Abs. 1 BBiG enthaltenen Ermächtigung wurde die **Verordnung über die berufs- und arbeitspädagogische Eignung für die Berufsausbildung durch Ausbilder in einem Arbeitsverhältnis im öffentlichen Dienst (Ausbilder-Eignungsverordnung öffentlicher Dienst) vom 16. Juli 1976** und auf Grund von § 15 Bundesbeamtengesetz wurde die **Verordnung über die berufs- und arbeitspädagogische Eignung für die Berufsausbildung durch Ausbilder in einem Beamtenverhältnis zum Bund (Ausbilder-Eignungsverordnung für Bundesbeamte - BBAEV) vom 26. April 1977** erlassen.

Nach diesen beiden Verordnungen sind berufs- und arbeitspädagogische Kenntnisse für Ausbilder in einem Arbeitsverhältnis in einer Prüfung und für Ausbilder in einem Beamtenverhältnis zum Bund im Rahmen einer Maßnahme der dienstlichen Fortbildung durch die Feststellung ihres erfolgreichen Abschlusses nachzuweisen. Zielsetzung und Inhalte beider Verordnungen stimmen im wesentlichen überein; gewisse Abweichungen waren aus beamtenrechtlichen Gründen notwendig.

Alle diese Vorschriften veranlaßten eine intensive Qualifizierung der Ausbilder. Zunächst setzte in starkem Maße eine Phase der Nachqualifizierung derjenigen Ausbilder ein, die bereits kürzer- oder längerfristig ihre Aufgaben im Bereich der Aus- und Fortbildung erfüllten. Nach und nach rückte dann die Neuqualifizierung in den Vordergrund. Inzwischen liegen rund 10 Jahre an Erfahrungen mit der Ausbildung der Ausbilder vor. Das ist ein relativ kurzer Zeitraum, und es ist nicht verwunderlich, wenn gelegentlich zu hören ist, man wisse zu wenig über die Ausbildung der Ausbilder.

Das Berufsbildungsgesetz von 1969 und die zugehörigen Verordnungen bewirkten, daß sich die Ausbildung der Ausbilder veränderte und zu einem eigenständigen Bereich entwickelte. Auch in früheren Zeiten hat es Bemühungen gegeben, Ausbildungsfachkräfte pädagogisch zu schulen, z. B. in Lehrgängen, die unter einer bestimmten Thematik standen. Darüber hinaus haben sich engagierte Fachkräfte nicht selten persönlich dasjenige pädagogische Rüstzeug angeeignet, das ihnen half, ihre Tätigkeit im Rahmen der Ausbildung von Auszubildenden besser zu erledigen. Dies blieb nicht ohne Wirkungen im Bereich der Ausbildung, brachte insgesamt aber nicht den Standard, der mehr und mehr allgemein gefordert und unter den modernen Gegebenheiten für richtig gehalten wurde.

Gesetz- und Verordnungsgeber legten deshalb Inhalt und Umfang der berufs- und arbeitspädagogischen Kenntnisse fest, regelten, daß sie schriftlich und mündlich sowie durch eine praktische Lehrveranstaltung nachzuweisen sind und auferlegten die Verpflichtung zur Ausstellung eines Zeugnisses bzw. einer Bescheinigung. Die Umsetzung dieser Regelungen veranlaßte die Entscheidungsträger im öffentlichen Dienst, entsprechende Lehrgänge und Arbeitsgemeinschaften sowie Ausbildereignungsprüfungen zu planen, zu organisieren und durchzuführen. Unter Beruücksichtigung der Teilnehmerzahlen und der Zweckmäßigkeit finden derartige Veranstaltungen zentral oder dezentral statt, und es gibt bestimmte Zuständigkeiten für diesen Bereich.

Die Ausbildung der Ausbilder hat inzwischen ihren festen, angesehenen Platz errungen. Nach dem Berufsbildungsbericht 1988 gab es rund 768.000 persönlich und fachlich geeignete Personen in den Ausbildungsbereichen Industrie und Handel, Handwerk, öffentlicher Dienst, Landwirtschaft, freie Berufe, Hauswirtschaft und Seeschiffahrt. Von diesen gemeldeten Ausbildern entfallen 4 % auf den Bereich des öffentlichen Dienstes.

Insgesamt kann festgehalten werden, daß die Ausbildung der Ausbilder in den 70er Jahren unseres Jahrhunderts durch den Anstoß des Gesetzgebers systematisch zu einem eigenständigen Bereich ausgebaut wurde, in dem beachtenswerte Leistungen erbracht werden.

2. Die Ausbilder und ihre Motivation

Ausbildungsleistungen werden von vielen Mitarbeitern in unterschiedlichem Umfang erbracht. Grundsätzlich kann die Forderung erhoben werden, daß sie alle neben ihrer beruflichen Qualifikation auch über berufs- und arbeitspädagogische Kenntnisse verfügen müssen. Zur Erzielung möglichst guter Ausbildungsergebnisse wäre dies in der Tat wünschenswert.

Bei genauer Prüfung ergibt es sich aber, daß es einerseits Mitarbeiter gibt, die überwiegend direkt verantwortlich an der Ausbildung der Auszubildenden mitwirken, während es andererseits Mitarbeiter gibt, die zwar auch direkt an der Ausbildung der Auszubildenden mitwirken, aber nur in einem relativ begrenzten Umfang. Des weiteren ist der Blick auf eine Gruppe von Mitarbeitern zu richten, die mehr indirekt an der Ausbildung beteiligt sind.

Die nach § 20 BBiG erforderliche persönliche und fachliche Eignung steht bei denjenigen Mitarbeitern außer Frage, die hauptberuflich Auszubildende ausbilden und als Stützpunktausbildungsleiter, Ausbildungsleiter, hauptamtlicher Ausbilder oder dergleichen bezeichnet werden. In diesen Kreis sind auch diejenigen Fachkräfte einzuordnen, die einen hauptamtlichen Ausbilder zu vertreten haben. Von den anderen Mitarbeitern, deren eine Gruppe insbesondere am Arbeitsplatz Auszubildende in relativ geringem Umfang ausbildet und deren andere Gruppe die Ausbildung der Auszubildenden fast ausnahmslos verwaltend unterstützt, wird die Ablegung der Ausbildereignungsprüfung in der Praxis meist nicht verlangt.

Über die Frage, wer im Sinne des Berufsbildungsgesetzes zu den Ausbildern zählt, läßt sich allerdings streiten. Es sei hier hervorgehoben, daß es durchaus wünschenswert ist, den Kreis derjenigen Mitarbeiter, die über berufs- und arbeitspädagogische Kenntnisse verfügen, möglichst weit zu ziehen. Im Grenzfall würde dies aber bedeuten, daß alle Mitarbeiter, die überhaupt irgendwie an der Ausbildung von Auszubildenden beteiligt sind, entsprechend zu qualifizieren wären, was aber wohl zu weit ginge. Wegen der Abgrenzungsproblematik einerseits und der Neigung zur Erfüllung pädagogischer Aufgaben andererseits ist die freiwillige Teilnahme an den Maßnahmen zur Vorbereitung auf die Ausbildereignungsprüfung im allgemeinen erwünscht.

An dieser Stelle ergibt sich deutlich ein Übergang zu den Fragen der Motivation von Ausbildern. Es entsteht die Frage, was Mitarbeiter veranlaßt, sich die erforderlichen berufs- und arbeitspädagogischen Kenntnisse anzueignen.

Zunächst ist hier auf eine Gruppe von Mitarbeitern einzugehen, die relativ kurzfristig in den Hauptbereich der Aus- und Fortbildung berufen wird. Nicht immer stehen nämlich bereits qualifizierte Kräfte für bestimmte Dienststellen zur Verfügung. Gelegentlich muß von der Spitze der Verwaltung über kurz oder lang eine Fachkraft gesucht werden, der man zutraut, daß sie sich auf dem vakanten Dienstposten eines Ausbildungsleiters bewähren wird. Ein derartiger personalpolitischer Schachzug kann zum Erfolg führen, kann eventuell aber auch mißlingen. Meist wird unter solchen Umständen auf Mitarbeiter zurückgegriffen, die in irgendeiner Weise schon gewisse Kontakte zur Aus- und Fortbildung gehabt haben, aber in der Vergangenheit weder Gelegenheit fanden noch einen Anstoß erhielten, die Ausbildereignungsprüfung abzulegen. Die Tatsache, daß hier jemand aus dem pädagogischen Randbereich berufen wird und eventuell schon vorübergehend die Funktionen eines Ausbildungsleiters ausüben muß, läßt grundsätzlich noch keinen Schluß darüber zu, wie sich in diesem Fall die Motivation entwickeln wird. Meist ist aber davon auszugehen, daß Mitarbeiter in einer derartigen Situation eine große innere Antriebskraft verspüren, sich in der neuen Situation zu bewähren.

Im Gegensatz zu dieser Gruppe von Mitarbeitern sind diejenigen zu sehen, die begründete Aussichten haben, in absehbarer Zeit auf einen hauptberuflichen Ausbilderposten zu gelangen. Bei allen diesen noch in Fachabteilungen tätigen Kräften bestehen meist ziemlich enge Beziehungen zur Aus- und Fortbildung, d. h. es werden in einem begrenzten vertretbaren Umfang am Arbeitsplatz, in Lehrgängen und Arbeitsgemeinschaften bereits pädagogische Aufgaben grundsätzlich freiwillig übernommen. Für die weitere Entwicklung ist es aber erforderlich, die verlangten berufs- und arbeitspädagogischen Kenntnisse nachzuweisen, damit ein problemloser Wechsel in eine hauptberufliche Ausbildertätigkeit stattfinden kann. Ein starker innerer Zwang, daß die Ausbilderprüfung unbedingt bestanden werden muß, wie er bei der zuerst genannten, wenn auch meist relativ kleinen Gruppe aufkommen kann, dürfte hier nicht bestehen. Eine starke innere Verbundenheit und Zuneigung zur pädagogischen Sache machen es ziemlich leicht, den großen Lernaufwand auf sich zu nehmen, der bewältigt werden muß, um die vorgesehene Prüfung zu bestehen.

Schließlich bedarf eine Mitarbeitergruppe der Erwähnung, die mehr oder weniger schon in der Aus- und Fortbildung mitwirkt, von der aber aktuell keine Teilnahme an der Ausbildereignungsprüfung verlangt wird bzw. verlangt werden kann. Die freiwilligen Bemühungen dieser Fachkräfte, durch intensives Lernen und Teilnahme an der Prüfung die berufs- und arbeitspädagogische Eignung für die Berufsausbildung nachzuweisen, dienen einerseits dazu, die derzeitigen pädagogischen Aufgaben besser zu bewältigen, ermöglichen es aber andererseits, den Schritt in die hauptberufliche Ausbildertätigkeit zu vollziehen, wenn sich eine gute Chance dazu bietet. Insofern kann bei diesem Personenkreis von einer durchaus befriedigenden Motivation ausgegangen werden.

Insgesamt lehren Erfahrungen, daß beim Zugang zur Ausbildereignungsprüfung ein ganz beachtliches Motivationsniveau vorhanden ist. Allerdings muß bei genauerem Hinsehen eine Unterscheidung gemacht werden. Einerseits läßt sich beobachten, daß eine innere Zuneigung zur Ausübung der pädagogischen Tätigkeit vorhanden ist und zwar nicht nur vorübergehend, sondern relativ dauerhaft, während andererseits feststellbar ist, daß die Übernahme pädagogischer Funktionen nur für eine Übergangszeit angestrebt wird, um dann den fachlichen Weg fortzusetzen. Meist ist in diesem letzten Fall der Weg lohnend, weil mit dem Wechsel aus einer Fachabteilung in den Bereich der Aus- und Fortbildung und wieder in einen fachlichen Bereich ein Aufstieg verbunden ist. Im ersten Fall läßt sich treffend von einer tätigkeitsorientierten Motivation der Mitarbeiter sprechen, während im zweiten Fall eine aufstiegsorientierte Motivation sichtbar wird. In beiden Fällen ist, wenn sich sonst keine Probleme ergeben, damit zu rechnen, daß die Aufgaben der Ausbildung von Auszubildenden kräftig und schwungvoll angegangen wird.

3. Die Vermittlung arbeits- und berufspädagogischer Kenntnisse

Sowohl die Ausbilder-Eignungsverordnung öffentlicher Dienst als auch die Ausbilder-Eignungsverordnung für Bundesbeamte fordert den Nachweis berufs- und arbeitspädagogischer Kenntnisse. Wer möglichst gute Ausbildungserfolge erzielen will, kommt oft nicht weiter, wenn er lediglich über hervorragende Sachkenntnis verfügt, sondern er braucht ebenso ein ausgezeichnetes pädagogisches Wissen. Die Erfahrung lehrt, daß es herausragende Fachleute gibt, die große Schwierigkeiten haben, wenn sie daran gehen, jüngeren und älteren Menschen fachliche Inhalte zu vermitteln. Zu einem guten Ausbilder gehört zweierlei: Er muß ein anerkannter Fachmann sein, beispielsweise auf dem Gebiet der Berufsberatung oder des Leistungsrechts, und er muß ein guter Pädagoge sein. Zu Recht wird aus dieser Sicht die berufs- und arbeitspädagogische Eignung für hauptberufliche Ausbilder verlangt. Nur derjenige Ausbilder kann dauerhaft gute Ausbildungserfolge erzielen, der sich als Fachmann und als Pädagoge in seinem Wirkungskreis bewährt.

Nach den beiden bereits zitierten Verordnungen sind berufs- und arbeitspädagogische Kenntnisse in folgenden Sachgebieten nachzuweisen:

- 1. Grundfragen der Berufsbildung
- 2. Planung und Durchführung der Ausbildung
- 3. Der Jugendliche und der junge Erwachsene in der Ausbildung
- 4. Rechtsgrundlagen

Bei den weiteren Ausführungen zur Erläuterung dieser Gebiete sollen insbesondere die beiden ersten berücksichtigt werden, wobei auch die von der Bundesakademie für öffentliche Verwaltung erarbeitete Unterlage, nämlich "Rahmenplan für Maßnahmen der dienstlichen Fortbildung zum Erwerb der berufs- und arbeitspädagogischen Eignung für Ausbilder, die in einem Beamtenverhältnis zum Bund stehen sowie Verfahren und Anforderungen für die Feststellung des erfolgreichen Abschlusses" vom 15. 6. 1979, veröffentlicht im GMBl 1979, Nr. 16, berücksichtigt werden soll.

Die **"Grundfragen der Berufsbildung"** beziehen sich unter Berücksichtigung der angegebenen Quellen auf die Aufgaben und Ziele der Berufsbildung im Bildungssystem, die Ausbildungsbehörden, Betriebe der Wirtschaft und vergleichbare Einrichtungen außerhalb der Wirtschaft sowie Aufgaben, Stellung und Verantwortung des Ausbildenden und des Ausbilders.

Das berufliche Ausbildungs- und Schulwesen hat heute seinen festen, anerkannten Platz im Bildungssystem der Bundesrepublik Deutschland. Über dieses Bildungssystem einen Überblick zu vermitteln und Stellung und Bedeutung der dualen Ausbildung im Gesamtsystem bewußt zu machen, ist ein echtes Anliegen. Ausbilder, die in unserer Gesellschaft eine wichtige Funktion erfüllen sollen, vermögen ihre Ausbildungsleistungen besser einzuordnen und einzuschätzen, wenn ihnen die Grundzüge des Gesamtrahmens bekannt sind, in dem sie wirken, wobei allerdings von Bundesland zu Bundesland auf Grund der Kulturhoheit der Länder Besonderheiten und Abweichungen zu beachten sind.

Der Blick wird allerdings hier nicht nur auf das Bildungssystem, sondern auch auf das Wirtschaftssystem gelenkt, denn das Wirtschaftssystem stellt Anforderungen, die das Bildungssystem zweckmäßigerweise berücksichtigen muß, und das Bildungssystem gewährt Möglichkeiten, auf die sich auch das Wirtschaftssystem einzustellen hat.

Von nicht unerheblicher Bedeutung bei der Behandlung der Berufsbildung im Bildungssystem ist die Diskussion gesellschaftspolitischer Grundsätze der Berufsbildung, beispielsweise der horizontalen und vertikalen Durchlässigkeit und der Erhaltung der individuellen beruflichen Leistungsfähigkeit durch berufliche Fortbildung und Umschulung. Das relativ starre Gefüge des traditionellen Bildungssystems hat sich unter dem Einfluß verschiedener gesellschaftlicher Kräfte gewandelt und eröffnet Wege, die es früher gar nicht oder so nicht gab. Außerdem reicht heute eine einmal erworbene berufliche Bildung, auch wenn sie als umfassend und solide zu kennzeichnen ist, in der Regel ein Leben lang nicht mehr aus. Berufliches Lernen, und das ist jungen Menschen während ihrer Berufsausbildung schon deutlich zu machen, kann sich im wesentlichen nicht nur auf die Ausbildungsphase zwischen den Schwellen I und II, dem Übergang von einer allgemeinbildenden Schule in ein Ausbildungsverhältnis und der dann folgenden ersten Übernahme einer Erwachsenentätigkeit nach Abschluß dieser Ausbildung, erstrecken, sondern muß auf Grund ständiger Wandlungsprozesse über das ganze Berufsleben betrieben werden. Derartige Informationen und Perspektiven im Rahmen der Ausbildung der Ausbilder zu vermitteln, ist deshalb notwendig und sinnvoll, damit am Beginn der Ausbildertätigkeit nicht schon engstirnig begonnen wird.

Die Auseinandersetzung mit den verschiedenen Ausbildungsstätten im System der Berufsbildung in der Bundesrepublik Deutschland vermittelt den künftigen Ausbildern wichtige Einsichten und Kenntnisse. Die Schule auf der einen Seite und die Betriebe bzw. Verwaltungen auf den anderen Seite werden, worauf der Deutsche Ausschuß für das Erziehungs- und Bildungswesen in seinen Empfehlungen und Gutachten hingewiesen hat, seit Anfang der 50er Jahre als gleichberechtigte Partner in der Berufsausbildung angesehen. Aus dieser Sicht ist eine enge Zusammenarbeit und Abstimmung zum Wohle der Auszubildenden selbstverständlich, wofür sich hauptberufliche Ausbilder immer wieder einzusetzen haben.

Häufig werden Schule und Betrieb bzw. Verwaltung durch überbetriebliche Einrichtungen ergänzt, die besondere Aufgaben und Ziele im Rahmen der Berufsausbildung übernehmen. Alle Ausbildungsstätten haben ihre Vor- und Nachteile, mit denen Ausbilder vertraut sein müssen, wenn sie ihre Aufgaben optimal erfüllen wollen.

Zu den Grundfragen der Berufsbildung zählen auch Fragen der Aufgaben, Stellung und Verantwortung des Ausbilders. Wer auf dem Wege ist, einen neuen Tätigkeitsbereich zu übernehmen, verschafft sich zweckmäßigerweise einen Überblick über das, was ihn erwartet, und das ist nicht wenig. Der Ausbilder muß sich als Fachmann und Berater bewähren, er hat Anwalt der Jugendlichen zu sein, ist aber auch Vertreter des Ausbildenden und Vorgesetzter. Er steht im Spannungsfeld unterschiedlicher Ansprüche, Forderungen und Erwartungen. Allen und allem gerecht zu werden, das ist außerordentlich schwierig. Immer gilt es zu bedenken, daß er den Auszubildenden gegenüber eine besondere Verantwortung trägt, die er nicht abgeben kann. Der Umgang mit jungen Menschen, und diese Erkenntnis ist dem künftigen Ausbilder deutlich zu machen, bedarf einer großen Sorgfalt, denn Fehler können die innere Substanz der Auszubildenden schädigen, nicht nur vorübergehend, sondern eventuell ein Leben lang.

Das Thema **"Planung und Durchführung der Ausbildung"** steht in gewisser Hinsicht im Mittelpunkt der Ausbildung der Ausbilder. Hier kommt es darauf an, pädagogisches Rüstzeug zu vermitteln, das der künftige Ausbildungsleiter direkt einsetzen muß, wenn er sich voll in seinem Aufgabenfeld bewähren will. Diesem zweiten Sachgebiet sind nach dem Rahmenstoffplan der Bundesakademie für öffentliche Verwaltung die folgenden Punkte zuzuordnen:

- Ausbildungsinhalte und -ziele
- didaktische Aufbereitung der Ausbildungsinhalte
- Lehrverfahren und Lernprozesse in der Ausbildung

Grundlage für eine geordnete und einheitliche Berufsausbildung sind nach § 25 BBiG die staatlich anerkannten Ausbildungsberufe mit ihren Ausbildungsordnungen, die unter anderem die Fertigkeiten und Kenntnisse, die Gegenstand der Berufsausbildung sind (Ausbildungsberufsbild), festlegen und eine Anleitung zur sachlichen und zeitlichen Gliederung der Fertigkeiten und Kenntnisse (Ausbildungsrahmenplan) enthalten. Mit diesen Ordnungsgrundlagen sind künftige Ausbilder im allgemeinen und insbesondere für ihren Bereich vertraut zu machen, damit sie ihre Aufgaben korrekt bewältigen können.

Zur didaktischen Aufbereitung der Ausbildungsinhalte zählen nach dem genannten Rahmenplan zunächst Bestimmungen, die zusätzlich zur Ausbildungsordnung zu beachten sind: die individuelle Einführung des Auszubildenden in die Ausbildungsstätte, die Festlegung von Lernzielen und die Gliederung der Ausbildung, die Festlegung der einzelnen Ausbildungsabschnitte sowie die Zusammenarbeit bei der Realisierung des Ausbildungsplanes.

An dieser Stelle sei auf die Auseinandersetzung der Fachkräfte mit den Lernzielen etwas näher eingegangen. Im Bereich der Pädagogik gab es Ende der 60er Jahre eine breite Curriculumdiskussion, die von den traditionellen Stoffplänen wegführte und insbesondere Lernziele in den Mittelpunkt der Betrachtungen rückte. Allerdings wurde im Laufe der Zeit erkannt, daß Unterricht und Ausbildung sich nur mit Lernzielen kaum steuern ließen, so daß sich curriculare Lehrpläne bzw. Ausbildungspläne herausbildeten, die idealtypisch aus drei Teilen bestehen, nämlich einem ersten Teil, der Lernziele enthält, einem zweiten Teil, der die wesentlichen Inhalte angibt und einem dritten Teil mit unverbindlichen Hinweisen zu Methoden, Medien, Leistungskontrollen und dergleichen. Während Fachkräften der Umgang mit fachlichen Begriffen und Inhalten grundsätzlich keine Probleme bereitet, stößt die Umstellung auf Lernziele, die aus pädagogischer Sicht zu formulieren sind, ziemlich rasch an Schwierigkeiten, die sich teilweise noch vermehren, wenn Lernziele bestimmten Lernzielstufen im Rahmen einer Lernzieltaxonomie zugeordnet werden sollen. Hier ist es notwendig, die Ausbildung der Ausbilder sorgfältig zu steuern, damit über Inhalt, Umfang und Niveau der Ausbildung der Auszubildenden später bei der Anwendung moderner Lehrpläne keine Mißverständnisse aufkommen.

Nach dem bereits zitierten Rahmenplan sind bei der Ausbildung der Ausbilder weiter Lehrverfahren und Lernprozesse in der Ausbildung zu behandeln. In diesem Rahmen ist zunächst der Begriff des Lernens zu klären, insbesondere aus der Sicht der Lernpsychologie. Wer irgendwo in einer Ausbildungsstätte, entweder in einer Schule oder in einem Betrieb bzw. in einer Verwaltung oder an einem anders gearteten Lernort verantwortlich pädagogisch tätig wird, muß sich Klarheit darüber verschaffen, was Lernen ist und welche Probleme möglicherweise mit dem Lernen verbunden sein können. Dies ist auch für Ausbilder wichtig. Sowohl in Schulen als auch in Betrieben bzw. Verwaltungen läßt sich gelegentlich im Rahmen der Ausbildung große Geschäftigkeit beobachten, aber gelernt wird nur wenig oder gar nichts.

Insbesondere Ausbildern muß bewußt gemacht werden, daß beim Übergang von der Schule in den Beruf viel Neues auf den Auszubildenden zukommt und gelernt werden muß, sich Lernen aber nicht nur in der Begegnung mit neuen Lerngegenständen erschöpft, sondern bereits Gelerntes weitgehend der qualitativen und quantitativen Verbesserung bedarf, bevor endgültig von einer relativ dauerhaften Veränderung beim Lernenden gesprochen werden kann. Dies wird im Zeitalter der raschen Informationsverarbeitung oft übersehen. Lernen war in der Vergangenheit mühevoll, es ist in der Gegenwart noch so, und es wird in der Zukunft voraussichtlich trotz aller Fortschritte der Wissenschaften auch so bleiben. Ohne außerordentlich intensives Üben lassen sich hervorragende Lernerfolge meist nicht erzielen.

Zum Ausbildungsprogramm gehören weiter Auseinandersetzungen über den Ablauf des Lernprozesses, Bedeutung und Aufgabe der planmäßigen Unterweisung und Unterrichtung, wobei auch die funktionale Beeinflussung des Lernprozesses zu bedenken ist, der methodische Aufbau der planmäßigen Unterweisung von der Vorbereitung über die Erarbeitung bis zur Übung und der Vermeidung typischer Unterweisungsfehler, Arbeitszergliederung als Voraussetzung der planmäßigen Arbeitsunterweisung, Unterweisungsgespräche, Demonstration, programmierte Unterweisung und programmierter Unterricht, Anwendung von Ausbildungsmitteln, Lern- und Führungshilfen sowie schließlich Beurteilen und Bewerten.

Gerade bei dem letzten Punkt kommt es darauf an, zum einen für gute Sachkenntnis zu sorgen, zum anderen ein hohes Verantwortungsgefühl bei den künftigen Ausbildern zu wecken. Zunächst muß geklärt werden, was Beurteilen und Bewerten ist. Es handelt sich um diejenige pädagogische Tätigkeit, die darauf gerichtet ist, erbrachte Leistungen bzw. gezeigtes Verhalten einer entsprechenden Stufe eines Wertmaßes zuzuordnen. Dieser Vorgang erfordert hohe Konzentration des Bewerters und ständiges Abwägen, damit insgesamt ein möglichst korrektes Ergebnis erreicht wird. Absolute Objektivität läßt sich bei diesem Vorgang kaum realisieren, aber es ist ein Unterschied, ob jemand direkten oder indirekten Einflüssen mehr oder weniger nachgibt oder aber intensiv darum bemüht ist, einen hohen Grad an Objektivität zu verwirklichen. Nur im letzten Fall kann ein Ausbilder vor sich selbst und den Auszubildenden voll und ganz bestehen. Ob diese sich allerdings dann tatsächlich gerecht behandelt fühlen, bleibt offen. Selbst dann, wenn bestimmte Hilfsmittel, wie beispielsweise Bewertungsbogen und Bewertungsblatt, beim Beurteilen und Bewerten angewendet werden, ist keine Gewähr dafür gegeben, daß der Beurteiler allem ganz gerecht wird.

Mit diesen und anderen Fragen müssen künftige Ausbilder im Rahmen ihrer Ausbildung konfrontiert werden, wenn sie dafür gerüstet sein sollen, ihre neuen Aufgaben bestmöglich zu erfüllen. Dies zu bewirken, erfordert ein hohes Maß an Sachkenntnis, Verantwortung und Motivation der Lehrkräfte, die diesen Auftrag Jahr für Jahr erfüllen.

Das Sachgebiet drei, **"Der Jugendliche und der junge Erwachsene in der Ausbildung"**, ragt in den psychologischen Bereich hinein und wird auch von Vertretern dieser Disziplin behandelt. Da geht es zunächst um die Notwendigkeit und Bedeutung einer entwicklungsmäßigen und situationsgerechten Berufsausbildung; denn die meisten Auszubildenden befinden sich im Alter von ca. 16 bis 20 Jahren, einer Lebensphase, die ohne Heranziehung entwicklungspsychologischer Aspekte nicht voll zu verstehen ist. Die von der Psychologie, speziell der Entwicklungspsychologie, erarbeiteten und zur Verfügung gestellten Erkenntnisse, beispielsweise über Entwicklungserscheinungen und Verhaltensweisen im Jugendalter, es sei z. B. auf Rollenverhalten, Rollenkonflikte und den Einfluß der Gruppe auf die Lernmotivation hingewiesen, die Auseinandersetzung des Jugendlichen mit Arbeit und Beruf, wobei auch das Problem der Über- und Unterforderung zu diskutieren ist, betriebliche und außerbetriebliche Umwelteinflüsse, pädagogische Hinweise für eine entwicklungsgemäße Berufsausbildung, beispielsweise unter Berücksichtigung von Anerkennung und Kritik sowie Verhalten bei Erziehungsschwierigkeiten, und Fragen der gesundheitlichen Betreuung von Jugendlichen sind einerseits unentbehrlich, um den Jugendlichen in seiner gesamten Umwelt richtig zu erfassen und dienen andererseits als Grundlage, auf der abgeschätzt werden kann, wie zweckmäßigerweise angemessen reagiert werden sollte. Ohne diesen Teil der Ausbildung ständen spätere Ausbilder unter Umständen vor großen und teilweise unüberwindbaren Schwierigkeiten.

Das vierte Sachgebiet umschließt die für die Berufsausbildung zu beachtenden **"Rechtsgrundlagen"**, in deren Mittelpunkt Verfassung, Berufsbildungsgesetz und Institutionen des Berufsbildungsgesetzes stehen. Viele Einzelkenntnisse des Berufsbildungsgesetzes sind zum Beispiel notwendig, um Auszubildenden zuverlässig Auskünfte geben zu können, die sie erbitten. Von nicht unerheblicher Bedeutung für die Berufsausbildung ist ferner das Arbeits- und Sozialrecht sowie das Jugendschutzrecht. In diesem Zusammenhang sei besonders auf das Arbeitsvertragsrecht, das Tarifvertragsrecht, das Personalvertretungsrecht, das Arbeitsförderungsrecht und das Jugendarbeitsschutzrecht hingewiesen. Die Rechtsgrundlagen werden abgerundet durch eine Auseinandersetzung mit den rechtlichen Beziehungen zwischen Ausbildenden, Ausbildern und Auszubildenden.

Alle Sachgebiete verlangen in der Zeit der Vorbereitung ein intensives und wiederholendes Lernen, das den Kandidaten gelegentlich nicht leichtfällt, insgesamt aber notwendig ist, damit der Wissensstand erreicht wird, ohne den die Ausbildereignungsprüfung nicht bestanden werden kann.

4. Die Vorbereitung auf die praktische Lehrveranstaltung

Zum Vorbereitungsprogramm auf die Ausbildereignungsprüfung gehört neben der Vermittlung pädagogischen Wissens die Durchführung praktischer Lehrveranstaltungen, die auch als praktische Unterweisungen bzw. Unterweisungsproben bezeichnet werden. Sie sind eine notwendige Ergänzung des Informationsteils; denn ein Ausbilder hat neben der Erfüllung planerischer, organisatorischer und anderer Aufgaben auch zu unterweisen bzw. zu unterrichten. Die Grundlagen für diese Tätigkeit werden zwar bei der Vermittlung der berufs- und arbeitspädagogischen Kenntnisse gelegt, doch ist damit nicht ohne weiteres eine Umsetzung dieses Wissens in praktisches Unterrichtshandeln sichergestellt.

Wer unterrichtet bzw. unterweist, bringt sich selber als entscheidenden Faktor in das pädagogische Kräftefeld ein, muß aber bedenken, daß außer ihm bei dem Ablauf dieses Lernprozesses noch zwei weitere Faktoren von großer Bedeutung sind, nämlich die Auszubildenden als Lernende und der Lerngegenstand. Einen solchen Gesamtvorgang zu beherrschen und zu kontrollieren, dafür braucht man praktische Erfahrungen. Diese werden zum einen dadurch gesammelt, daß in der Vorbereitungszeit eine Mindestzahl von Lehrveranstaltungen, teilweise unter Aufsicht, verlangt wird, andererseits eine systematische Schulung in Lehrgängen bzw. Arbeitsgemeinschaften erfolgt.

Dabei ist es in der heutigen Zeit selbstverständlich, auch Videogeräte einzusetzen, mit denen die Lehrveranstaltungen aufgezeichnet werden, so daß nachher jederzeit eine Wiedergabe möglich ist, mit der dann eine Analyse des unterrichtlichen Geschehens verbunden wird. Unter Anleitung eines Pädagogen und eines Psychologen erhalten die Kandidaten sachliche Hinweise und werden behutsam auf Korrekturmöglichkeiten aufmerksam gemacht. Dadurch, daß jeder Teilnehmer seine eigene Unterweisungsprobe sieht und aufnimmt, was ihm gut, aber auch weniger gut gelungen ist, wird er nachdenklich gestimmt und in der Regel motiviert, auf der Grundlage von Teilerfolgen und Anerkennung es künftig besser zu machen. Im übrigen werden auch die praktischen

Lehrveranstaltungen der Mitbewerber gesehen, so daß Vergleiche zwischen der eigenen pädagogischen Leistung und den pädagogischen Leistungen der anderen möglich sind. Für derartige Übungen vor der Videokamera ist es nicht erforderlich, wie Versuche im Ausland gezeigt haben und hier Erfahrung inzwischen gelehrt hat, volle Unterrichtsstunden zu realisieren, sondern es reichen ca. zwanzig Minuten, in denen alles berücksichtigt wird, was normalerweise ein einzelner Unterricht enthält. Die durch diese Art und Weise des Vorgehens insgesamt erzielten Erfolge sind durchaus beachtenswert.

5. Die Durchführung der Ausbildereignungsprüfung

Die Ausbildereignungsprüfungen, über die aus rund einem Jahrzehnt Erfahrungen vorliegen, bestehen aus einem schriftlichen und einem mündlichen Teil.

Schriftlich sind unter Aufsicht drei Arbeiten aus den Sachgebieten

- Planung und Durchführung der Ausbildung
- Der Jugendliche und der junge Erwachsene in der Ausbildung
- Rechtsgrundlagen

mit einer Gesamtzeit von 5 Stunden zu erstellen.

Der mündliche Teil der Prüfung erstreckt sich auf alle vier Sachgebiete und soll je Prüfungsteilnehmer in der Regel eine halbe Stunde dauern. Außerdem hat jeder Kandidat eine praktische Unterweisung (praktische Lehrveranstaltung) durchzuführen, die von etwa 20minütiger Dauer ist.

Die schriftlichen Prüfungsarbeiten sind getrennt und selbständig von mindestens zwei Mitgliedern des Prüfungsausschusses zu bewerten, die mündlichen Leistungen und die praktische Lehrveranstaltung von allen drei Mitgliedern des Prüfungsausschusses. Bei der Bewertung gibt es nur zwei Stufen, nämlich entweder eine den Anforderungen entsprechende Leistung mit mindestens 50 v. H. der erreichbaren Punktzahl oder eine den Anforderungen nicht mehr entsprechende Leistung mit weniger als 50 v. H. der erreichbaren Punktzahl.

Ein Rückblick auf die bisherigen Prüfungen zeigt, daß insgesamt respektable Ergebnisse erzielt wurden. Dies ist um so bemerkenswerter, als nicht nur jüngere, sondern auch ältere Fachkräfte teilnehmen, die nicht mehr ununterbrochen im Lernprozeß stehen und denen es deshalb teilweise schwerfällt, erneut intensiv zu lernen. Wenn gelegentlich geäußert wird, in der Ausbildereignungsprüfung würden keine hohen Anforderungen gestellt, und es falle doch eigentlich niemand durch, so stimmt das nicht. Es gibt auch bei diesen Prüfungen eine durchaus normale Durchfallquote, und manchmal fallen mehr durch, als im Durchschnitt zu erwarten ist. Die mündlichen Leistungen der Teilnehmer sind im großen und ganzen recht zufriedenstellend, teilweise hervorragend, wobei allerdings nicht zu verschweigen ist, daß es bei der Breite des gesamten Stoffgebietes gelegentlich auch Schwächen gibt. Ähnliches läßt sich von den Ergebnissen der praktischen Lehrveranstaltung sagen, bei denen zu berücksichtigen ist, daß es für einen Anfänger nach relativ kurzer Zeit kaum möglich ist, alle Faktoren in dem komplizierten unterrichtlichen Kräftefeld vollkommen zu beherrschen. Insgesamt ist der richtige Weg beschritten worden, und die Zukunft wird zeigen, daß die Bemühungen um die Ausbildung der Ausbilder sowohl den Auszubildenden als auch den Betrieben bzw. Verwaltungen in hohem Maße zugute kommen werden.

6. Ausbilder als Garanten für qualifizierte Fachkräfte

Mit dem Inkrafttreten des Berufsbildungsgesetzes am 1. September 1969 begann für die Berufsausbildung der Auszubildenden eine neue Phase. Daß für den Zweck der Ausbildung möglichst hervorragende berufliche Fertigkeiten und Kenntnisse erforderlich sind, ist im Bewußtsein der Vertreter von Wirtschaft und Verwaltung im Grunde schon immer verankert gewesen, daß daneben mindestens gleichrangig pädagogische Kenntnisse und pädagogisches Geschick einzubringen sind, damit das Fachliche voll und sicher an die nachwachsende Generation weitergegeben werden kann, ist früher durchaus nicht allgemein anerkannt gewesen.

Die Festlegung, daß Auszubildende nur ausbilden darf, wer persönlich und fachlich geeignet ist, d. h. wer unter anderem auch über die erforderlichen berufs- und arbeitspädagogischen Kenntnisse verfügt, hat seit den 70er Jahren dazu geführt, daß die Ausbilder als entscheidender Faktor im Rahmen der Berufsausbildung an Qualität gewonnen haben. Diese Verbesserung kam zur rechten Zeit; denn die neuere wirtschaftliche und technische Entwicklung ist dadurch gekennzeichnet, daß im wesentlichen mehr Qualifikation verlangt und auch gebraucht wird. Der allgemeine Trend zur Höherqualifikation konnte an dem Faktor Ausbilder nicht grundsätzlich vorbeigehen. Wer dazu berufen wird, insbesondere junge Menschen auf ihre spätere fachliche Aufgabe so gut wie möglich vorzubereiten, muß selber über hervorragendes Wissen und hervorragende Fähigkeiten verfügen, wenn er dem allgemeinen Trend der Zeit gerecht werden will.

In der Praxis wird der Bereich Aus- und Fortbildung nicht immer so geschätzt, wie er es eigentlich verdient. Die sogenannten operativen Abteilungen mit der Erledigung ihrer jeweiligen fachlichen Aufgaben stehen vorrangig im Mittelpunkt des Interesses der leitenden Kräfte sowie der Konkurrenz und der Öffentlichkeit. Wohl und Wehe, Erfolg und Mißerfolg eines Betriebes bzw. einer Verwaltung zeigen sich, wenn am Ende eines Jahres oder eines kleineren Kontrollzeitraumes deutlich wird, daß zwischen den fachlichen Zielen und dem tatsächlich erreichten Stand eine mehr oder weniger große Kluft besteht, die nicht selten zu einer Fülle von Aktivitäten Anlaß gibt.

Daß aber letztlich hier auch ein Zusammenhang mit dem Faktor Ausbilder gegeben ist, wird auf den ersten Blick kaum registriert. Inwieweit sich das Personal eines Betriebs bzw. einer Verwaltung bei der Erledigung seiner Aufgaben bewährt, hängt zu einem nicht geringen Teil auch davon ab, wie effektiv im Bereich Aus- und Fortbildung gearbeitet wird. Die Erfahrung zeigt gelegentlich deutlich, daß durch Auswechselung eines Ausbildungsleiters wesentlich bessere Ausbildungserfolge und damit auch Langzeiterfolge erzielt werden. Gute Ausbildungsleiter im Bereich der Aus- und Fortbildung sind letztlich Garanten für hochmotiviertes und hochqualifiziertes Personal.

Werner Kreckel: Die Problematik der Koordination von Lerninhalten an kaufmännischen Schulen

Zur Person:

Dipl.-Hdl. Werner Kreckel, Oberstudienrat

Jahrgang 1944; Ausbildung zum Industriekaufmann und praktische Berufstätigkeit 1963 - 1966; Studium der Betriebswirtschaftslehre und Wirtschaftspädagogik an der Universität Frankfurt 1968 - 1974; studentische Hilfskraft am Wirtschaftspädagogischen Seminar der Universität Frankfurt (Prof. Abraham) 1971 - 1974; Assistent am Lehrstuhl für Pädagogik, insbesondere Wirtschaftspädagogik der Universität Erlangen-Nürnberg (Prof. Berke) 1974 - 1979; Referendariat 1979 - 1981; Studienrat/Oberstudienrat in Aschaffenburg seit 1981

1. Problemstellung

Für zahlreiche Schüler ist es nach meiner bisherigen Unterrichtserfahrung schwierig, Beziehungen zwischen einzelnen Problemstellungen und den verschiedenen Unterrichtsfächern, in denen die im Grunde gleiche Problematik angesprochen wird, herzustellen. So stehen z. B. zahlreiche Kredit- und Finanzierungsmöglichkeiten in unmittelbarer Verbindung zur jeweiligen Wirtschafts- und Rechtsordnung eines Staates, oder die wirtschaftspolitischen Maßnahmen sind von den wirtschaftspolitischen Zielsetzungen abhängig, die ihrerseits eng mit der staatlichen Regierungsform verbunden sind.

Diese Erkenntnisse, die fachbezogen in einzelnen Inhaltsbereichen integriert sind, werden von den Lernenden häufig nur unzureichend erkannt.

Die Schüler verstehen zwar die isolierten Problemzusammenhänge, ohne jedoch Querverbindungen und Wechselbeziehungen zu diesen Zusammenhängen herleiten zu können.

Die Ursache liegt in der jeweils fächerspezifischen Behandlung der Lehrplaninhalte, vor allem in deren zeitlich versetzter Unterrichtung. Beispielsweise sind die Schüler am Ende einer Unterrichtsstunde fähig, den Anforderungen eines fächerspezifischen Problemkreises, der dieser Stunde zugrunde liegt, zu entsprechen. Wird zu späterer Zeit in einem anderen Fach dieses Grundproblem mit etwas abgewandeltem Schwerpunkt wieder aufgegriffen, dann erkennen die Schüler den übergeordneten Zusammenhang dieser Problemstellung vielfach nicht.

Das Bewußtsein um diese Schwierigkeiten führte zu zahlreichen Überlegungen nach einer Lösung dieses Problems.

Einer dieser Lösungsversuche stellt das Prinzip der Koordination von Lehrplaninhalten dar, mit dem ich mich im folgenden unter besonderer Berücksichtigung der Verhältnisse an kaufmännischen Berufsschulen befassen werde.

2. Die Koordination von Lehrplaninhalten

2.1 Ausgangssituation

Die Grundproblematik der Auswahl von Lehrplaninhalten führt zu der Überlegung nach der Kompetenz im Rahmen dieses Selektionsprozesses. Hierbei wird in der Regel die primäre Sachkompetenz der jeweiligen Fachwissenschaft nicht in Frage gestellt.

Die Zielsetzungen und Aussagen der einzelnen Wissenschaftsbereiche verselbständigen sich jedoch im Zuge einer sachimmanenten Tiefenbetrachtung in zunehmendem Maße, so daß die Differenz zwischen wissenschaftlichem Standard und lernbaren Unterrichtsinhalten immer größer wird.

Auf der Suche nach geeigneten Lösungsstrategien, die eine sinnvolle Transformation wissenschaftlicher Erkenntnisse und Lehren auf die schulische Ebene ermöglichen, versuchten Lernpsychologen sich an schülerbezogenen Interessen als Auswahlkriterium zu orientieren. Wissenschaftliche Vorleistungen werden demnach insoweit berücksichtigt, als sie auf eine - wie auch immer zu definierende - schülergemäße Aufnahmefähigkeit reduziert werden können. Für die Umsetzung dieses Transformationsprozesses schufen insbesondere Vertreter der kognitiven Lernpsychologie wesentliche Grundlagen (David P. Ausubel und Jerome S. Bruner).

Während im Rahmen der Lernpsychologie insbesondere die schülerbezogenen Aspekte des Lernprozesses hervorgehoben wurden, lieferte die Konzeption der "didaktischen Reduktion" (G. Grüner) bedeutsame Grundlagen für die strukturelle Inhaltsanalyse durch die Lehrenden selbst. Hierbei wird die Selektion von Inhalten und deren Umsetzung im Unterricht von der primären Intention bestimmt, "einen fachwissenschaftlich abgesicherten Tatbestand so zu vereinfachen, daß er einerseits wissenschaftlich wahr bleibt, zum anderen für den Lernenden faßlich wird". [1)]

Diesen wissenschaftlich begründeten Ansätzen einer sachadäquaten Auswahl von Lerninhalten wurde jedoch bisher nur unzureichend auf bildungspolitischer Ebene entsprochen. Hier bestimmen im wesentlichen immer noch die subjektiven Vorstellungen einzelner die Inhalts- und Zielauswahl.

In Verbindung mit dieser von pragmatischen Gesichtspunkten bestimmten Handlungsweise treten vor allem im Rahmen der Lehrplangestaltung an kaufmännischen Berufsschulen zusätzliche Schwierigkeiten auf, die weitgehend auf den "dualen" Bildungsauftrag dieser Schulart [2)] zurückzuführen sind. Einerseits ist sie für die meisten ihrer Schüler eine Pflichtschule, andererseits wird ihr die Rolle einer berufsbegleitenden Schule mit Teilzeitunterricht zugewiesen.

Als Pflichtschule hat die Berufsschule die Aufgabe, junge Menschen, losgelöst von beruflichem Spezialistentum, zu "Ganzheitserfahrungen" [3)] und "Gesamtwertordnungszusammenhängen" [4)] zu führen (pädagogischer Aspekt). Als berufsbegleitende Schule muß sie die Inhalte beruflicher Spezialbereiche berücksichtigen, wobei jedoch für die Schüler nicht der übergeordnete wirtschaftliche Zusammenhang aus dem Blickfeld geraten darf (berufsbezogener Aspekt).

Diese, zumindest scheinbare, Polarität, die im Bildungsauftrag der Berufsschule begründet ist, erfordert für die Lehrplangestaltung entsprechende Konsequenzen. Damit sowohl dem pädagogischen als auch dem berufsbezogenen Aspekt in einer für die schulische Bildungsarbeit wirkungsvollen Weise entsprochen werden kann, ist nach Möglichkeiten zu suchen, die das beziehungslose Nebeneinander von Lernfächern vermeiden, damit nicht folgende Kritik, die sich gegen die inhaltliche Zusammenhanglosigkeit von Fächern richtet, ihre Rechtfertigung erfährt: "Für den Schüler ist allermeist der Bücherriemen das einzige Band, welches für ihn die Lehrfächer zusammenhält." [5)]

Der hier angesprochene Problemkreis bezieht sich auf die sinnvolle Verbindung von praktischen und theoretischen Inhalten sowie der theoretischen Inhalte untereinander. Im Hinblick auf das zuerst genannte Problem wird durch die Abstimmung von Ausbildungsordnungen und Rahmenlehrplänen [6)] versucht, die berufliche Ausbildung mit ihren verschiedenen Lernorten [7)] inhaltlich, organisatorisch und zeitlich aufeinander abzustimmen. [8)]

Hinsichtlich der zweckmäßigen Kombination theoretischer Lehrplaninhalte handelt es sich um das Problem, Lernbereiche, [9)] die verschiedenen Unterrichtsfächern zugeordnet sind, die aber einen inhaltlichen Zusammenhang aufweisen, zu einem "bildungswirksamen Lehrplangefüge" [10)] zu verbinden. Dem Lehrenden obliegt somit bei der Planung der Lehrplaninhalte bzw. der Stoffplanung die Aufgabe, auf die Beziehungsstruktur der Lehrplaninhalte verschiedener Unterrichtsfächer zu achten.

Grundsätzlich ist jedoch zunächst zu entscheiden, nach welchem Prinzip der Fächerintegration die genannte Problematik bewältigt werden soll. Für die vorliegende Arbeit erfolgte diese Entscheidung, wie bereits erwähnt, für das Prinzip der Koordination.

2.2 Begründungszusammenhang

2.2.1 Pädagogische Erfordernisse

Die von seiten humanistisch orientierter Pädagogen geforderte "Universalität" [11)] des Erziehungsvorganges darf infolge der Unteilbarkeit grundsätzlicher Erziehungsziele [12)] nicht auf die von den Humanisten als bildungswirksam betrachteten Unterrichtsgebiete beschränkt bleiben. Erziehung bezieht sich immer auf den "ganzen" [13)] Menschen. Unterschiedlich sind lediglich die Kulturbereiche, denen jeweils die Bildungsgegenstände entnommen werden. In den kaufmännischen Berufsschulen werden die Schüler im Rahmen des Kulturbereichs Wirtschaft zu "menschlicher Ganzheit" [14)] geführt. Spranger beschreibt diesen Zusammenhang mit folgenden Worten: "Die Bindung an den bescheidenen Tätigkeitsbereich des Lehrlings befriedigt eine lebendige junge Seele nicht. Mindestens will sie erfahren, wie dieses kleine Rad in das große Räderwerk der gemeinsamen Arbeitswelt eingreift, welchen Sinn das eigene Tun und welche 'Aussichten' man von seiner Stelle aus hat." [15)] Einige Seiten vorher bemerkt Spranger hierzu folgendes: "Die schwierigste Frage im Berufsbildungsprogramm bleibt doch, wie es zu erreichen sei, daß ein junger Mensch auf dem Wege über seinen Beruf zu einem 'Menschen' erzogen werde, aber nicht nur zu einem Berufskönner, sondern zu einer Persönlichkeit in einem 'Horizont', der ihn befähigt, bewußte Verantwortungen für Volk, Staat und Menschheit zu übernehmen und sich in sittlichem Sinn selbständig zu entscheiden." [16)] Dieser "ganzheitliche" Erziehungsprozeß umfaßt sowohl die "persönlichkeitsbezogenen Bildungsbereiche", [17] beispielsweise Achtung des Mitmenschen, Zuverlässigkeit und Zielstrebigkeit, als auch die "handlungsbezogenen Bildungsbereiche", [17] z. B. berufliches Wissen und Können, wobei vor allem auf ihre gegenseitige Verbindung zu achten ist. Somit tritt die Berufswelt, die durch eine Vielzahl berufsspezifischer, wirtschaftlicher und sozialer Einflußfaktoren gekennzeichnet ist, dem Jugendlichen als eine in sich geschlossene Einheit gegenüber.

Daraus kann aus pädagogischer Sicht die Folgerung abgeleitet werden, daß das Ziel, der Ganzheit des Menschen und der Einheit seiner Umwelt zu entsprechen, durch eine sinnvolle Koordination der Lehrplaninhalte, die dieses Ganzheitsprinzip beachtet, angestrebt werden muß.

2.2.2 Psychologische Erfordernisse

Kein Lebewesen ist in seinem Verhalten so wenig vorgeprägt wie der Mensch. Erst im Kontakt mit seiner Umwelt erwirbt er die zu seiner Lebensbewältigung notwendigen Verhaltensweisen, Fähigkeiten und Gesinnungen. Der Prozeß des Hineinwachsens des einzelnen in die verschiedenen Lebensbereiche ist ein Lernvorgang, der u. a. von zahlreichen psychologischen Faktoren bestimmt wird. Im wesentlichen zählen hierzu anlagebedingte Voraussetzungen und pädagogische Maßnahmen.

Der Lehrer benötigt daher auch grundlegende lernpsychologische Kenntnisse, insbesondere im Hinblick auf die Entwicklung der Wahrnehmung sowie des Lern- und Denkvermögens Jugendlicher. [18] Die Schüler sind heutzutage im Vergleich zu früher, wie verschiedene psychologische Untersuchungen belegen, [19] schneller fähig, den ihnen dargebotenen Stoff aufzunehmen. Diese Erscheinung wird auf die "Reizüberflutungen" und die "offene Umwelt" zurückgeführt, die bei dem jungen Menschen bereits zu einem Vorwissen auf verschiedenen Gebieten führt. [20] Inwieweit diese Feststellung zutrifft, kann hier nicht überprüft werden. Für die Lehrplangestaltung ergibt sich hieraus die Notwendigkeit, Teilbereiche dieses Vorwissens inhaltlich zu klären (um evtl. falsche Vorstellungen zu korrigieren), vertieft zu behandeln (um Probleme zu erörtern) und Verbindungen zu inhaltlich verwandten Lehrplänen herzuleiten (um Einzelwissen zu einem soliden Grundwissen zu vervollständigen). Im Hinblick auf die lehrplanmäßige Realisierung dieser Zusammenhänge erweist sich eine koordinierte Vermittlung der Lehrplaninhalte als wesentliche Hilfe.

Die Lernpsychologie lieferte der Pädagogik bedeutsame Grundlagen für die Gedächtnisstruktur verschiedener Altersgruppen. An dieser Stelle ist folgende Aussage wichtig: "Es zeigte sich, daß das Materialgedächtnis (Fähigkeit zur Aneignung mechanischer Vorgänge A. d. V.) in der Zeit vor der Pubertät am besten ist (bei Knaben etwa im 13., bei Mädchen im 11. Lebensjahr); das Gestaltgedächtnis (Fähigkeit zur Aneignung konkreter Sachzusammenhänge A. d. V.) hat bei Knaben im 15., bei Mädchen im 14. Lebensjahr einen Höhepunkt... Das Sinngedächtnis (Fähigkeit zu logischem Denken A. d. V.) zeigt einen Höhepunkt im 14. und 17. Lebensjahr bei Knaben, im 15. bei

Mädchen, doch dürfte der eigentliche Höhepunkt erst nach dem 20. Lebensjahr liegen." [21)]

Für die Schüler an Berufsschulen führt dies zu der Folgerung, daß nach Möglichkeit auf die Vermittlung von Einzelwissen zu verzichten ist, um den Jugendlichen die verschiedenen Lernbereiche durch inhaltlich zusammenhängende Lehrplaneinheiten bildungswirksam zu erschließen.

Auf die Beachtung dieser entwicklungspsychologischen Beziehung weisen auch erfahrene Schulpraktiker hin, wie beispielsweise folgende Textstellen belegen: "Das zunehmende logische Interesse bahnt ein beziehendes, verstehendes Denken an." [22)] "Jetzt ist die Schule nicht nur berechtigt, sondern verpflichtet, Vorstellungsbereiche zu verbinden und jede Möglichkeit zur Konzentration... zu ergreifen..., die Fächer rücken in Querverbindungen zusammen, ... Die logischen Beziehungen und Verbindungen gestatten, die Gedächtnislast zu vermindern, ersetzen mechanisches Memorieren durch ein logisch-inhaltliches-assoziatives Lernen...". [23)]

Während die Denkvorgänge jüngerer Schüler (i. d. R. die 6 - 13jährigen) noch recht unbeweglich sind, weil sie "die Bausteine ihres Wissens noch zusammentragen müssen...", [24)] fordern ältere Schüler (i. d. R. Schüler, die das 15. Lebensjahr vollendet haben) infolge ihrer erhöhten geistigen Beweglichkeit, "die elementaren Denkoperationen... zu kohärenten Systemen zusammenzuschließen". [25)] Dieser Forderung kann durch die Verwirklichung einer geeigneten Koordination der Lehrplaninhalte in wirksamer Weise entsprochen werden.

Einschränkend muß hier jedoch erwähnt werden, daß durch entwicklungsbedingte Verzögerungen die "logischen Strukturen" noch nicht bei allen Schülern voll entwickelt sein können. [26)] Diese Erkenntnis spricht aber nicht grundsätzlich gegen einen koordinierten Unterricht, da die Koordination nicht als statische Größe betrachtet werden darf und wie alle pädagogischen Handlungen auch vom "Prinzip der Schülergemäßheit" [27)] bestimmt wird.

2.2.3 Berufsbezogene Erfordernisse

Die Schüler werden in der Berufsschule nicht nur zu "Trägern geistiger Werte" [28)] erzogen, sondern auch im Hinblick auf ihre Aufgabe im Berufsleben. Diese Verpflichtung, neben der Vermittlung von Wissen auch dessen berufliche Umsetzung zu beachten, erwächst der Berufsschule aus dem "dualen" Charakter unseres Berufsbildungssystems. "Die Berufsschulen sind stärker als andere Schularten von Veränderungen des wirtschaftlichen und gesellschaftlichen Lebens abhängig. ... Sie tun es (echtes Menschentum zu fördern A. d. V.) aber an den Leistungsanforderungen objektiver Berufszweige, für die sie die sittliche Gesinnung und die Arbeitsfähigkeit in je spezifischer Weise zu entwickeln bemüht sind." [29)]

Eine derartige Verbindung zwischen schulischer und beruflicher Bildungsarbeit, die von der Berufsschule zu bewältigen ist, erfordert eine sinnvolle koordinierte Vermittlung der Lehrplaninhalte, da sich auch die betrieblichen Zusammenhänge nicht in isolierte Kenntnisbereiche aufteilen lassen.

Daraus läßt sich die Schlußfolgerung ziehen, daß "eine bestimmte Koordination der Unterrichtsstoffe unter dem Gesichtspunkt der Berufsbezogenheit" [30] zu fordern ist.

2.2.4 Folgerung

Der Forderung nach einer sinnvollen und sachgemäßen Koordination der Lehrplaninhalte liegen drei verschiedene Begründungsebenen zugrunde. Aus pädagogischer Sicht steht der Mensch in seiner Einheit als individuelles und soziales Wesen im Vordergrund; aus psychologischer Sicht sprechen lern- und entwicklungspsychologische Zusammenhänge für eine Koordination, und aus berufsbezogener Sicht verlangt die Verbindung zwischen Berufsschule und Betrieb sowie die Eigenschaft des Betriebes als einheitliches Wirtschaftsgebilde nach einer koordinierten Vermittlung der Lehrplaninhalte.

2.3 Bezugsfelder der Koordination

Pädagogen haben sich, soweit einschlägige Untersuchungen belegen, [31] bereits immer Gedanken über eine geeignete Stoffstruktur und Stoffanordnung gemacht. Für den hier interessierenden Zusammenhang sind vor allem drei grundsätzliche Konzeptionen von Bedeutung.

Die "Prinzipienlehre" von Schlieper, [32] die "Stoffstruktur- und Bildungskategoriallehre" von Dauenhauer [33] und die "curriculare Lehre von der Anordnung der Unterrichtsstoffe" von Aebli: [34] Während das zuletzt genannte Konzept weitgehend auf kognitions-psychologischen Überlegungen beruht, beziehen sich die übrigen Entwürfe ausschließlich auf wirtschaftspädagogische Fragestellungen. Hierbei wurden die Vorstellungen Schliepers durch die sehr detaillierten Ausführungen Dauenhauers zu einem unterrichtsnahen "kategorialen Gefüge" ausgebaut.

In dieser Arbeit beziehe ich mich weitgehend auf die "Stoffstruktur- und Bildungskategoriallehre" Dauenhauers, wobei die "Primärkategorien" und "Kategorienbereiche" infolge der leichteren Überschaubarkeit zu Bezugsfeldern abgewandelt wurden.

Bezugsfelder der Koordination von Lehrplaninhalten an kaufmännischen Berufsschulen

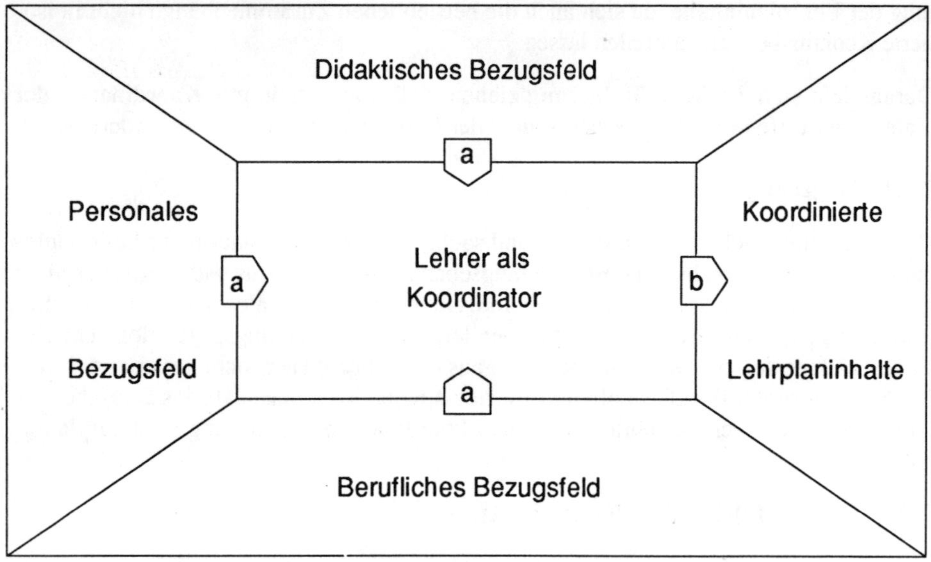

a = Einflußfaktoren b = Ergebnis

Obiges Schaubild verdeutlicht die zentrale Rolle des Lehrers als Koordinator bzw. Organisator von Lernprozessen. Auf diese Bedeutung des Lehrers weisen auch einige neuere Veröffentlichungen hin. [35)] Für den hier interessierenden Zusammenhang kommt es darauf an, daß der Lehrer bei der Koordination von Lehrplaninhalten dem Bedingungsgefüge bzw. den Einflußfaktoren der verschiedenen Bezugsfelder entsprechen muß.

Im folgenden werden die vom didaktischen, personalen und beruflichen Bezugsfeld ausgehenden Einflüsse, die der Lehrer zu beachten hat, wenn er eine sinnvolle und sachgemäße Koordination der Lehrplaninhalte anstrebt, untersucht.

2.3.1 Didaktisches Bezugsfeld

Eine wesentliche Voraussetzung für die Koordination von Lehrplaninhalten ist die Beachtung der natürlichen Struktur eines Unterrichtsfaches, wobei die Teilgebiete, die diesem Fach zugeordnet sind, ebenfalls einzubeziehen sind. "Jedes Stoffgebiet bringt ein ihm eigenes, seiner natürlichen Struktur entsprechendes Gliederungsprinzip, das bei der Aufeinanderfolge der einzelnen Bildungsgüter im Stoffplan zu beachten ist." [36)]

Hierbei taucht die Frage nach der grundsätzlichen Systematik, die der Auswahl und Anordnung von Lehrplaninhalten zugrunde liegt, auf. Die Ansicht Kerschensteiners, daß "der Weg der Schule ... kein anderer sein (kann A. d. V.) als der Weg der Wissenschaft selbst" [37] führte zu sicherlich ungewollten Folgeerscheinungen. Häufig wurde die wissenschaftliche Systematik weitgehend kritiklos auf die einzelnen Unterrichtsfächer übertragen. Verschiedentlich galt das wissenschaftliche Vorbild nicht nur für die "Stoffstruktur", sondern auch für die "Stoffdimension", [38] so daß eine inhaltliche Überfrachtung die Folge war. "Nur wenige haben begriffen, daß die kaufmännischen Schulen in eine schwere Krise auch deshalb geraten sind, weil ihnen der ungeheuere Stoffdruck den didaktischen Atem genommen hat." [39] Diese Aussage verdeutlicht, daß die Übernahme wissenschaftlicher Strukturelemente auf die Systematik (Stoffstruktur) eines Faches nur dann zulässig ist, wenn ungewollte Nebenwirkungen vermieden werden.

Dem Lehrer stellt sich die Aufgabe, die Lehrplaninhalte der Unterrichtsfächer daraufhin zu untersuchen, ob diesen Inhalten evtl. eine eigene Systematik zugrunde liegt. Dies wäre beispielsweise dann der Fall, "wenn die Kenntnis bestimmter Stoffeinheiten Voraussetzung zum Verständnis weiterer Stoffeinheiten ist ... ." [40]

Als Beispiel für diese sog. fachimmanente Struktur (auch ungewollte Systematik genannt) lassen sich die Unterrichtsfächer Buchführung und Wirtschaftsrechnen (bzw. Rechnungswesen) nennen, wobei im Fach Wirtschaftsrechnen nicht bei sämtlichen Lernbereichen diese zwingende zeitliche Aufeinanderfolge von Lehrplaninhalten gegeben ist. Das Unterrichtsfach Betriebswirtschaftslehre ist dagegen durch eine sog. atomistische Struktur (auch gewollte Systematik genannt) gekennzeichnet. [41] Die einzelnen Lernbereiche besitzen hier keinen "gegenseitigen Voraussetzungscharakter", [42] d. h. die Kenntnis eines Lernbereichs, z. B. des Wechsels, ist für das Verständnis eines anderen Lernbereichs, z. B. die Unternehmungsformen, nicht erforderlich.

Allerdings können diese strukturellen Gesichtspunkte durch berufsspezifische sowie lernbereichsbedingte Besonderheiten eine gewisse Abwandlung zur Folge haben. Dieser von Dauenhauer in die Diskussion eingebrachte Gedanke strebt nach einer sog. strukturellen Dynamisierung. Ist es beispielsweise für bestimmte Lernbereiche aus didaktischen Gründen vorteilhaft, das Fach Schriftverkehr dem "Leitfach" Betriebswirtschaftslehre zuzuordnen, so muß die grundsätzliche Zuordnung dieses Faches zum "Leitfach" Deutsch für die Dauer der Behandlung des betreffenden Lernbereichs aufgehoben werden. [43]

Im Rahmen des didaktischen Bezugsfeldes wird an die Koordination von Lehrplaninhalten die Forderung gestellt, daß die didaktische Struktur, [44] die den Unterrichtsfächern oder den einzelnen Lernbereichen zugrunde liegt, beachtet wird.

2.3.2 Personales Bezugsfeld

Bei der Koordination von Lehrplaninhalten sind neben den fach- und stoffeigenen Gegebenheiten auch die entwicklungsbedingten Voraussetzungen seitens der Schüler zu beachten. Allerdings bestehen zwischen den beiden Bezugsfeldern enge Beziehungen, da bei der Entscheidung für die inhaltliche Systematik die Adressatengruppe "Schüler", der diese Inhalte vermittelt werden soll, einbezogen werden muß. Hierbei sind die unterschiedlichen Abstraktionsgrade der Lehrplaninhalte von Bedeutung. "Aussagen über ein Stoffeld bewegen sich in unterschiedlichen Denkhöhen, fallend mit der gegenständlichen Vorstellung, aufsteigend mit den konzentrierten begrifflichen Darstellungen. ... Es gibt also abgestufte Abstraktionsgrade, die mit zunehmender Höhe an Konzentration (der Sache) und Generalisierung gewinnen." [45] Wichtig ist es also, bei der Koordination das geistige Entwicklungsstadium der jeweiligen Schülergruppe zu berücksichtigen. Vor allem ist darauf zu achten, daß sich die Anforderungen, die durch die Lehrplaninhalte bedingt sind, am geistigen Entwicklungsstand der Schüler orientieren, um deren Über- oder Unterforderung zu vermeiden.

Als wesentliche Erleichterung kann sich in diesem Zusammenhang die methodische Überlegung nach der "Darstellbarkeit" [46] der Lehrplaninhalte im Unterricht erweisen. "Dieses Stoffmerkmal ist weniger stark vom Verdichtungsgrad (Abstraktionsfähigkeit A. d. V.) abhängig, als man auf den ersten Blick glaubt. Es gibt Stoffe sehr hoher Abstraktion, und dennoch sind sie exakt darstellbar ...". [47] Dies bedeutet keine Aufhebung der bisherigen Feststellungen zur Abstraktion. Der Gleichschritt zwischen inhaltlichen Anforderungen und geistiger Entwicklungsstufe der Schüler ist grundsätzlich beizubehalten. Zahlreiche Inhalte sind aber durch den Einsatz geeigneter Darstellungsmittel einsichtiger und in kürzerer Zeit zu vermitteln. Auf diese Weise wird sowohl pädagogischen als auch unterrichtsökonomischen Forderungen entsprochen.

Eine Koordination der Lehrplaninhalte hat im Hinblick auf das personale Bezugsfeld die Abstraktionsfähigkeit der Jugendlichen sowie die zweckentsprechende Veranschaulichung der Unterrichtsinhalte zu berücksichtigen.

2.3.3 Berufliches Bezugsfeld

"Es gehört zum Wesen der Berufsschule, daß sie die betriebliche Ausbildung der Jugendlichen zu begleiten, zu ergänzen und zu vertiefen hat." [48] Nach dieser Feststellung kommt der Berufsschule eine dreifache Aufgabe zu. [49]

Der Unterricht an dieser Schule und die praktische Ausbildung im Betrieb sollen inhaltlich weitgehend abgestimmt sein. [50] Das bedeutet jedoch nicht, daß generell eine absolute "Parallelität" angestrebt werden muß; für verschiedene Lernbereiche erweist sich ein "Nachlauf" oder "Vorlauf" des schulischen Unterrichts als pädagogisch vorteilhaft.

Gleichzeitig soll die Berufsschule den Auszubildenden bei der psychischen Bewältigung ihrer beruflichen Aufgabe und Tätigkeit behilflich sein. Dieses Vorhaben gelingt am ehesten durch eine bewußte und zielgerichtete Vertiefung praktischer Kenntnisse und des betrieblichen Arbeitsablaufes, [51] z. B. "Freisprechen" von betrieblichen Problemen und Schwierigkeiten sowie deren sachlicher und gerechter Einschätzung durch den Lehrer. [52]

Der geschilderte Zusammenhang führt zu der Folgerung, "daß in allen Fächern auf die Inhalte und den Gang der betrieblichen Berufsausbildung Rücksicht genommen werden muß, damit aber auch andererseits für die auf der Betriebserfahrung aufbauenden Inhalte das notwendige Erfahrungsfundament gegeben ist". [53)]

Hinsichtlich des beruflichen Bezugsfeldes muß bei einer Koordination von Lehrplaninhalten beachtet werden, daß zwischen schulischem Unterricht und betrieblicher Ausbildung eine "elastische" Abstimmung erfolgt (also kein völliger Gleichlauf), die auch als "dynamische" Zusammenarbeit [54)] bezeichnet werden kann.

2.3.4 Folgerung

Der Lehrer hat bei der Koordination von Lehrplaninhalten den Bedingungen drei verschiedener Bezugsfelder zu entsprechen. Im Rahmen des didaktischen Bezugsfeldes ist die inhaltseigene und die fächereigene Systematik zu beachten; im Hinblick auf das personale Bezugsfeld steht die Angleichung der inhaltlichen Anforderungen an die geistige Entwicklungsstufe der Schüler im Vordergrund; hinsichtlich des beruflichen Bezugsfeldes ist für eine sinnvolle und zweckmäßige Abstimmung schulischer und betrieblicher Lerninhalte zu sorgen.

2.4 Verwandte pädagogische Prinzipien

Neben der Koordination gibt es noch zahlreiche andere pädagogische Prinzipien, die sich mit der Anordnung und Integration von Lehrplaninhalten beschäftigen. Da vielfach das Bemühen um eine terminologische Eindeutigkeit zu fehlen scheint, werden diese Konzeptionen z. T. auch als "Koordination" oder als "Konzentration" bezeichnet.[55)]

Im folgenden werden verschiedene Prinzipien mit ihren Zielsetzungen vorgestellt, wobei sich jeweils eine kritische Würdigung anschließt.

2.4.1 Der Gesamtunterricht

Zielsetzung: Bei diesem Unterrichtsprinzip wird auf einen gegliederten und gefächerten Unterricht verzichtet. An die Stelle unverbundener, vielfach selbständiger und inhaltlich isolierter Einzelfächer treten gesamte Lebens- und Lehreinheiten, die dem Schüler die Unterrichtsinhalte als "Ganzheiten" anbieten. [56)] Im Rahmen ausgewählter Themenkreise wird eine innere Verbindung zwischen den aufgelösten Fächern hergestellt. Begründet wird diese Auffassung damit, daß das Leben eine Gesamtheit sei, die auch vom Schüler als solche erlebt werde. Daher müsse sich auch das Erziehungsziel auf den gesamten Menschen richten. [57)]

Kritische Würdigung: Auf die Darstellung der Vor- und Nachteile dieses Unterrichtsprinzips wird hier ebenso wie auf eine grundsätzliche Beurteilung über seine Berechtigung verzichtet. Entscheidend ist, inwieweit diese Konzeption für den Unterricht in der Berufsschule Anwendung finden kann.

Da beim Gesamtunterricht die fachspezifischen Strukturen verloren gehen und auch die Systematik der einzelnen wirtschaftlichen Lernbereiche unberücksichtigt bleibt, entspricht dieses Prinzip nicht den Anforderungen des didaktischen Bezugsfeldes.

Schwierigkeiten können beim Gesamtunterricht auch dann auftreten, wenn beispielsweise die Schüler bei der Erarbeitung neuer Lernbereiche infolge der erforderlichen Problemfülle überfordert werden. Damit ist die Gefahr verbunden, daß die Zielvorgabe des Lehrers unklar bleibt und die stoffstrukturellen Grenzen verwischt werden. Diese Kritik schließt aber nicht aus, daß sich der Gesamtunterricht verschiedentlich als angemessenes Unterrichtsprinzip erweist, z. B. bei der Gesamtwiederholung vor der Ausbildungsabschlußprüfung. Für den hier interessierenden Zusammenhang muß jedoch festgestellt werden, daß der Gesamtunterricht auch den Bedingungen des personalen Bezugsfeldes widerspricht, da er, zumindest teilweise, die Abstraktionsfähigkeit der Schüler zu hoch einschätzt und somit nicht schülergemäß ausgerichtet ist.

Im Hinblick auf die betriebliche Praxis, die sich trotz verschiedener Abteilungen und zahlreicher unterschiedlicher Arbeitsabläufe als einheitliches Ganzes darstellt, vermag der Gesamtunterricht nicht diesen selbständigen Teilbereichen gerecht zu werden und trotzdem den Gesamtordnungszusammenhang zu wahren. Der Jugendliche gerät in einen Widerspruch zwischen unklarer Unterrichtsgestaltung und klarem Betriebsablauf. Der Gesamtunterricht ist demnach auch mit den Grundsätzen des beruflichen Bezugsfeldes nicht vereinbar.

2.4.2 Die konzentrischen Kreise

Zielsetzung: Diesem Prinzip liegt die Überlegung zugrunde, daß der gesamte Unterrichtsstoff während der Schulzeit mehrmals behandelt wird, [58] "jedoch in wachsender Ausführlichkeit und Vertiefung". [59] Dem geistigen Entwicklungsstadium des Schülers glaubt man am ehesten entsprechen zu können, wenn man die Lehrplaninhalte nach der Folge, vom Einfachen zum Zusammengesetzten, vom Leichten über das Schwierige zum Höheren und Wertvolleren ordnet. Die traditionelle Fächerbildung wird beibehalten.

Kritische Würdigung: Grundsätzlich ist es problematisch, eindeutig zwischen einzelnen Stufen zunehmender Schwierigkeit unterscheiden zu können. Bisher liegen keine Untersuchungen vor, die eine hinreichende Differenzierung zwischen leichten und schwierigen wirtschaftlichen Lernbereichen erlauben. Außerdem wird durch die mehrfache Behandlung eines Lernbereiches der inhaltliche Zusammenhang der einzelnen Lehrplaninhalte auseinandergerissen. Dies führt zum Verlust der fach- und inhaltsbezogenen Systematik und verstößt damit gegen Bedingungen des didaktischen Bezugsfeldes. Gleichzeitig wird aber auch den Anforderungen des beruflichen Bezugsfeldes nicht entsprochen, da die "konzentrische Abfolge" der Lehrplaninhalte die Einheit des betrieblichen Ablaufs unberücksichtigt läßt.

2.4.3 Das Konzentrationsfach

Zielsetzung: Die Grundidee dieses Prinzips baut auf der Vorstellung auf, daß ein Zentralfach ("Leitfach") im Mittelpunkt des gesamten Unterrichts steht. Auf dieses Fach sind die übrigen Unterrichtsfächer ausgerichtet, indem sie dem "Leitfach" untergeordnet werden. "Die Sekundarfächer stehen in totaler zeitlicher, inhaltlicher und organisatorischer Abhängigkeit vom Leitfach." [60)] Mit dieser Konzeption, die verschiedentlich auch als "totale" und "partielle Konzentration" [61)] bezeichnet wird, [62)] soll die wiederholte Behandlung gleicher oder ähnlicher Lehrplaninhalte, jeweils bezogen auf fächerspezifische Probleme, umgangen werden.

Kritische Würdigung: Die zentrale Bedeutung, die einem Fach zukommt und auf das die übrigen Unterrichtsfächer inhaltlich bezogen sind, führt zum Verlust der diesen Fächern eigenen Systematik und "natürlichen Struktur". [63)] Besonders groß ist die Gefahr der "Verkünstelung der Beziehungen" [64)] und der "Verkrampfung des gesamten Unterrichtsplanes" [65)] (Verstoß gegen das didaktische Bezugsfeld).

Im Hinblick auf das berufliche Bezugsfeld wird durch die einheitliche Ausrichtung auf ein Fach die Abstimmung schulischer und betrieblicher Lernbereiche grundsätzlich nicht in Frage gestellt. Sofern jedoch im Rahmen dieses Abstimmungsprozesses elastische Anpassungen (mit Vorlauf- und Nachlaufphasen) erforderlich sind, ist auch hier das Zentralfach bestimmend. Dies kann zu Problemen führen, wenn beispielsweise in dem "abhängigen" Fach Rechnungswesen Lernbereiche "elastisch" behandelt werden sollen, während im Leitfach Betriebswirtschaftslehre ein schulischer und betrieblicher Gleichlauf angestrebt wird.

Das Prinzip des Konzentrationsfaches verstößt somit gegen die Anforderungen des didaktischen Bezugsfeldes und z. T. auch gegen die des beruflichen Bezugsfeldes.

2.4.4 Die leitenden Fächer

Zielsetzung: Mit diesem Prinzip wird versucht, die Nachteile und Probleme, die sich aus der zentralen Stellung eines Unterrichtsfaches ergeben, zu vermeiden. Statt eines Zentralfaches werden mehrere Leitfächer ausgewählt, um die sich sog. Sekundarfächer gruppieren.

Kritische Würdigung: Durch diese Konzeption werden die natürlichen Strukturen der einzelnen Lernbereiche und der sog. Sekundarfächer gewahrt, da verschiedene Leitfächer zur Verfügung stehen, denen Fächer mit gleicher Fachstruktur zugeordnet werden können. Allerdings kann die im Hinblick auf das Konzentrationsfach geäußerte Kritik auf die einzelnen Leitfächer zutreffen, sofern beim Prinzip der leitenden Fächer zwischen diesen Leitfächern kein übergeordneter oder "organischer" Zusammenhang besteht.

2.4.5 Die dynamisch-zentrierte Fachgruppen-Koordination

Zielsetzung: Die Gefahr der Zusammenhanglosigkeit, die beim Prinzip der leitenden Fächer zwischen den einzelnen Leitfächern auftreten kann, soll hier durch die zusätzliche Schaffung eines Zentralfaches, das zum übergeordneten Bezugspunkt der Leitfächer und der Sekundarfächer werden soll, umgangen werden. Hierbei stehen in der Literatur unterschiedliche Zentrierungsgesichtspunkte im Vordergrund.

Bei Schlieper übernimmt der weltanschauliche Unterricht diese zentrale Funktion.[66) "Um die Weltanschauung, die dieses Unterrichtsfach begründet und festigt, legen sich die übrigen beruflichen Unterrichtsfächer. ... Von dem weltanschaulichen Mittelpunkt des Unterrichts aus muß auch die berufliche Wertrichtung der Schüler beeinflußt werden, so daß ein nachhaltiger und dauernder Einfluß auf ihr Urteil und Streben ausgeht."[67)]

Dieser Konzeption, die als "zentrierte Fachgruppen-Koordination" bekannt wurde, schloß sich Erbach grundsätzlich an. Er wandte sich jedoch gegen die "weltanschauliche Zentrierung" und vertrat die Auffassung, daß die "Berufskunde im Mittelpunkt des Unterrichts der Berufsschule"[68)] zu stehen habe. Im Hinblick auf die inhaltliche Breite dieses Faches bemerkt er: "Da aber aus sachlogischen Gründen nicht alle Bildungsinhalte der Berufskunde des Kaufmanns in einem Fach vermittelt werden können, besteht in der kaufmännischen Berufsschule dieses Zentralfach aus einem führenden Fach und direkt angeschlossenen Ergänzungsfächern (z. B. Buchführung und Wirtschaftsrechnen A. d. V.)."[69)]

Die genannten Vorstellungen hinsichtlich einer "Fächerzentrierung" könnten noch durch zahlreiche ähnliche Überlegungen erweitert werden;[70)] für den hier interessierenden Zusammenhang erscheint noch Lochners Gedanke einer "Fachgruppen-Zentrierung" von Bedeutung.[71)] "Unter Fachgruppe verstehen wir mehrere, nach Absicht, Stoff und Behandlung gleichgerichtete Unterrichtsfächer."[72)]

Diese Konzeption übernimmt die Idee Schliepers und Erbachs nach einem Mittelpunkt des Unterrichts; bei Lochner kommt dem "Betrieb" diese Funktion zu. Im Hinblick auf die konkrete Umsetzung dieser gemeinsamen Ansicht fehlt bei Lochner aber die Einrichtung eines Zentralfaches. Insofern nähert sich diese Auffassung bezüglich einer Koordination der Lehrplaninhalte dem Prinzip der leitenden Fächer.

Die bisherigen Überlegungen werden durch die Vorstellungen Dauenhauers hinsichtlich einer sinnvollen und sachgemäßen "Stoffkoordination" erweitert.[73)] Hierbei stehen vor allem "dynamische" Gesichtspunkte im Vordergrund, die sich auf die Zuordnung verschiedener Fächer zu "Leitstoffgruppen" beziehen.[74)] Die Verbindung zwischen den einzelnen Unterrichtsfächern und den "Leitstoffgruppen" darf demnach nicht generell fixiert werden. Sofern beispielsweise für bestimmte Berufsgruppen oder für bestimmte Lernbereiche eine Verbindung zwischen dem Zentralfach Betriebswirtschaftslehre und dem Fach Schriftverkehr zweckmäßig ist, muß Schriftverkehr aus der Leitstoffgruppe Deutsch ausgegliedert werden, um für die Zeitdauer des betreffenden Lernbereichs dem Zentralfach Betriebswirtschaftslehre zugeordnet zu werden. [75)]

Kritische Würdigung: Das Prinzip der dynamisch-zentrierten Fachgruppen-Koordination tastet die fachspezifische Fragestellung der einzelnen Fächer nicht an und beläßt auch die den Fächern eigenen Strukturelemente. Durch die Zuordnung der verschiedenen Leitfächer zum Zentralfach, das sämtliche Leitfächer sowie Einzelfächer (Sekundarfächer) unter einer gemeinsamen Zielsetzung zusammenfaßt, wird die Gefahr einer "verkrampften" und "verkünstelten" Beziehung zwischen den Unterrichtsfächern vermieden. Die flexible Handhabung der Zuordnung von Einzelfächern zu Leitfächern läßt auch "dynamische" Gesichtspunkte bei der "Fächerhierarchie" zur Geltung kommen.

Damit erfüllt das Prinzip der dynamisch-zentrierten Fachgruppen-Koordination sämtliche Anforderungen des didaktischen Bezugsfeldes. Mit Hilfe dieses Koordinationsprinzips gelingt es auch, die Vermittlung beziehungslosen Einzelwissens zu vermeiden und den Lernprozeß auf einen sinnvollen Gesamtzusammenhang auszurichten. Dies ist infolge der übergeordneten Zielsetzung und Problemstellung, die vom Zentralfach ausgeht und in den Einzelfächern jeweils fachspezifisch zugrunde gelegt und gelöst wird, möglich. Der Jugendliche ist dadurch in der Lage, sowohl Gesamtordnungszusammenhänge zu erfassen als auch fachbezogene Erkenntnisse zu gewinnen.

Auf diese Weise werden auch die Bedingungen des personalen Bezugsfeldes erfüllt.

Die Abstimmung zwischen schulischen und betrieblichen Lernbereichen wird sowohl durch die fachbezogene Zentrierung als auch durch die dynamische Ausrichtung dieses Zuordnungsgedankens ermöglicht. Damit verstößt dieses Prinzip auch nicht gegen die Forderungen des beruflichen Bezugsfeldes.

2.4.6 Folgerung

Die zahlreichen pädagogischen Prinzipien, die sich um eine Koordination der Lehrplaninhalte bemühen, wurden an den Kriterien, die vorher für eine sinnvolle und sachgemäße Koordination erarbeitet wurden, gemessen. Die Beurteilung der hier aufgeführten Prinzipien könnte unter einer veränderten Bewertungsstruktur zu anderen Ergebnissen führen.

Für den im Rahmen dieser Arbeit bedeutsamen Zusammenhang erweist sich die dynamisch-zentrierte Fachgruppen-Koordination als geeignetes Prinzip.

Die Fächerverbindung im Rahmen der dynamisch-zentrierten Fachgruppen-Koordination

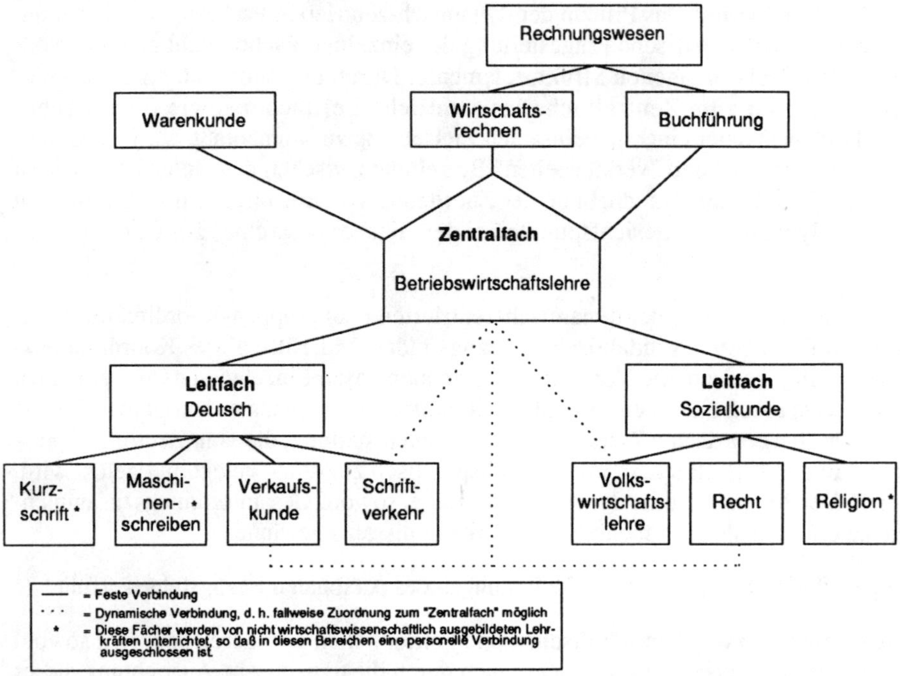

Das Schaubild verdeutlicht die genannten Beziehungen zwischen den Unterrichtsfächern bei der dynamisch-zentrierten Fachgruppen-Koordination. [76)] Es zeigt die zentrale Stellung des Faches Betriebswirtschaftslehre, dem die beiden Leitfächer Deutsch und Sozialkunde [77)] zugeordnet sind. Zu jedem dieser drei Unterrichtsfächer gehören Einzel- oder Ergänzungsfächer, die nach ihrer inhaltlichen Abhängigkeit dem Zentralfach oder den Leitfächern zugeordnet werden. Da dieses Vorgehen aber nicht bei sämtlichen Lernbereichen und Lehrplaninhalten zu eindeutigen Entscheidungen führt, ist die Möglichkeit offenzuhalten, Einzelfächer verschiedentlich aus einem Leitfachbereich herauszunehmen und dem Zentralfach zu unterordnen (Dynamisierung). Diese Vorgehensweise gilt jedoch nur für einzelne Lernbereiche und ist somit zeitlich begrenzt. Entscheidend ist hier die übergeordnete Sichtweise des Zentralfaches, d. h. sofern aus der Sicht dieses Faches eine "Dynamisierung" in der geschilderten Weise aus didaktischen Gründen erforderlich oder zweckmäßig erscheint, sind Lernbereiche und/oder Lehrplaninhalte des jeweiligen Einzelfaches im Zusammenhang mit inhaltlich verwandten Lernbereichen und/oder Lehrplaninhalten des Zentralfaches zu behandeln.

Dadurch wird deutlich, daß die Betriebswirtschaftslehre über die Leitfächer auch die Einzelfächer beeinflußt. Das Unterrichtsfach Betriebswirtschaftlehre bezieht andererseits von den Leitfächern Deutsch und Sozialkunde "sprachliche Ausdruckskraft und weltanschaulichen Gehalt. Dabei ist das Fach Deutsch selbst wiederum Grundlage und Unterrichtsprinzip für Schriftverkehr, die Schreibtechniken (Kurzschrift und Maschinenschreiben), Verkaufskunde (mündlicher Ausdruck), ...". [78)]

Dem Leitfach Sozialkunde sind neben dem Fach Religion [79)] auch rechtliche und volkswirtschaftliche Lernbereiche [80)] zugeordnet.

Mit der Realisierung der dargestellten theoretischen Konzeption einer Koordination sind aber auch gewisse Probleme verbunden, auf die im folgenden kurz eingegangen wird.

2.5 Zusammenfassende Beurteilung des pädagogischen Prinzips der Koordination von Lerninhalten

2.5.1 Strukturelle Probleme

Eine wesentliche Voraussetzung für eine Koordination liegt in der hinreichenden inhaltlichen Beziehung zwischen den Lehrplaninhalten. Eine weitere Bedingung betrifft die Stoffstruktur der Fächer, die "koordiniert" werden sollen. Es ist nicht möglich, in allen Fächern zur gleichen Zeit sog. fachintegrierende Querschnitte [81)] vorzunehmen, wenn man inhaltliche "Vorgriffe" grundsätzlich vermeiden will. Im Rahmen dieser Arbeit gilt dies für Buchführung und Wirtschaftsrechnen bzw. Rechnungswesen, deren Systematik der Lehrplaninhalte eine bestimmte Reihenfolge bei der Behandlung der einzelnen Lernbereiche erfordert. Für den hier relevanten Zusammenhang kann dies am Beispiel des Unterrichtsinhalts "Diskontrechnung" verdeutlicht werden. Diese baut beispielsweise auf den Vorkenntnissen auf, die sowohl im Rahmen der Prozent- als auch der Zinsrechnung erworben wurden.

Die Schwierigkeiten hinsichtlich der mangelnden Affinität von Lehrplaninhalten einzelner Fächer lassen sich zunächst nicht beseitigen. Dieses Problem läßt sich erst durch eine Gesamtwiederholung lösen, z. B. am Ende der Berufsschulzeit. Aus erkenntnispsychologischer Sicht können nämlich scheinbar zunächst nicht zusammenhängende Inhalte nach abgeschlossenem Lernprozeß von dem Schüler oftmals in eine Verbindung gebracht werden. [82)]

Die Problematik, die sich durch das Bestreben ergibt, ähnliche Lehrplaninhalte verschiedener Unterrichtsfächer während des gleichen Zeitraums zu behandeln, läßt sich durch inhaltliche "Vorgriffe" beseitigen. Das bedeutet, Lehrplaninhalte, die für eine spätere Zeit vorgesehen sind, werden vorgezogen, um eine Koordination zu ermöglichen. Dabei muß jedoch vorausgesetzt werden, daß der sachlogische Aufbau der Lehrplaninhalte eines Faches dieser Lösung nicht im Wege steht.

2.5.2 Didaktisch-methodische Probleme

Ein "koordinierter Unterricht" ist mit der Gefahr verbunden, daß das Interesse der Schüler an den fachübergreifenden Fragestellungen nachläßt, weil gleiche Lernbereiche (z. B. Wechsel) in verschiedenen Unterrichtsfächern unter jeweils besonderen Zielsetzungen behandelt werden. Hier stößt die Koordination an eine Grenze, die nur schwer zu beseitigen ist. Durch geeignete methodische Maßnahmen, z. B. Auswahl und Lösung stets neuer wirklichkeitsnaher Probleme, die den Schülern den gesamten Lernbereich jeweils aus neuer Sicht erschließen, könnte der geschilderten Gefahr entgegnet werden. Hierbei kommt es auch auf die persönliche Ausstrahlungskraft des Lehrers an, durch die er seine Schüler über längere Zeit für den gleichen Problemkreis interessieren kann.

In Verbindung mit der Person des Lehrers erscheint hier noch ein Hinweis angebracht. Eine wirksame Koordination der Lehrplaninhalte setzt voraus, daß möglichst viele Fächer von einer Lehrkraft unterrichtet werden. Dadurch wird eine bessere inhaltliche Abstimmung gewährleistet, die jedoch dem oben erwähnten Problem des mangelnden Schülerinteresses kaum bedeutsam entgegenwirkt.

Ein möglicher Ausweg wäre, die "Kernstruktur" eines Lernbereichs fachintegriert zu unterrichten und dann wieder zum herkömmlichen Fachunterricht zurückzukehren.

Zusammenfassend kann die Koordination gegebener Lehrplaninhalte als ein wertvolles und brauchbares didaktisches Hilfsmittel für die praktische Unterrichtsarbeit angesehen werden, das sich für verschiedene Lernbereiche, z. B. Lohn- und Gehaltsproblematik oder Wechsel eignet. Voraussetzung für eine Vermeidung von Fehleinschätzungen sind jedoch eine sorgfältige Auswahl geeigneter Lernbereiche und die Beachtung der erwähnten Probleme.

Anmerkungen

(1) HAUPTMEIER, Gerhard: Reduktion (bzw. Transformation) wissenschaftlicher Inhalte für den Unterricht an kaufmännischen Schulen, in: Handbuch für das kaufmännische Bildungswesen, hrsg. von Berke, Rolf u.a., Darmstadt 1985, S. 373

(2) Die Bezeichnungen "Schulform" und "Schulart" werden meistens synonym verwendet. Vgl. HECKEL/SEIPP: Schulrechtskunde, 6. Aufl., Neuwied 1986, S. 43 f.
Im Bayerischen Gesetz über das Erziehungs- und Unterrichtswesen (BayEUG) in der Fassung vom 29.02.1988 wird in Art. 5 für Schulen mit gleichen Bildungszielen die Bezeichnung "Schulart" gewählt. Vgl. VOCKE, Wilhelm: Berufliches

Schulwesen in Bayern - Rechtssammlung mit Erläuterungen, Leitzahl 10.00, S. 6, Rechtsstand vom 01.11.1988

(3) vgl. SPRANGER, Eduard: Ungelöste Probleme der Pflichtberufsschule, in: Schule und Lehrer, hrsg. von Ludwig Englert, erschienen als Band III der Gesammelten Schriften von Eduard Spranger, Heidelberg 1970, S. 393 - 405

(4) vgl. SCHLIEPER, Friedrich: Kaufmännische Grundbildung, in: Internationale Zeitschrift für kaufmännisches Bildungswesen, Nr. 49 (April)/1957, S. 53 - 71

(5) WILLMANN, Otto: Didaktik der Bildungslehre nach ihren Beziehungen zur Sozialforschung und zur Geschichte der Bildung, 6. Aufl., Freiburg i. Br. 1957, S. 423

(6) vgl. HEIMERER, Leo-Herigar/SELZAM, Johann: Die Abstimmung von Ausbildungsordnungen und Rahmenlehrplänen, Grundlage einer zweckmäßigen und sinnvoll durchgeführten Berufsausbildung, in: Staatsinstitut für Schulpädagogik (Hrsg.): Blickpunkt berufliche Bildung, Donauwörth 1978, S. 24 f.

(7) Als Lernorte der Berufsausbildung werden Schule, Betrieb, überbetriebliche Ausbildungsstätten und Lernstudio bezeichnet. Vgl. Bund-Länder-Kommission für Bildungsplanung: Stufenplan zu Schwerpunkten der beruflichen Bildung, Stuttgart 1975, S. 74 ff. und Bund-Länder-Kommission für Bildungsplanung: Konzept für eine Verbindung von allgemeinem und beruflichem Lernen, Stuttgart 1974, S. 71 ff.

(8) Wichtige Vorarbeiten zu diesem Abstimmungsprozeß leisteten "Deckungsanalysen" von Ausbildungsordnungen. Hierbei wurde festgestellt, daß sich bei etwa drei Viertel der Ausbildungsberufe die Ausbildungsinhalte zu über 50 % decken. Dadurch wurde u. a. eine inhaltliche Konzentration möglich, die den Abstimmungsvorgang mit den schulischen Lehrplänen erleichtert. Vgl. SCHMIEL, Martin: Deckungsanalysen der Ausbildungsordnungen von Ausbildungsberufen, in: Mitteilung aus der Arbeitsmarkt- und Berufsforschung, Heft 3/1971, S. 275 ff.; HERTEL, Hans-Dieter: Systemanalyse betrieblicher Berufsbildung, Band 2 der Reihe: Forschung und Praxis beruflicher Bildung, hrsg. von Rolf Berke, Frankfurt/M. 1976, S. 319

(9) Unter Lernbereich ist ein einzelner Themenbereich (z. B. Wechsel) innerhalb eines Rahmenthemenbereichs (z. B. Zahlungsverkehr) zu verstehen.

(10) vgl. WENIGER, Erich: Theorie der Bildungsinhalte und des Lehrplans, 5. Aufl., Weinheim 1963, S. 112

(11) vgl. WEINSTOCK, Heinrich: Realer Humanismus, 2. Aufl., Heidelberg 1958, S. 17

(12) vgl. SCHLIEPER, Friedrich: Allgemeine Berufspädagogik, Freiburg i. Br. 1963, S. 33

(13) vgl. SCHLIEPER, Friedrich: Allgemeine Unterrichtslehre für Wirtschaftsschulen, 3. Aufl., Freiburg i. Br. 1964, S. 11

(14) vgl. SPRANGER, Eduard: Humanismus der Arbeit, in: Schule und Lehrer, hrsg. v. Ludwig Englert, erschienen als Band III der Gesammelten Schriften von Eduard Spranger, Heidelberg 1970, S. 218

(15) ebenda

(16) ebenda

(17) vgl. SCHMIEL, Martin: Einführung in fachdidaktisches Denken, München 1978, S. 47 ff. Teilweise wird hierfür auch die Umschreibung "Sinn-" bzw. "Sachprinzip" verwendet. Vgl. DAUENHAUER, Erich: Kategoriale Didaktik, 3. Aufl., Rinteln 1979, S. 259

(18) vgl. ROHRACHER, Hubert: Einführung in die Psychologie, 13. Aufl., München 1988, S. 103 ff.

(19) vgl. LEFRANÇOIS, Guy R.: Psychologie des Lernens, 2. Aufl., Berlin, Heidelberg, New York 1986, S. 126 ff.

(20) vgl. ebenda

(21) ROHRACHER, Hubert: a. a. O., S. 282

(22) LOCHNER, Hans: Methodik des kaufmännisch-wirtschaftlichen Unterrichts, 2. Aufl., Rinteln 1968, S. 68

(23) ebenda S. 71

(24) AEBLI, Hans: Grundformen des Lehrens - Eine allgemeine Didaktik auf kognitionspsychologischer Grundlage, 12. Aufl., Stuttgart 1981, S. 33

(25) ebenda

(26) Vgl. FISCHER, Rainer: Psychologische Probleme bei der Gestaltung des Unterrichts in der Klasse, in: GÖNNER, Kurt; REIP, Hubert (Hrsg.): Unterrichtsplanung für kaufmännische Schulen, 3. Aufl., Bad Homburg v. d. H., Berlin, Zürich 1982, S. 122

(27) vgl. ebenda

(28) vgl. KERSCHENSTEINER, Georg: Berufserziehung im Jugendalter, in: RÖHRS, Hermann (Hrsg.): Die Bildungsfrage in der modernen Arbeitswelt, 2. Aufl., Frankfurt/M. 1967, S. 72

(29) SPRANGER, Eduard: Umbildungen im Berufsleben und in der Berufserziehung, in: RÖHRS, Hermann (Hrsg.): Die Bildungsfrage in der modernen Arbeitswelt, 2. Aufl., Frankfurt/M. 1967, S. 181

(30) SCHLIEPER, Friedrich: Allgemeine Unterrichtslehre, a. a. O., S. 70

(31) vgl. ALBERT, Wilhelm: Grundlegung des Gesamtunterrichts, 2. Aufl., Nürnberg 1951, S. 1 ff.

(32) vgl. SCHLIEPER, Friedrich: Allgemeine Unterrichtslehre, a. a. O.; vgl. derselbe: Allgemeine Berufspädagogik, a. a. O.

(33) vgl. DAUENHAUER, Erich: Der Anfangsunterricht der Wirtschaftsschulen, 3. Aufl., Rinteln 1977; derselbe: Didaktik der Wirtschaftslehre, Paderborn 1978

(34) vgl. AEBLI, Hans, a. a. O.

(35) vgl. DUBS, Rolf: Aspekte des Lehrerverhaltens, Theorie, Praxis, Beobachtung - Ein Beitrag zum Unterrichtsgespräch, Aarau, Frankfurt/M., Salzburg 1978, S. 147; BÖNSCH, Manfred: Der Lehrer als Organisator von Lernprozessen, in: GRÖSCHEL, Hans (Hrsg.): Die Bedeutung der Lehrerpersönlichkeit für Erziehung und Unterricht, München 1980, S. 68-71

(36) SCHLIEPER, Friedrich: Allgemeine Unterrichtslehre, a. a. O., S. 66

(37) KERSCHENSTEINER, Georg: Betrachtungen zur Theorie des Lehrplans, München 1899, S. 97

(38) vgl. DAUENHAUER, Erich: Kategoriale Didaktik, a. a. O., S. 72 f.

(39) derselbe: Der Anfangsunterricht, a .a .O., S. 43

(40) ebenda (jedoch 1. Aufl. 1966!), S. 21

(41) vgl. DAUENHAUER, Erich: Kategoriale Didaktik, a. a. O., S. 76

(42) vgl. derselbe: Der Anfangsunterricht, 1. Aufl., S. 21

(43) vgl. derselbe: Didaktik der Wirtschaftslehre, a. a. O., S. 166 ff.

(44) Diese Bezeichnung umfaßt die gewollte und ungewollte Systematik sowie den dynamischen Aspekt

(45) DAUENHAUER, Erich: Didaktik der Wirtschaftslehre, a. a. O., S. 74

(46) vgl. ebenda, S. 76

(47) ebenda

(48) ABRAHAM, Karl: Wirtschaftspädagogik, Grundlagen der wirtschaftlichen Erziehung, 2. Aufl., Heidelberg 1966, S. 195

(49) Dem Bayerischen Gesetz über das Erziehungs- und Unterrichtswesen (BayEUG) zufolge hat die Berufsschule eine doppelte Aufgabe (Bildung der Schüler und Ergänzung der praktischen Ausbildung). Vgl. BayEUG Art. 10 (1) in der Fassung vom 29.02.1988

(50) vgl. Ständige Konferenz der Kultusminister in der Bundesrepublik Deutschland (KMK) (Hrsg.): Gemeinsames Ergebnisprotokoll betreffend das Verfahren bei der Abstimmung von Ausbildungsordnungen und Rahmenlehrplänen im Bereich der beruflichen Bildung zwischen Bundesregierung und den Kultusministern (-senatoren) der Länder vom 30. 2. 1972, in: Sammlung der Beschlüsse der Ständigen Konferenz der Kultusminister der Länder in der Bundesrepublik Deutschland, Loseblattsammlung, Band II, Berlin, Neuwied, Leitzahl 320, S. 1 ff.

(51) vgl. ABRAHAM, Karl: a. a. O., S. 48 f.

(52) Diesem Gesichtspunkt kommt für die Koordination nur eine untergeordnete Bedeutung zu, da dieser "Vertiefung" i. d. R. nur im Rahmen der jeweils zu behandelnden Lehrplaninhalte entsprochen werden kann.

(53) DAUENHAUER, Erich: Der Anfangsunterricht, 1. Aufl., S. 65

(54) vgl. derselbe: Didaktik der Wirtschaftslehre, a. a. O., S. 166 ff.

(55) vgl. KRÜGER, Rudolf: Der moderne Unterricht, seine innere und äußere Organisation, Ansbach 1966, S. 31 ff.

(56) vgl. STÖCKER, Karl: Neuzeitliche Unterrichtsgestaltung, 5. Aufl., München 1960, S. 207

(57) vgl. ebenda, S. 206 ff.

(58) vgl. ODENBACH, Karl: Konzentrische Kreise, in: Pädagogisches Lexikon, hrsg. von Horney u. a., Band 2, Gütersloh 1970, Spalte 103

(59) DOLCH, Josef: Grundbegriffe der pädagogischen Fachsprache, 6. Aufl., München 1967, S. 86

(60) DAUENHAUER, Erich: Grenzen der Fächerverbindung, in: Neue Berufsschule, 15. Jg., Heft 11/1966, S. 444

(61) Bei der "totalen Konzentration" sind sämtliche übrigen Unterrichtsfächer auf ein Fach "zentriert", bei der "partiellen Konzentration" dagegen nur einige Fächer

(62) vgl. GÄRTNER, Friedrich: Planung und Gestaltung des Unterrichts, 2. Aufl., München 1969, S. 258

(63) SCHLIEPER, Friedrich: Allgemeine Unterrichtslehre..., a. a. O., S. 73

(64) ebenda

(65) ebenda

(66) vgl. ebenda, S. 73 f.

(67) ebenda, S. 74

(68) ERBACH, Karl Friedrich: Berufsbild und Lehrplan in der kaufmännischen Berufserziehung, Darmstadt 1959, S. 56

(69) ebenda

(70) vgl. PEEGE, Joachim: Das kaufmännische Curriculum der Gegenwart, in: BERKE, Rolf u. a. (Hrsg.): Handbuch für das kaufmännische Bildungswesen, Darmstadt 1985, S. 386

(71) vgl. LOCHNER, Hans: a. a. O., S. 37

(72) ebenda

(73) vgl. DAUENHAUER, Erich: Didaktik der Wirtschaftslehre, a. a. O., S. 166 ff.

(74) vgl. derselbe: Der Anfangsunterricht im Rahmen der beruflichen Grundbildung, 3. Aufl., Rinteln 1977, S. 79 ff.

(75) vgl. derselbe: Didaktik der Wirtschaftslehre, a. a. O., S. 167

(76) in Anlehnung an: ERBACH, Karl: a. a. O., S. 57 und DAUENHAUER, Erich: Didaktik der Wirtschaftslehre, a. a. O., S. 166 ff.

(77) In dieser Arbeit werden für die Unterrichtsfächer die derzeit gültigen Bezeichnungen verwendet.

(78) PEEGE, Joachim: Der Fächerkanon an kaufmännischen Schulen, in: Handbuch für das kaufmännische Schulwesen, hrsg. im Auftrag des Verbandes Deutscher Diplom-Handelslehrer, Darmstadt 1963, S. 257

(79) Das Unterrichtsfach Religion entzieht sich i. d. R. der Möglichkeit eines lehrerintegrierten Unterrichts

(80) Rechts- und Volkswirtschaftslehre werden an den kaufmännischen Berufsschulen in Bayern nicht als selbständige Fächer unterrichtet.

(81) vgl. DAUENHAUER, Erich: Grenzen der Fächerverbindung, a. a. O., S. 444

(82) vgl. AEBLI, Hans: a. a. O., S. 322

Bruno Lehr: Überlegungen zur Integration der Unterrichtsfächer an beruflichen Gymnasien

Zur Person:

Dipl.-Hdl. Prof. Dr. rer. pol. Bruno Lehr, Didaktik der Volkswirtschaftslehre

Jahrgang 1927; Studium der Wirtschaftspädagogik an der Universität Frankfurt 1953 - 1957; Referendariat in Baden-Württemberg 1958 - 1959; Assistent am Wirtschaftspädagogischen Seminar der Universität Frankfurt (Prof. Abraham) 1960 - 1966; Promotion (Thema: Die Berufserziehung von Lehrlingen im Einzelhandel in der Bundesrepublik Deutschland) 1964; Lehrer an kaufmännischen Schulen in Frankfurt 1966 - 1968, in Lörrach seit 1968; am Staatlichen Seminar für Schulpädagogik (Berufliche Schulen) in Freiburg seit 1973

1. Die Idee der Bildungseinheit in der Geschichte des Gymnasiums

Lange Zeit bemühte sich das deutsche Gymnasium um eine in sich geschlossene Bildungskonzeption auf der Grundlage eines harmonisch geordneten Gefüges von Bildungszielen und Bildungsgütern. Zugleich stand es unter dem Zwang, sich mit den geistigen und gesellschaftlichen Neuerungen einer sich ändernden Welt auseinanderzusetzen zusetzenDaraus ergaben sich oft Spannungen zwischen tradiertem Bildungsdenken und Zeitgeist sowie Zwänge zur Anpassung.

Die Vorgänger des Gymnasiums, die Lateinschulen, dienten der Heranbildung des Klerikernachwuchses und standen deshalb unter dem Orientierungshorizont des christlichen Glaubens. Das Verständnis der Vulgata und der Schriften der Kirchenlehrer erforderte Sprachkenntnisse in Latein, die Auseinandersetzung mit den Urtexten des Alten und des Neuen Testaments auch in Griechisch und Hebräisch. Kirchliche Kult- und Amtssprache war Latein. Über die - insbesondere durch Augustinus bewirkte - Verbindung von christlichen Wertgehalten mit heidnischem Gedankengut der Antike fanden Bildungsinhalte des klassischen Altertums Eingang in die christliche Glaubensunterweisung. Diesen Erfordernissen hatten die Schulen mit ihrem Bildungsangebot zu entsprechen.

An diesen fundamentalen Grundsätzen änderten der Humanismus und die Reformation zunächst wenig, auch wenn sich die Lateinschulen im deutschen Sprachraum nun Gymnasien nannten. [1)] Grundlage des Unterrichts blieb die Synthese von christlicher Frömmigkeit und dem Geist der Antike. Erst unter dem Einfluß der Aufklärung, des pädagogischen Realismus und des pädagogischen Pietismus öffnete sich das Gymnasium im 17. und 18. Jahrhundert zögernd der Welt in ihrer realen Dimension, etwa durch die Berücksichtigung der deutschen Sprache, der Geschichte, der Mathematik und der modernen Sprachen. Das optimistische Fortschrittsdenken und das Vertrauen in die Zukunft bewirkten in der zweiten Hälfte des 18. Jahrhunderts eine verstärkte Diesseitsgläubigkeit und Diesseitsverhaftetheit anstelle des überkommenen Offenbarungsglaubens. Dies führte auf der Grundlage des Neuhumanismus Humboldtscher Prägung [2)] zu einer Säkularisierung des Gymnasiums, wobei das Verhaftetsein in der Welt der Antike erhalten blieb. Weltoffenes Denken und die Notwendigkeit einer Vorbereitung auf die Bewältigung anspruchsvoller Aufgaben in der Staatsverwaltung, im Hofdienst sowie in kaufmännischen und gewerbetreibenden Berufen hatten die Abspaltung oder Neugründung von Bildungseinrichtungen zur Folge, die der realen, lebenspraktischen Welt zugewandt waren, zunächst der Ritterakademien und später der Realschulen. Aus den Realschulen entstanden die Realgymnasien und die Oberrealschulen, die durch den Königlichen Erlaß vom 26. 11. 1900 gegenüber den Gymnasien als gleichberechtigt anerkannt wurden. [3)] Der Bildungsschwerpunkt lag bei den Gymnasien auf den alten Sprachen, bei den Realgymnasien auf den neuen Sprachen und bei den Oberrealschulen auf Mathematik sowie Naturwissenschaften.

Die historisch gewachsene Zuordnung der einzelnen Gymnasialtypen zu bestimmten Kulturbereichen fand in der von Hans Richert vorbereiteten und im Jahr 1925 in Kraft getretenen Gymnasialreform deutlichen Ausdruck. Sie übertrug jedem Gymnasialtyp einen der "großen, auf die deutsche Kultur einwirkenden Kulturkreise" [4] zur besonderen Pflege: dem humanistischen Gymnasium die Antike, dem Realgymnasium die westeuropäische Kultur, der Oberrealschule Mathematik und Naturwissenschaften und der neu geschaffenen Deutschen Oberschule das deutsche Volkstum. Es sollte sichergestellt werden, daß "aus der Isolierung des Fachunterrichts und dem Aggregat der Fachinteressen wirklich die Einheit des Bildungswillens wird, aus der der Organismus einer von einer Bildungsidee gestalteten Schulreform allein erwachsen kann". [5] [6] "Der Nationalsozialismus hat dem großartigen Versuch Richerts ein brüskes Ende bereitet." [7]

Beim Wiederaufbau des westdeutschen Schulwesens nach dem 2. Weltkrieg konnten die Gymnasien an die pädagogischen Bestrebungen der Weimarer Zeit anknüpfen, und sie orientierten sich grundsätzlich an der Konzeption der Richertschen Gymnasialreform. Bemerkenswert war die starke Zunahme der beruflichen Gymnasien, die sich in verschiedene Gymnasialtypen aufspalteten wie z. B. das Wirtschaftsgymnasium, das Technische Gymnasium, das Haushalts- und Ernährungswissenschaftliche Gymnasium und das Landwirtschaftliche Gymnasium. Die folgenden Ausführungen beziehen sich überwiegend auf das Wirtschafts- und das Technische Gymnasium und können in analoger Weise auf die anderen beruflichen Gymnasien übertragen werden.

2. Die Veränderung der gymnasialen Bildungskonzeption durch die Oberstufenreform

Die Neuordnung des Unterrichts der gymnasialen Oberstufe auf der Grundlage der sogenannten "Saarbrücker Rahmenvereinbarung" (Beschluß der Kultusministerkonferenz vom 29. 9. 1960) führte zu einer radikalen Veränderung des deutschen Gymnasiums. Der Oberstufenschüler des Gymnasiums hat nunmehr die Möglichkeit, aus einem System von Grundkursen und Leistungskursen die für seine Schulbildung maßgebenden Kulturbereiche weitgehend selbst zu wählen. Damit ist für die Gymnasien der Normalform das Prinzip der organischen Einheit und Geschlossenheit im Dienste einer leitenden Bildungsidee grundsätzlich aufgegeben zugunsten einer offenen, elastischen Konzeption, die sich an der Neigung, der Eignung und dem Leistungsvermögen der Schüler orientiert. [8] "Die Wählbarkeit der Fächer und Kurse durch den einzelnen Schüler schafft" - wie es Ludwig Häring formuliert [9] - "jedem Schüler sein eigenes Gymnasium;" und die "Frankfurter Allgemeine Zeitung" charakterisiert am 17. 2. 1983 die reformierte Oberstufe als ein gymnasiales "Cafeteria-System, bei dem sich jedermann sein Menü nach eigener Wahl zusammenstellt".

3. Die Bildungseinheit als Aufgabe und als Chance beruflicher Gymnasien

Die Reform der gymnasialen Oberstufe brachte für den Unterricht sowohl an allgemeinen als auch an beruflichen Gymnasien eine starke Berücksichtigung der Individualität der Schüler, ihrer Begabung und ihrer Neigung. Während dies jedoch bei den Gymnasien der Normalform unter weitgehendem Verzicht auf eine den jeweiligen Gymnasialtyp tragenden Bildungsidee und unter Inkaufnahme "eines additiven Nebeneinanders heterogener Fachinhalte" [10)] geschah, blieben den beruflichen Gymnasien die "Quellbezirke" (H. Richert) beziehungsweise die "Kulturkraftzentren" (H. Weinstock) ihrer Bildungsarbeit erhalten.

Mit der Wahl eines beruflichen Gymnasiums entscheidet sich der Schüler für einen bestimmten Bildungsbereich, so beim Wirtschaftsgymnasium für die Wirtschaft und beim Technischen Gymnasium für die Technik. Mit diesem Bildungsbereich muß er sich ebenso wie die anderen Schüler des betreffenden Gymnasialtyps im Rahmen eines Leistungskurses schwerpunktmäßig auseinandersetzen. Damit sind dem beruflichen Gymnasium die Voraussetzungen zur Wahrung einer Bildungseinheit geblieben; zugleich wird ein den individuellen Begabungen und Interessen der Schüler entsprechendes Bildungsangebot ermöglicht.

Die Orientierung an dem profilgebenden Leistungsfach des beruflichen Gymnasiums gestattet eine curriculare Abstimmung der Unterrichtsfächer und bietet damit eine gute Chance zu sinnvoller, effektiver Unterrichtsarbeit, denn "die Schule kann ihre tiefste und eigentliche Aufgabe nur lösen, wenn sie nicht mit einem bunten Gemisch innerlich zusammenhangloser Fächer dem Schüler gegenübertritt, sondern wenn sie sich auf innerlich zusammenhängende Stoffe einstellt, wenn es ihr gelingt, alles das, was sie im Unterricht behandelt, zu einem Gedankensystem abzurunden, unter eine einheitliche Bildungsidee zu stellen". [11)] Um dieser Forderung gerecht zu werden, darf sich die Abstimmung der Unterrichtsfächer nicht nur auf eine äußere, formale Stimmigkeit, Schlüssigkeit und Bündigkeit beschränken. Wichtiger ist, daß die Integration der Ziele und Inhalte verschiedener Unterrichtsfächer zu einer Ganzheitlichkeit gymnasialer Bildung führt, "in der" - wie es Roessler etwas pointiert formuliert - "nicht nach dem Bildungswert der einzelnen Fächer gefragt werden kann, sondern in der, im idealtypischen Fall, von einer Fächergruppe die bindende und erschließende Kraft für alle Fächer ausgeht, so daß lediglich nach dem Bildungswert des Ganzen, aber niemals nach dem eines Einzelfalles gefragt werden kann." [12)]

Für die Koordination der Bildungsziele und Bildungsinhalte wird das den beruflichen Gymnasialtyp kennzeichnende Profilfach eine Art "Leitfach" darstellen. Dies bedeutet jedoch nicht, daß dem "Leitfach" die beherrschende Rolle zukommt und den übrigen Fächern nur eine dienende Funktion gebührt. Alle Unterrichtsfächer sind aufeinander angewiesen und müssen sich gegenseitig ergänzen, um zu einer sinnvollen Einheit zu gelangen. Im beruflichen Gymnasium bietet die Vertrautheit der Schüler mit dem Lebensbereich der Wirtschaft beziehungsweise der Technik vielfältige Möglichkeiten für die exemplarische Erschließung der Bildungsgehalte [13] anderer Unterrichtsfächer. Andererseits sind gerade die die beruflichen Gymnasien charakerisierenden Profilfächer auf die traditionellen Unterrichtsfächer angewiesen, um zu einer vollen Entfaltung ihrer Bildungswirksamkeit zu gelangen. [14] Sowohl der Unterrichtsbereich der Wirtschaft als auch der der Technik bergen die Gefahr, zu sehr das formal-rationale Denken zu betonen und finales Denken zu vernachlässigen. Das Vergleichen von Kosten und Nutzen, von Aufwand und Ertrag in der Wirtschaft oder das Erfassen berechenbarer Mechanismen, die geistige Ausrichtung auf das "Funktionieren" beziehungsweise auf die Beherrschung der Natur in der Technik bedürfen der ergänzenden Auseinandersetzung mit den Anforderungen des Sollens und der Sittlichkeit in den beiden Lebensbereichen. Hierbei vermögen die Inhalte und die Denkmethoden anderer Unterrichtsfächer unverzichtbare Hilfe zu leisten. Erst im Zusammenwirken der Unterrichtsfächer wird es möglich sein, den Sinn des Wirtschaftens beziehungsweise der Technik begreifbar zu machen als das finale Wirken "im Sinne der menschlichen Lebensbestimmung" zur "Befreiung des Menschen von seiner materiellen Verhaftung mit ihrer Not, mit ihrer Drohung, mit ihrer Fesselung an die kausale Naturordnung", [15] um eine menschenwürdige Daseinsgestaltung zu sichern. Für die traditionellen Unterrichtsfächer bieten Wirtschaft und Technik geeignete Lernfelder, um im Sinne eines exemplarischen Lehrens und Lernens fachspezifische Aufgaben zu bewältigen. Ebenfalls auf der Grundlage des Prinzips der Exemplarizität vermögen die Profilfächer der beruflichen Gymnasien weit in die traditionellen Fächer hineinzuwirken. So werden etwa bei der Behandlung der Wirtschaftssysteme im volkswirtschaftlichen Unterricht des Wirtschaftsgymnasiums Ordnungsprinzipien aufgezeigt, die auch für das Zusammenwirken der Menschen in anderen Lebensbereichen Geltung haben. Diese im volkswirtschaftlichen Unterricht vermittelten Ordnungsvorstellungen können dann etwa für die Behandlung des Liberalismus oder des Sozialismus in Geschichte oder Gemeinschaftskunde eine Grundlage bieten.

4. Möglichkeiten eines Beitrags traditioneller Unterrichtsfächer zur Bildungseinheit an beruflichen Gymnasien

Im folgenden sollen anhand einiger Beispiele Möglichkeiten einer didaktischen Verbindung traditioneller Unterrichtsfächer mit den die beruflichen Gymnasien kennzeichnenden Profilfächern aufgezeigt werden.

Eine wichtige Aufgabe des **Religions- beziehungsweise Ethikunterrichts** beruflicher Gymnasien besteht darin, dem Schüler bei der Sinnfindung und Wertklärung in dem von ihm zum Zentrum seiner geistigen Auseinandersetzung in der Schule gewählten Kulturbereich - sei es nun die Wirtschaft oder die Technik - zu helfen. Gerade in einer Zeit, in der der Wirtschaft und der Technik oft der Eigenwert und der ethische Gehalt versagt wird, ja beide Lebensbereiche nicht selten dämonisiert werden, ist es unumgänglich, den Schülern die diesen Kulturbereichen immanente Wertordnung nahezubringen und transzendentale Bezüge von wirtschaftlichem oder technischem Handeln aufzuzeigen.

Wirtschaft und Technik sollten im Religions- beziehungsweise Ethikunterricht aber auch kritisch gesehen werden in ihren Gefahren für den Menschen und für die Schöpfung insgesamt. Mit Hilfe der Technik wird menschliches Leben getötet, wird die Gesundheit vieler Menschen geschädigt, wird die Umwelt zerstört. In der Wirtschaft wurden und werden Menschen ausgebeutet, in ihrer Würde verletzt und die Güter der Erde ungerecht verteilt. Solche Mißstände dürfen aber von den Schülern nicht als wesenseigene Erscheinungen der Wirtschaft und der Technik hingenommen werden, sondern müssen als Verstöße gegen die der Wirtschaft und der Technik immanente Ethik verstanden werden.

Eine Vielzahl wirtschaftlicher oder technischer Probleme kann im Unterricht unter dem Aspekt der Ethik und der christlichen Glaubenslehre beurteilt werden, z. B. betriebliche Mitbestimmung, Lohngerechtigkeit, Gewinnstreben oder Gentechnologie und Atomenergie. Auch sollte Gefahren entgegengewirkt werden, die sich aus einer unreflektierten Übertragung von Rechtsprinzipien oder Gepflogenheiten des Wirtschaftslebens in andere Lebensbereiche, beispielsweise einer analogen Betrachtung von Kaufvertrag und Ehe, ergeben.

Die christlichen Soziallehren bieten mannigfaltige Möglichkeiten, die Wertbezogenheit wirtschaftlichen Handelns deutlich zu machen. Viele Bibeltexte eignen sich, im Religionsunterricht unter ökonomischen, technischen und ökologischen Aspekten ausgelegt zu werden (z. B. die Genesis und die Bergpredigt).

Auch aus methodischen Gründen wird es angebracht sein, daß der Wirtschaft, der Technik und den darin wirkenden Menschen die gebührende Aufmerksamkeit und Achtung entgegengebracht werden. Mit der Schulwahl gibt der Schüler zum Ausdruck, daß er die Wirtschaft beziehungsweise die Technik hoch bewertet. Spürt er, daß dem von ihm hochgehaltenen Kulturbereich Geringschätzung entgegengebracht wird, mag ihn das enttäuschen und in seiner Lernbereitschaft hemmen. Es ist verständlich, wenn er dann an den Religionslehrer die Frage richtet: "Was hast Du mir Höheres zu bieten? Ich wohne im Raum der sicheren Erkenntnis, des untrüglichen, bewährten Schaffens, das auch dein Leben trägt." [16)]

Die deutsche Literatur ist reich an Werken, die einen wirtschaftlich beziehungsweise technisch bedeutsamen Inhalt haben und andererseits hohen literarischen Wert besitzen. Die Beschäftigung damit im **Deutschunterricht** kann in eindrucksvoller Weise Grundmuster menschlicher Existenz und menschlichen Handelns in den Räumen Wirtschaft und Technik aufzeigen sowie zu Deutungen und Wertungen anregen.

In manchen Werken Goethes - so im "Faust" und in "Wilhelm Meister" - wird die Faszination, aber auch die Gefahr spürbar, die von Wirtschaft und Technik ausgeht. "Es ist leicht, nachzuweisen und lang und breit zu belegen, daß gerade die wirtschaftlichen und sozialen Fragen ihn immer wieder aufs lebhafteste beschäftigt haben, und zwar in einer Weise, die ihn zu einem durchaus modernen Menschen macht." [17] Um die umfassende Bedeutung, den ökonomischen und technischen Weitblick Goethes im Unterricht zu erschließen, bedarf es oft der Entschlüsselung allegorischer und metaphorischer Aspekte, wie dies Hans Christoph Binswanger in bezug auf den "Faust" getan hat, indem er die moderne Ökonomie als die Fortsetzung der Alchemie mit anderen Mitteln deutet. [18]

Für den Deutschunterricht an beruflichen Gymnasien eignet sich insbesondere auch die sozialkritische Literatur aus den Stilepochen des Naturalismus, des Expressionismus und des Realismus. Das - um ein Beispiel herauszugreifen - in Gerhart Hauptmanns Drama "Die Weber" drastisch geschilderte Elend der verhungernden schlesischen Heimarbeiter, denen die Maschinen das Brot nehmen, veranschaulicht effektvoll die Folgen der Mißachtung der einem Lebensbereich innewohnenden Ethik und vermag emotionale Kräfte gegen das Unrecht zu fördern. Mit Friedrich Dürrenmatts Drama "Die Physiker", mit Berthold Brechts Drama "Leben des Galilei" und Heinar Kipphardts "In der Sache J. Robert Oppenheimer" läßt sich in eindrucksvoller Weise die Gefährdung der Welt durch die moderne Physik und Technik aufzeigen sowie die Bürde der Verantwortung der in diesen Bereichen tätigen Menschen verdeutlichen.

Der Bezug des Literaturunterrichts zur Wirtschaft oder zur Technik sollte vor allem unter zwei Aspekten betrachtet werden:

- Anhand der Literatur läßt sich oft ein aufschlußreicheres, eindrucksvolleres und weit verläßlicheres Bild von den Zuständen, den Zusammenhängen, den ökonomisch-sozialen Spannungen, den Nöten und Ungerechtigkeiten der wirtschaftlichen oder technischen Welt vermitteln als mit den abstrakt-unpersönlichen Untersuchungen der reinen Theorie. [19]
- Die wirklichkeits-, wert- und sinnerschließende Kraft der Literatur wird sich wirksamer entfalten können, wenn sie in Verbindung mit der den Schülern bekannten Welt der Wirtschaft oder der Technik in Verbindung gebracht wird.

Auch bietet die Behandlung fachwissenschaftlicher Texte im Deutschunterricht pädagogisch geeignete Möglichkeiten der Bezugnahme zu den Profilfächern der beruflichen Gymnasien. Für den Unterricht am Wirtschaftsgymnasium sei hier Max Webers "Wirtschaft und Gesellschaft" [20] erwähnt. Die Auseinandersetzung mit einem solchen durch logischen Aufbau, strenge Gedankenführung und präzise Formulierung gekennzeichneten Text erweist wissenschaftliches Denken, zwingt zu Denkzucht und Denkschärfe und vermag so auf wissenschaftliches Arbeiten vorzubereiten.

In enger Weise ist der **Gemeinschaftskundeunterricht** mit den wirtschaftlichen beziehungsweise technischen Fächern verbunden. Wenn der Unterricht in Gemeinschaftskunde solide Kenntnisse und Einsichten in politische und gesellschaftliche Sachverhalte bringen soll, so kann er die Lebensbereiche Wirtschaft und Technik nicht aussparen. Andererseits wird der wirtschaftliche beziehungsweise der technische Unterricht erst dann seine Bildungswirkung voll entfalten können, wenn der gesellschaftliche und der politische Bezug wirtschaftlichen oder technischen Handelns dem Schüler nahegebracht wird, wozu der Gemeinschaftskundeunterricht einen wertvollen Beitrag leisten kann. Auch werden die dem Schüler vertrauten Wissens- und Handlungsräume Wirtschaft oder Technik vielfältige Grundlagen bieten, auf denen auch stellvertretend für andere Lebensräume Kenntnisse, Einsichten und Fähigkeiten vermittelt werden können, die wesentliche Ziele und Inhalte des Unterrichts in Gemeinschaftskunde darstellen. Währungspolitische, beschäftigungspolitische und konjunkturpolitische Themen sind beispielsweise geeignet, die Schüler zu sachgerechter Analyse und Beurteilung aktueller politischer Zustände und Probleme zu befähigen. Das Sozialstaatspostulat des Grundgesetzes kann etwa am Beispiel der Umverteilung des Einkommens durch den Staat, des gesetzlichen Arbeits- und Kündigungsschutzes oder der Sozialversicherung verdeutlicht werden. Verständnis für Handlungsräume sowie für Sach- und Handlungszwänge politischen Gestaltens läßt sich beispielsweise aus der unterrichtlichen Gegenüberstellung wirtschaftspolitischer Zielsetzungen wie Vollbeschäftigung, Geldwertstabilität und "gerechter" Einkommensverteilung erschließen oder aus dem Zusammenhang von Mehrung des Wohlstandes durch technischen Fortschritt und Sicherung einer lebenswerten Umwelt.

Durch eine Akzentuierung wirtschaftlicher und technischer Aspekte vermag der **Geschichtsunterricht** einen wichtigen Beitrag zur Geschlossenheit der Bildungskonzeption beruflicher Gymnasien zu leisten. Handel und Geldwesen in der Antike, Ingenieurbau und Hochbau in der römischen Kaiserzeit, Gilden und Zünfte im Mittelalter, Leonardo da Vinci als Ingenieur und Naturforscher, Entdeckungen und Erfindungen, Industrialisierung und die Soziale Frage sowie der Zusammenhang von Weltwirtschaftskrise und Entstehung der nationalsozialistischen Diktatur sind nur einige Stichworte, die auf die enge Verflechtung des Geschichtsunterrichts mit Profilfächern beruflicher Gymnasien hinweisen sollen.

Geistes- und ideengeschichtliche Überlegungen sind oft geeignet, den geistigen Hintergrund wirtschaftlicher und technischer Erscheinungen aufzuzeigen.[21] So vermag beispielsweise erst die Auseinandersetzung mit dem Ideengut der Renaissance, der Reformation und der Aufklärung dazu befähigen, die Gedankenwelt des Wirtschaftsliberalismus, des Kapitalismus und des Sozialismus zu erfassen sowie die großen Entdeckungen und Erfindungen der Neuzeit zu verstehen. Andererseits "kann die Eigenart der philosophischen Denkhaltung in einem Zeitraum der Geistesgeschichte nur dann voll erfaßt werden, wenn der Grundstil des wirtschaftlichen und gesellschaftlichen Denkens desselben historischen Abschnittes bekannt ist."[22]

Die Geschichte zeigt, daß Wirtschaft und Technik wirksam mithelfen können im Kampf gegen Armut, Hunger und Krankheit. Dies kann und soll beim Schüler ein Gefühl des Stolzes auf "sein" Leistungsfach bewirken. Der Geschichtsunterricht soll ihm aber auch zeigen, daß der Sinn der Wirtschaft und der Technik mißachtet und in sein Gegenteil verkehrt werden kann, zum Fluch der Menschheit. Beispiele bietet die Menschheitsgeschichte mehr als genug, etwa die Heloten Spartas, die Sklaven Roms oder die Menschen, die einst die Burgen und die Stadtmauern Europas mit ihrer Muskelarbeit aufbauen mußten, die verzweifelten aufständischen Bauern in den Bauernkriegen, der Sklavenhandel, der Einsatz der Technik zur Ausrottung von Eingeborenen in den Kolonialkriegen und die Zerstörung der Natur mit modernen Produktionstechniken. Die Einsicht in das Unrecht wirtschaftlichen oder technischen Handelns sollte den Schüler betroffen und bereit machen, sich für eine humane Gestaltung der Lebensbereiche Wirtschaft und Technik einzusetzen.

Der **fremdsprachliche Unterricht** bietet viele Möglichkeiten einer Verknüpfung mit den Profilfächern. Dies gilt besonders für die Vermittlung landeskundlicher Kenntnisse und Einsichten. Die Auseinandersetzung mit der Wirtschaft und der Technik in anderen Ländern ist hervorragend geeignet, die Lebenswirklichkeit und die Geisteswelt anderer Völker zu erschließen.

Die unterrichtliche Beschäftigung mit fremdsprachlichen Texten wirtschaftlichen oder technischen Inhalts - etwa aus dem Wirtschaftsteil ausländischer Tageszeitungen oder aus ausländischen Fachzeitschriften - vermittelt aktuelle Fachinformationen und regt zum Vergleichen mit deutschen Verhältnissen an. Durch das Erkennen gemeinsamer Interessen verschiedener Völker in den Lebensräumen Wirtschaft und Technik gewinnt der Schüler auch die Einsicht in die Notwendigkeit internationaler Zusammenarbeit. Techniken geistigen Arbeitens im fremdsprachlichen Unterricht wie Textverkürzung, Exzerpieren, Kommentieren, Resümieren, Schülerreferat und Stundenprotokoll helfen dem Schüler, auch in bezug auf das Profilfach wichtige Informationen zu sammeln und auszuwerten. Eine wesentliche Aufgabe all dieser Unterrichtsbemühungen wird darin bestehen, die Schüler zu motivieren und zu befähigen, sich mit Hilfe fremdsprachlicher Quellen über die Wirtschaft und die Technik selbst zu informieren und sich eine eigene Meinung zu bilden.

Damit der fremdsprachliche Unterricht über die Informations- und Verständigungsmöglichkeiten hinaus auch zu einem Verstehen, zu einer Wertorientierung und zu einer Sinndeutung in dem das Profilfach prägenden Lebensbereich beizutragen vermag, sollten auch die historischen und geistigen Grundlagen aufgezeigt werden, auf denen die wirtschaftliche beziehungsweise technische Wirklichkeit des betreffenden Landes beruht. Bei diesen Bemühungen werden wirtschaftsgeschichtliche, ideengeschichtliche, philosophische und religionskundliche Bezüge des Fremdsprachenunterrichts [23] sowie die Beschäftigung mit ausgewählten Werken der Literatur [24] hilfreich sein.

Der **Mathematikunterricht** hat - neben anderen Aufgaben wie etwa der formalen Schulung von Denkweisen und der Festigung von Denkstrukturen - den Schüler zu befähigen, sich die Welt kognitiv zu erschließen. Deshalb ist es erforderlich, daß der Schüler lernt, wie man Mathematik auf außermathematische Sachverhalte und und Fragestellungen anwenden kann. Hierfür eignet sich besonders der weitgehend von der Mathematik geprägte Unterrichtsbereich Technik. Aber auch die wirtschaftlichen Unterrichtsfächer bieten viele Möglichkeiten, mit Hilfe mathematischer Denk- und Betrachtungsweisen ökonomische Sachverhalte und Zusammenhänge verständlich zu machen sowie Wege zur Lösung von Problemen aufzuzeigen. So können etwa im Rahmen der Infinitesimalrechnung auf der Grundlage der im volkswirtschaftlichen Unterricht vermittelten ertrags- beziehungsweise kostentheoretischen Kenntnisse Kurvendiskussionen und Anwendungsaufgaben durchgeführt werden. In Volkswirtschaftslehre kann beispielsweise bei der Entwicklung des Giralgeldschöpfungsmultiplikators auf die im Mathematikunterricht behandelte geometrische Reihe zurückgegriffen werden.

Durch die Anwendung mathematischer Methoden in bezug auf die Inhalte der Profilfächer werden die Schüler die Vorteile der Prägnanz und der Logik dieser Vorgehensweise erkennen; sie können aber auch Grenzen mathematischer Arbeitsweisen erfahren, nämlich das Unvermögen, Sachverhalte nuanciert und wertend darzustellen sowie Aussagen unverbindlich und offen zu lassen. Der Schüler wird zudem vor dem Irrtum geschützt, daß alles, was mathematisch darstellbar ist, auch realisierbar sei. [25)]

Der Unterricht in den **naturwissenschaftlichen Fächern** führt leicht zu einer - wie es Theodor Litt bezeichnet - "Versachlichung der Welt". [26)] Dies ergibt sich aus den Zielen und Methoden der dem Unterricht zugrundeliegenden Wissenschaften, nämlich dem Erfassen von Systemen und dem Erkennen von kausalen Zusammenhängen in der Natur mit Hilfe des Beschreibens, des Messens, des Zählens und des Berechnens. [27)] Die Befähigung der Schüler zum exakten Beobachten, zum Erfassen natürlicher Ordnungssysteme und zum Begreifen von Gesetzmäßigkeiten in der Natur ist eigene wichtige Aufgabe schulischer Bildung. "Aber Sachlichkeit ist eine Tugend, die bedenklich werden kann, wenn sie zur Alleinherrschaft in der Seele gelangt." [28)] Der Schüler muß auch erfahren, daß das naturwissenschaftliche Weltbild begrenzt ist, daß sich naturwissenschaftliche Denkweisen nicht ohne weiteres auf andere Gegenstandsbereiche übertragen lassen. Er bedarf der Einsicht, daß der Mensch entsprechend seiner Wesensbestimmung auch Gestalter der Welt und nicht nur deren Registrator ist. Um dieses zu erreichen, bietet der Bezug zur Technik und zur Wirtschaft wirksame Hilfe. Eine solche Ausweitung des geistigen Horizontes läßt den Schüler gewahr werden, daß naturwissenschaftliches Wissen und Erkennen der schöpferischen Kraft der Technik bedarf, damit Neues geschaffen werden kann und daß eine verantwortungsvolle, sachkundige Gestaltung durch die Wirtschaft erforderlich ist, um die Kräfte der Natur und die Produkte technischen Wirkens sinnvoll in den Dienst menschlicher Existenz zu stellen.

5. Probleme einer Realisierung der Idee von der Bildungseinheit des beruflichen Gymnasiums

Die Verwirklichung der Idee einer Bildungseinheit im Unterricht des beruflichen Gymnasiums ist mit vielerlei Problemen verbunden, und die Diskussion darüber führt leicht zu Mißverständnissen. Im folgenden seien kurz einige Schwierigkeiten aufgezeigt.

Der Unterricht an einem sich als Bildungseinheit verstehenden beruflichen Gymnasium stellt sehr hohe Anforderungen an die Qualifikation der Lehrer. Ein Einblick in die Inhalte, Ziele und Verfahren anderer Fächer sowie die Fähigkeit zur Beurteilung möglicher Rückwirkungen auf den eigenen Unterricht werden unumgänglich sein. Dazu bedarf es neben dem Interesse und der Aufgeschlossenheit für andere Unterrichtsfächer vor allem der geistigen Fähigkeit und der Tatkraft, sich mit anderen an der Schule vertretenen Wissens- und Handlungsbereichen auseinanderzusetzen. [29)] Die Kontaktpflege mit den Kollegen anderer Fächer sowie das Tragen von Verantwortung für das Gelingen einer Geschlossenheit und Ganzheitlichkeit der Bildungsbemühungen erfordern ein hohes Maß an Einsatzbereitschaft.

Um einen qualifizierten fächerübergreifenden Unterricht zu gewährleisten, wird es manchmal angebracht sein, daß Lehrer verschiedener Fachrichtung gemeinsam unterrichten, etwa in der Unterrichtsform des Teamteaching oder der Projektarbeit. So könnte z. B. die Unterrichteinheit "Entwicklungshilfe" von den Fachvertretern für Religion, Geographie und Wirtschaft gemeinsam gestaltet werden, und für das Unterrichtsthema "Umweltschutz" wäre etwa eine Teamarbeit von Technik-, Biologie- und Wirtschaftslehrer angemessen.

Die Koordination der Intentionen und Inhalte der verschiedenen Unterrichtsfächer zu einer organischen Einheit bedarf der Abstimmung der Lehrpläne für die einzelnen Unterrichtsfächer. Bei der Erstellung der Lehrpläne für die jeweiligen Unterrichtsfächer sollten deshalb Vertreter verschiedener Fachrichtungen zusammenwirken.

Die einzelnen Typen beruflicher Gymnasien differieren erheblich hinsichtlich der Zielsetzungen und der zu vermittelnden Bildungsinhalte. So hat beispielsweise das manuelle, psychomotorische Lernen im Technischen Gymnasium eine viel größere Bedeutung als im Wirtschaftsgymnasium. Es wird deshalb erforderlich sein, für jeden Typ der beruflichen Gymnasien eine eigene Konzeption zur Verwirklichung der Bildungseinheit zu entwerfen.

Die Konzeption der gymnasialen Bildungseinheit auf der Grundlage eines Lebens- und Kulturbereiches setzt voraus, daß dieser Bereich als "werthaltig" erkannt und anerkannt wird. Die bildungstheoretische Auseinandersetzug sollte deshalb mit einer Wertklärung und Werterfassung sowie einer Sinndeutung der betreffenden Lebens- und Kulturbereiche beginnen. Eine verkürzte Auffassung etwa über das Wesen der Technik, die darin nur ein wertindifferentes System von Mitteln zur Erreichung von Zwecken sieht, welche von außerhalb bestimmt werden, [30)] kann keine Basis für gymnasiale Bildung sein. Bildung darf sich nicht auf das bloße "Wie", auf das "Funktionieren" beschränken, Bildung muß auch die Frage nach dem "Was", dem "Wozu" und dem "Warum" einbeziehen, "denn die Beeinflussung der geistigen Entwicklung eines Menschen darf" - wie Karl Abraham betont - "nur dann als Erziehung bezeichnet werden, wenn sowohl der Inhalt als auch die Form dieses Prozesses den Normen der Ethik genügen." [31)]

Abschließend sei nochmals betont, daß die Gestaltung einer Bildungseinheit auf der Grundlage des den Gymnasialtyp kennzeichnenden Wissens-, Handlungs- und Wertbereichs keinesfalls zu einer Abwertung traditioneller Gymnasialfächer führen darf. Alle Unterrichtsfächer müssen ihren Eigenwert und ihre Eigengesetzlichkeit behalten. Die Koordinierung der Ziele und Inhalte soll die Bildungseffizienz aller Unterrichtsfächer stärken. Nur den gemeinsamen unterrichtlichen Anstrengungen - sowohl in den Profilfächern als auch in den traditionellen Unterrichtsfächern - wird es gelingen, dem Schüler die tiefgreifende geistige Durchdringung eines so komplizierten und komplexen Lebensbereiches wie der Wirtschaft oder der Technik zu ermöglichen. Damit wird auch eine solide, tragfähige Basis geschaffen, von der im Sinne des didaktischen Prinzips der Exemplarizität sowohl Kenntnisse und Einsichten als auch Urteilsvermögen, Werthaltungen und Sinnbezüge auf andere Lebensbereiche übertragen werden können. Zugleich stehen den traditionellen Fächern über den Rückgriff auf die Wirtschaft oder die Technik Grundlagen oder - um es mit Martin Wagenschein zu sagen - "Plattformen" [32] zur Verfügung, auf denen in exemplarischer Weise fachbezogene Kenntnisse, Einsichten und Wertbezüge vermittelt werden können, denen allgemeine Gültigkeit zukommt und die deshalb in andere Wissens-, Handlungs- und Wertbereiche übertragbar sind. So können etwa im Biologieunterricht des Landwirtschaftlichen Gymnasiums - um auch ein Beispiel für diesen Gymnasialtyp anzuführen - pflanzenphysiologische Gesetzmäßigkeiten anhand der von Mitscherlich [33] in der landwirtschaftlichen Produktion durchgeführten empirischen Untersuchungen über den Zusammenhang von Nährstoffeinsatz und Ertrag erarbeitet werden, und die so gewonnenen Erkenntnisse können als Aussagegehalt der ertragsgesetzlichen Produktionsfunktion in den wirtschaftskundlichen Unterricht übertragen werden.

Anmerkungen:

(1) Seit dem 16. Jahrhundert werden die Anstalten Gymnasien genannt, "die einen vollständigen humanistischen Kursus, jedenfalls in den beiden Sprachen" (Latein und Griechisch) geben. PAULSEN, Friedrich: Geschichte des gelehrten Unterrichts, 3. Aufl., hrsg. von Rudolf Lehmann, Bd. 1, Berlin und Leipzig 1919, S. 197. Amtlich wurde der Name Gymnasium erst durch die preußische Verfügung vom 12. 10. 1812 für alle Schulen, die ihre Schüler zur Universität entlassen. Dieser preußischen Regelung ist man in den meisten deutschen Ländern gefolgt, ebenso in Österreich und Rußland.

(2) Zur Auffassung des Neuhumanismus über das Wesen der Bildung vgl. ABRAHAM, Karl: Wirtschaftspädagogik, Grundfragen der wirtschaftlichen Erziehung, Heidelberg 1960, S. 66 ff.

(3) Der von Kaiser Wilhelm II. als König von Preußen auf seiner Yacht in Kiel unterzeichnete Erlaß - daher "Kieler Erlaß" - "Ordnung der Reifeprüfung an den neunstufigen höheren Lehranstalten (Gymnasien, Realgymnasien und Oberrealschulen)" war weit über Preußen hinaus von Belang. Auch hier und bis weit ins 20.

Jahrhundert hinein galt, was der preußische Kultusminister von Goßler auf der Schulkonferenz von 1890 erklärte: "Das preußische Schulwesen hat ... insofern eine eminent politische Bedeutung, als es ein einigendes Band innerhalb der deutschen Staaten geworden ist." Zitiert bei: KRAUL, Margret: Das deutsche Gymnasium 1780 - 1980, Frankfurt (Main) 1984, S. 11

(4) RICHERT, Hans: Die deutsche Bildungseinheit und die höhere Schule, Tübingen 1920, S. 68

(5) Denkschrift des Preußischen Ministeriums für Wissenschaft, Kunst und Volksbildung: "Die Neuordnung des preußischen höheren Schulwesens", Berlin 1924; wiedergegeben in: RICHERT, Hans: Die Neugestaltung der höheren Schulen in Preußen im Jahre 1925, Grundlagen und Grundfragen der Erziehung 24, Heidelberg 1967, S. 17

(6) Ebenfalls 1925 wurde in Baden die Oberhandelsschule (ab 1941 Wirtschaftsoberschule) gegründet, der als Bildungszentrum der wirtschaftliche Lebensbereich übertragen war und die Entwicklung der beruflichen Gymnasien einleitete.

(7) SCHWARZKOPF, Friedrich: Hans Richert und die deutsche Schulreform, in: Bildung und Erziehung, 10. Jg., 1957, S. 10

(8) Karl Abraham kennzeichnet das gegenwärtige Verhältnis "des Bildungswesens der Wirtschaft zu dem staatlichen Schulwesen" so: "Während diesem (dem staatlichen Schulwesen, der Verf.) heute eine zentrale Leitidee fehlt, besitzt das Bildungswesen der Wirtschaft eine innere Einheit, die sich aus seiner Zweckbestimmung ergibt. Es ist außerdem derjenige pädagogische Raum, wo eine neue Idee der Allgemeinbildung im Entstehen ist. Es ist derjenige Teil des gesamten Bildungswesens, von dem heute die wesentlichen Impulse für ein neues pädagogisches Denken ausgehen. Die spezifische Geistigkeit der industriellen Kulturepoche gelangt in dem Bildungswesen der Wirtschaft zu der Konkretisierung ihrer Inhalte und Formen und wirkt von dort aus in den gesamten pädagogischen Bereich hinein. Die Vorgänge in dem Erziehungswesen sind schon immer besonders deutliche Erscheinungsformen des allgemeinen Kulturprozesses gewesen, wobei jeweils einzelne Teilbereiche des Bildungswesens die spezielle Eigenart einer Kulturepoche veranschaulicht haben. In dieser Weise hat das Gymnasium die bürgerliche Kultur des 19. Jahrhunderts repräsentiert. Die Führungsrolle ist heute auf das Bildungswesen der Wirtschaft übergegangen. Was dort heute vorgeht, hat Modellcharakter für die ganze jetzige pädagogische Epoche. Das bedeutet durchaus nicht, daß die Volksschule und die höhere Schule ihre Bedeutung verlieren. Es bedeutet aber, daß ihre Strukturen in dem Maße einen Wandel erfahren, in dem die neue Idee der Allgemeinbildung von dem Bildungswesen der Wirtschaft aus in diese Bereiche hinein wirkt." ABRAHAM, Karl: Betriebspädagogik, a. a. O., S. 235 f.

(9) HÄRING, Ludwig: Gymnasium heute, in: RÖHRS, Hermann (Hg.): Der Bildungsauftrag des Gymnasiums, Frankfurt (Main) 1968, S. 17

(10) ebda., S. 25

(11) LAMLA Ernst: Die preußische Reform im Überblick, in: GRIMME, Adolf und DEIBERS, Heinrich: Wesen und Wege der Schulreform, Berlin 1930, S. 68

(12) ROESSLER, W.: Das sozial- und wirtschaftswissenschaftliche Gymnasium, in: RÖHRS, Hermann (Hg.): Der Bildungsauftrag des Gymnasiums, Frankfurt (Main) 1968, S. 49

(13) Als exemplarisch kann man "ein Wissen, eine Einsicht, eine Fähigkeit bezeichnen, die nicht nur auf eine bestimmte Aufgabe hin erworben werden, sondern es gleichzeitig dem Menschen ermöglichen, eine Reihe ähnlicher Aufgaben selbständig zu lösen: das Wissen und Können muß übertragbar sein." ODENBACH, Karl: Studien zur Didaktik der Gegenwart, Braunschweig 1970, S. 175

(14) Insbesondere für "die Angehörigen der oberen und mittleren Führungsschicht" ist nach Karl Abraham eine "neue Allgemeinbildung" erforderlich. "Das fachliche Wissen und Können ist eine Selbstverständlichkeit, über die man nicht zu sprechen braucht. Die eigentliche Problematik beginnt erst jenseits dieses Bereiches. Je höher jemand in der Hierarchie des Betriebes steht, um so mehr erwartet man von ihm heute eine zusätzliche Eignung, deren Grundlage eine fundierte allgemeine Bildung ist. Darunter ist nicht eine Allgemeinbildung im Sinne des Neuhumqanismus zu verstehen, sondern ein neuer Typ der Allgemeinbildung, der der heutigen Kulturlage entspricht. Die Klärung, was damit im einzelnen gemeint wird, ist noch nicht so weit fortgeschritten, daß eine abschließende Formulierung möglich ist." Abraham hat "aber den Eindruck, daß ein Einvernehmen darüber vorhanden ist, daß eine philosophische, eine historische und auch eine gesellschaftswissenschaftlkiche Grundbildung notwendig sind und daß außerdem eine Denkhaltung zu fordern ist, die das Vorhandensein von sittlichen Grundwerten bejaht." ABRAHAM, Karl: Betriebspädagogik, a. a. O., S. 234 f.

(15) SCHLIEPER, Friedrich: Allgemeine Unterrichtslehre für Wirtschaftsschulen, 2. Aufl., Freiburg 1957, S. 42

(16) DESSAUER, Friedrich und von HORNSTEIN, X.: Seele im Bannkreis der Technik, 2. Aufl., Olten und Freiburg i. B. 1952, S. 192

(17) RÖPKE, Wilhelm: Goethe und die Industriegesellschaft, in: Kultur und Wirtschaft, Festschrift zum 70. Geburtstag von Eugen Böhler, Zürich 1963, S. 59

(18) BINSWANGER, Hans Christoph: Geld und Magie, Deutung und Kritik der modernen Wirtschaft anhand von Goethes Faust (mit einem Nachwort von Iring Fetscher), Stuttgart 1985

(19) NEUMARK, Fritz: Wirtschaftsprobleme im Spiegel des modernen Romans, Frankfurt (Main) 1955, S. 25

(20) WEBER, Max: Wirtschaft und Gesellschaft, hg. von Johann Winkelmann, Köln und Berlin 1964

(21) Der Zusammenhang von Geistesgeschichte und Wirtschafts- und Sozialgeschichte wird beispielhaft aufgezeigt in: ABRAHAM, Karl: Der Strukturwandel im Hand-

werk in der ersten Hälfte des 19. Jahrhunderts und seine Bedeutung für die Berufserziehung, Köln 1955

(23) Für den Englisch- und Französischunterricht am Wirtschaftsgymnasium seien beispielshalber folgende Textquellen genannt:

- John Law (1671 - 1729): Money and trade, considered with a proposal for supplying the nation with money (1705)
  Adam Smith (1723 - 1790): An inquiry into the nature and causes of the wealth of nations (1776)
  Thomas Robert Malthus (1766 - 1836): Essay on the principles of populations (1798)
  David Ricardo (1772 - 1823): Principles of political economy and taxation (1817)
  John Stuart Mill (1806 - 1873): Principles of political economy (1848)
  Robert Owen (1771 - 1858): A new view on society, or essays on the formation of the human character (1813)
  John Maynard Lord Keynes (1884 - 1946): The general theory of employment, interest and money (1936)
- François Quesnay (1694 - 1774): Tableau économique (1758)
  A. R. J. Turgot (1726 - 1781): Réflexions sur la formation et la distribution des richesses (1766)
  J. P. Proudhon (1809 - 1856): Systèmes des contradictions économiques, ou philosophie de la misère (1846)

(24) Hier einige Beispiele für die romanhafte Gestaltung von Wirtschaftsproblemen in der englischsprachigen und französischen Literatur:

- Charles Dickens (1812 - 1870): Martin Chuzzlewit (1844)
  Jack London (1876 - 1916): The iron heel (1907)
  Louis Bromfield (1896 - 1956): Twentyfour hours (1932) und Mrs. Parkington (1942)
  Graham Greene (geb. 1904): England made me (1935)
  John Dos Passos (1896 - 1970): The big money (1936)
  John Ernst Steinbeck (1902 - 1968): Grapes of wrath (1939)
  John Boynton Priestley (1894 - 1984): Angel Pavement (1930) und Three men in new suits (1945)
- Honoré de Balzac (1799 - 1850): Histoire de la grandeur et de la décadence de César Birotteau, marchand parfumeur etc. (1838)
  Emile Zola (1840 - 1902): Le ventre de Paris (1879) und L'argent (1891)
  André Maurois (1868 - 1952): Bernard Quesnay (1926)

(25) Der Hessische Kultusminister: Rahmenrichtlinien Sekundarstufe I, Mathematik, Frankfurt (Main) 1976, S. 6

(26) LITT, Theodor: Naturwissenschaft und Menschenbildung, Heidelberg 1961, S. 3

(27) Darüber hinaus ist - wie Karl Abraham feststellt - "das Leben des modernen Menschen ... durch eine intensive Versachlichung gekennzeichnet, die besonders

stark in dem wirtschaftlichen Bereich ausgeprägt ist, weil für die Erzeugung und Verteilung der Güter Prinzipien maßgebend sind, die rein rational entwickelt worden sind; die wirtschaftliche Technik ist in erster Linie angewandte Naturwissenschaft. Es wird daher von dem Menschen in seiner Berufstätigkeit eine Hingabe an die Sache verlangt, die keine Möglichkeit läßt, gleichzeitig das persönliche Sein zu entfalten. Daher ist es unrealistisch, dem Menschen, der in dieser versachlichten Arbeitswelt leben muß, die Aufgabe zu stellen, eine Harmonie der Persönlichkeit anzustreben, wie sie dem Neuhumanismus vorschwebte." ABRAHAM, Karl: Wirtschaftspädagogik, a. a. O., S. 70

(28) SPRANGER, Eduard: Geleitwort zu: LINKE, Werner: Technik und Bildung, Heidelberg 1961, S. 3

(29) Hierfür bringen jene Lehrer günstige Voraussetzungen mit, die neben der Lehrbefähigung für ein sogenanntes berufsbezogenes Fach auch über die Fakultas in einem traditionellen Gymnasialfach verfügen.

(30) So z. B. SPRANGER: "Das entscheidende Kennzeichen der Technik aber ist, daß sie von sich aus keine selbständige Wertart begründet. Deshalb haben wir sie auch nicht als selbständiges Wertgebiet gelten lassen. Der Techniker, sofern er nichts als reiner Techniker ist, fragt nicht nach dem Wert oder Unwert der Ziele, für die er auf Grund von Einsicht in die Gesetzlichkeit des Geschehens und der sparsamen Kraftausgabe die Mittel zusammenstellt. Er setzt voraus, daß diese eigentliche Wertentscheidung auf einem anderen Boden oder in einem anderen Bezirk der Seele getroffen sei." SPRANGER, Eduard: Lebensformen, Geisteswissenschaftliche Psychologie und Ethik der Persönlichkeit, 9. Aufl., Tübingen 1966, S. 362. Ähnlich auch Jaspers: "Technik ist nur Mittel, an sich weder gut noch böse." JASPERS, Karl: Vom Ursprung und Ziel der Geschichte, Frankfurt (Main) und Hamburg 1959, S. 122

(31) ABRAHAM, Karl: Wirtschaftspädagogik, a. a. O., S. 26

(32) WAGENSCHEIN, Martin: Ursprüngliches Verstehen und exaktes Denken, Stuttgart 1965, S. 299

(33) MITSCHERLICH, E. A.: Die Ertragsgesetze, Berlin 1948

Hans-Dieter Hertel: Der "Betrieb im Betrieb" als Erziehungs- und Bildungsfaktor

Erfahrungen mit betrieblichen Übungsfirmen

Zur Person:

Dipl.-Hdl. Dr. rer. pol. Hans-Dieter Hertel, Akademischer Oberrat

Jahrgang 1940; Ausbildung als Groß- und Außenhandelskaufmann und Berufstätigkeit 1956 - 1969; Studium der Wirtschaftspädagogik an der Universität Erlangen- Nürnberg 1967 - 1971; Assistent am Lehrstuhl für Pädagogik, insbesondere Wirtschaftspädagogik, Universität Erlangen-Nürnberg (Prof. Berke) 1971 - 1975; Promotion (Thema: Systemanalyse betrieblicher Bildung) 1975; Akademischer Rat/Akademischer Oberrat am Lehrstuhl für Pädagogik, insbesondere Wirtschaftspädagogik Universität Erlangen-Nürnberg (Prof. Berke; Prof. Beck) seit 1975

1. Vorbemerkungen

1.1 Zum Thema

Karl Abraham schrieb 1960 in der Einleitung seines Aufsatzes mit dem Titel "Der Betrieb als Erziehungs- und Bildungsfaktor":

"... dann sagt sich der eine oder andere Ingenieur innerlich: Es war schon schlimm, als wir nur mit den Kaufleuten zu tun hatten; es wurde schlimmer, als die Psychologen und Soziologen hinzukamen; daß jetzt auch noch etwa die Pädagogen sich zu Betriebsfragen äußern wollen, das ist das Schlimmste, was uns passieren konnte. Trotzdem kann man heute einen Betrieb nur begreifen, wenn man ihn versteht als eine Einheit, in der nicht nur produziert, sondern in der auch erzogen wird." [1)]

Diese Zusammenhänge müßten, so Abraham in seinen weiteren Ausführungen, vom Betrieb analysiert werden, da nur über die "Erkenntnis der wunden Punkte und der Gegebenheiten ... eine planmäßige, intentionale Arbeit geleistet werden" [2)] könne.

Im Betrieb sind demnach Produktion und Verwaltung mit auch pädagogisch bedeutsamen Sachverhalten verflochten. Sie bedürfen der systematischen Analyse, wobei aber von der für Pädagogen etwas schmerzlichen Einsicht auszugehen ist, daß ihr Urteil und Tun keineswegs immer vorbehaltlos akzeptiert, sondern unter Umständen für nachrangig, zumindest aber für begründungsbedürftig gehalten wird. Diese Einschätzung dürfte auch heute noch zutreffen; so meinte einer der Hauptredner eines 1984 abgehaltenen Weiterbildungskongresses die dort versammelten Personal- und Bildungsfachleute vor der Auffassung warnen zu müssen, "Weiterbildung sei die schönste Nebensache der Welt und störe vor allem die Arbeitsabläufe." [3)]

Ebenfalls recht modern muten die Gedanken an, die 1961 Wolfgang Ritzel [4)] zur kaufmännischen Ausbildung in Großbetrieben in einem Beitrag über "Aktuelle Fragen der Wirtschaftspädagogik" vertreten hat:

"Bei seiner Einstellung hat der 15- bis 19-jährige den guten Willen mitgebracht, sich im Lehrbetrieb durch gewissenhafte Arbeit nützlich zu machen, und die Erwartung, daraufhin selbst voranzukommen. Die Ungunst der Arbeitsverhältnisse besteht darin, daß ihm der Zusammenhang zwischen der eigenen untergeordneten Beschäftigung und der Leistung des Betriebsganzen nicht einsichtig wird, wie eben darum auch seine Vorstellungen von diesem Ganzen so abstrakt bleiben wie am ersten Tag. ... Er läuft Gefahr, in seiner Arbeit nur eine sinnlose Fron zu sehen und seinen guten Willen zu verlieren. - Indem aber derselbe Lehrling mit einer Funktion innerhalb der Übungsfirma betraut wird, deren Bedeutung für dieses - freilich fingierte - Ganze ihm einleuchtet, wird jene Gefahr - im günstigen Falle - gebannt." [5)]

Diese Vorstellung, durch die Übungsfirma, also einen "Betrieb im Betrieb", Unzulänglichkeiten der herkömmlichen betrieblichen Ausbildung ausgleichen zu können, hat gerade in den letzten Jahren neue Befürworter gefunden.

Im folgenden soll untersucht werden, warum betriebliche Übungsfirmen errichtet worden sind und unter welchen Bedingungen bzw. wie und mit welchem Erfolg in ihnen ausgebildet wird.

Es mag vielleicht befremden, daß diese Betrachtung eines pädagogischen Konzepts, das die Ausbildung "vor Ort" ergänzt, gerade in einer Festschrift für Karl Abraham angestellt wird, der sich doch besonders mit dem erzieherischen Potential des realen - nicht des simulierten - Betriebs befaßt hat. Abgesehen vom besonderen Reiz einer solchen Kontrastierung dürften aber auch die Ergebnisse der Analyse den Abdruck an dieser Stelle und die Anlehnung an den Titel der eingangs genannten Veröffentlichung des Jubilars rechtfertigen.

1.2 Zum Vorgehen

Die folgende Analyse basiert auf Erfahrungen, die mit zwei realen Übungsfirmen (Juniorenfirmen) und einer Übungsfirma mit fiktivem Geld- und Warenverkehr der in Nürnberg ansässigen Betriebe

- DIEHL GmbH & Co. (Juniorenfirma seit 1984)
- DATEV eG (Juniorenfirma seit 1987)
- KARSTADT AG (Übungsfirma seit 1985)

gewonnen werden konnten. Vom Lehrstuhl für Wirtschaftspädagogik der Universität Erlangen-Nürnberg wurde die Arbeit dieser Übungsfirmen durch Vermittlung von Praktikanten und die Betreuung projektbegleitender Diplomarbeiten unterstützt. [6)] Auf diese Weise konnte eine Fülle detaillierter Informationen über Umfeld und Genese der Übungsfirmen dokumentiert werden. Die zahlreichen Gesprächsprotokolle, Tagebuchaufzeichnungen, Befragungsunterlagen, firmeninternen Materialien usw. wurden für die nachstehende Auswertung nochmals im einzelnen gesichtet und aufbereitet. [7)]

Eine Generalisierbarkeit so gewonnener Erkenntnisse kann schon wegen der geringen Anzahl der einbezogenen Übungsfirmen bezweifelt werden. Ferner muß zugestanden werden, daß über die engagierte Einbindung der Diplomanden in das Übungsfirmen-Geschehen subjektive, auch spekulative Sichtweisen eingeflossen sind, die nicht nachträglich "objektiviert" werden können. Zur Beantwortung der Frage, wozu solche Untersuchungen dann überhaupt taugen, soll hier nicht die Standard-Ausrede strapaziert werden, man wolle bewußt durch eine nur "explorative" Studie Anregungen für vertiefende Arbeiten liefern. Eher sind pragmatische Überlegungen zu nennen, da es mehr als fraglich erscheint, ob gegenüber den beteiligten Betrieben überhaupt ein aufwendigeres Untersuchungs-Design durchzusetzen gewesen wäre. Auch sind durch die bei den Diplomarbeiten dominierende Methode der "teilnehmenden Beobachtung" [8)] möglicherweise Einblicke eröffnet worden, die bei distanzierter Betrachtung "von außen" versperrt geblieben wären. Vor allem aber sollte ein Anspruch als zulässig akzeptiert werden, wie er beispielsweise von A. C. Hamblin vertreten wurde: "We are not trying to prove anything, but simply to find things out." [9] Herausgefunden sollen hier Dinge werden, die die Übungsfirmenarbeit fördern oder aber behindern können.

Der äußere Rahmen dieser Analyse ist an das CIPP-Evaluationsmodell von D. L. Stufflebeam et al. (1971) angelehnt. [10] Die darin vorgesehene Betrachtung von Kontext, Input, Prozeß und Produkt bzw. Output eines Bildungsprogramms (Übersicht 1) spiegelt sich auch im Aufbau der folgenden Ausführungen wider.

Übersicht 1: Evaluierung betrieblicher Übungsfirmen (Systembetrachtung)

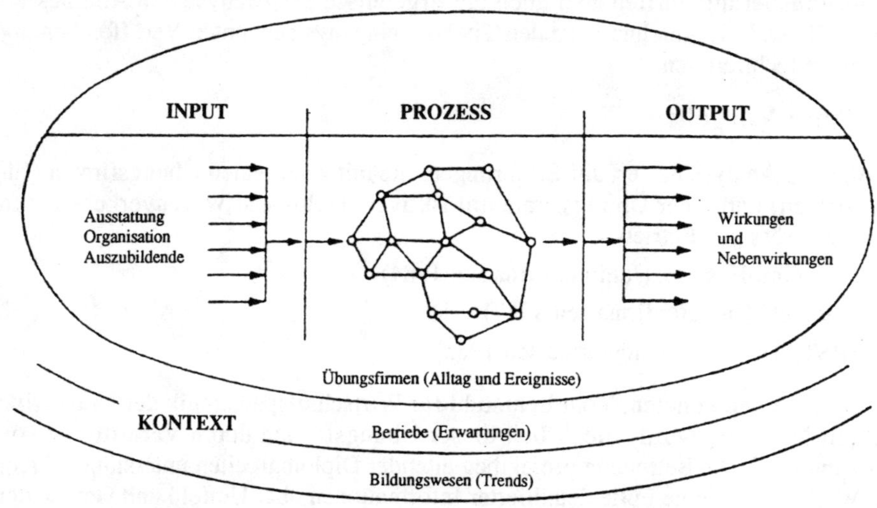

2. Betriebliche Übungsfirmen - ein Evaluierungsversuch

2.1 Kontext-Betrachtung: Trends und Erwartungen

Hier werden zunächst Strömungen im Umfeld der betrieblichen Berufsausbildung angesprochen, die die derzeitige Renaissance des Übungsfirmenkonzepts begünstigt haben könnten. Ferner wird gezeigt, welche Erwartungen die Personal- und Ausbildungsleitungen sowie die Auszubildenden der untersuchten Betriebe an die Ausbildung in der Übungsfirma gerichtet haben.

Schlüsselqualifikationen - alte Hoffnung und neue Verheißung

Bereits in den fünfziger Jahren wurde von Ralf Dahrendorf zwischen funktionalen und extra-funktionalen Fertigkeiten unterschieden, wobei letztere "nicht in erster Linie auf die rein technischen Ansprüche von Arbeitsprozessen bezogen (sind), sondern auf deren organisatorischen und sozialen Zusammenhang." [11] Diese Unterscheidung wurde 1974 von Dieter Mertens aufgegriffen und noch weiter differenziert; unter Hinweis auf das zunehmende Obsolenztempo von Bildungsinhalten plädierte er für die Vermittlung sogenannter Schlüsselqualifikationen, die "den Schlüssel zur raschen und reibungslosen Erschließung von wechselndem Spezialwissen bilden" [12] sollten. Wenngleich Mertens nach eigenem Bekunden nichts ferner lag "als die Vorspiegelung eines in extenso durchdachten curricularen Systems", [13] wurden seine Überlegungen fast begierig aufgenommen. Noch gefördert durch die Unsicherheit über die Auswirkungen technisch-wirtschaftlicher Innovationen, insbesondere in Zusammenhang mit den neuen Informationstechnologien, zählen seitdem Kataloge von Schlüsselqualifikationen - Lern-, Problemlösungs-, Entscheidungs- und Kooperationsfähigkeit, analytisches und dispositives Denken, Selbstverantwortung, Flexibilität, Kreativität u. a. m. - zum festen Repertoire der Forderungen an eine moderne Aus- und Weiterbildung. [14] Sie sind inzwischen (modifiziert als "Sockelqualifikationen") auch in die Grundsätze zur Neuordnung der bürowirtschaftlichen Ausbildungsberufe eingegangen und sollen dort zur Vermittlung wirtschaftlicher, technischer, ökologischer, organisatorischer und sozialer Kompetenz beitragen. [15]

Es braucht hier nicht weiter vertieft zu werden, daß die inhaltliche Anbindung der "Schlüsselqualifikationen" weitgehend ungeklärt ist, ein stimmiger Nachweis der erhofften Schlüsselwirkung bislang aussteht und solche Qualifikationskataloge daher allenfalls Leerformelcharakter haben. [16] Wichtiger ist vielmehr, daß der Hinweis auf Schlüsselqualifikationen anscheinend als unverzichtbar zur Begründung von Bildungskonzepten angesehen und gerade auch der Übungsfirma die Eignung "als hervorragendes Instrument zur Hervorbringung derartiger Fach-, Methoden- und Sozialkompetenz" [17] zugeschrieben wird.

Handlungslernen - Sehnsucht nach dem "ganzen Tun"

Auch der Begriff der "Handlung" wird - in den verschiedensten Wortverbindungen wie Handlungsorientierung, Handlungslernen, Handlungskompetenz u. ä. - seit einigen Jahren fast schon inflationär gebraucht. Geradezu als Markenzeichen scheint er zu dienen, wenn es darum geht, Aus- und Weiterbildungskonzepte zu begründen, die sich als psychologisch fundiert verstehen [18] oder gegenüber einseitig kognitiv ausgerichteten Konzepten absetzen wollen und stattdessen eine "umfassende Förderung aller Fähigkeiten des einzelnen" [19] intendieren. Trotz mancher Defizite und Ungereimtheiten der theoretischen Diskussion [20] ist "Handlung" in der Praxis beruflicher Bildung längst zum selbstverständlichen Referenzbegriff geworden. So wird etwa in den 1987 neugeordneten industriellen Metall- und Elektroberufen ebenso wie in den Neuordnungsgrundsätzen für die bürowirtschaftlichen Ausbildungsberufe ausdrücklich auch "Handlungsfähigkeit im Sinne selbständigen Planens, Durchführens und Kontrollierens" [21] als übergreifendes Ausbildungsziel gefordert.

Für die Projektausbildung bzw. die (reale) Übungsfirma als ihrem Pendant im kaufmännischen Bereich wird gar postuliert, daß es der "wichtigste Gedanke dieser Ausbildungsmethode ist, ein Höchstmaß an Ernsthaftigkeit und damit auch Sinnhaftigkeit des Handelns bei einem Mindestmaß an Simulation und 'So-tun-als-ob' herzustellen." [22]) Dadurch könnten - hier kommen wieder die Schlüsselqualifikationen ins Spiel - die "Fähigkeit zur Problemlösung" vermittelt, "kooperatives Lernen und Handeln ... und damit die Vermittlung kommunikativer Kompetenzen" ermöglicht sowie "Selbständigkeit, Entscheidungsfähigkeit und Verantwortungsfähigkeit als Ziele kaufmännischer Bildung" eingelöst werden. [23])

Mit diesen Hinweisen kann vielleicht verdeutlicht werden, warum das Ausbildungskonzept Übungsfirma derzeit im Trend liegt. Weiter dürfte hierzu beitragen, daß

- von den Betrieben für den Fall knapper werdender Lehrstellenbewerber bzw. des Anstiegs von Bewerbern mit höherer Schulbildung vorsorglich nach Möglichkeiten zur Erhöhung der Ausbildungsattraktivität gesucht wird und
- Modellversuche, [24]) Workshops, Messen ("Juniorenfirma - das Ausbildungskonzept des Jahres 2000") [25]) oder Presseberichte ("Am Dienstag Manager") [26]) für zusätzliche Publizität gesorgt haben.

Ob dies ausreicht, um die Übungsfirmenarbeit auch langfristig abzusichern, wird noch unter Abschnitt 3.3 erörtert.

Erwartungen der Ausbildungsbetriebe

Bei der starken Resonanz, die die Forderung nach Schlüsselqualifikationen gefunden hat, überrascht es nicht, daß diese auch bei den hier untersuchten Ausbildungsbetrieben als Argument für die Einrichtung einer Übungsfirma gebraucht werden. So wird bei DIEHL eine "Förderung im affektiven Bereich" durch Einüben von Teamfähigkeit, Kreativität und Verantwortungsbewußtsein angestrebt; ähnlich werden von DATEV Selbständigkeit, Eigenverantwortung, Engagement, Kommunikationsfähigkeit usw. genannt. Bei KARSTADT allerdings rückten diese Zielangaben zugunsten eher kognitiv orientierter Haupt- und Teillernziele (betriebswirtschaftliche Zusammenhänge erkennen; Angebotsliste erstellen; Abschlußbuchungen durchführen usw.) zunächst in den Hintergrund; bei der Überarbeitung des Übungsfirmenkonzepts ist aber der "affektive Lernbereich" ausdrücklich einbezogen worden.

Von allen drei Betrieben wird die Erwartung geäußert, daß in der Übungsfirma das in den Fachabteilungen bzw. in der Berufsschule Gelernte in die Praxis umgesetzt und betriebswirtschaftlich-organisatorische Zusammenhänge erschlossen werden können.

Als gemeinsames Begründungsmuster lassen sich des weiteren personal- bzw. ausbildungspolitische Überlegungen ausmachen. DIEHL sieht in der Übungsfirma eine Möglichkeit, die Zusammenarbeit zwischen kaufmännischen und gewerblich-technischen Auszubildenden - und damit auch zwischen den künftigen Fachkräften beider Bereiche - zu verbessern. Auch sollen mögliche Lerndefizite infolge verringerter Ausbildungsmöglichkeiten in den Fachabteilungen (z. B. aufgrund des zunehmenden EDV-Einsatzes) kompensiert sowie der herkömmliche betriebliche Zusatzunterricht abgebaut werden. Für KARSTADT bildet die Übungsfirma innerhalb der Ausbildungsphase "Verwaltungsdurchlauf" eine Alternative zur Ausbildung in den Verwaltungsabteilungen; sie soll diese also von Ausbildungsfunktionen entlasten. Nach der Neuordnung der Berufsausbildung im Einzelhandel (1987) und dem damit verbundenen Bedeutungszuwachs waren- und verkaufskundlicher Themen sollen der Übungsfirma vorrangig solche neu vorgeschriebenen Ausbildungsinhalte (z. B. aus den Bereichen Warenwirtschaft oder Rechnungswesen) zugewiesen werden, deren Vermittlung in den Fachabteilungen bzw. durch herkömmliche Schulungen weniger erfolgversprechend ist. Bei DATEV schließlich hat den Ausschlag für die Einrichtung einer Übungsfirma gegeben, daß in den Fachabteilungen nicht genügend Ausbildungsmöglichkeiten (Bildschirmarbeitsplätze, Ausbildungskapazität usw.) für die vorgesehene Aufstockung der Auszubildenden bzw. Fachkräfte verfügbar sind. Die Übungsfirma wird also auch als "Puffer" zur Verhinderung von Ausbildungsengpässen gesehen.

Die Entscheidung für eine reale Übungsfirma anstelle einer bloßen "Scheinfirma" ist bei der Präsentation der Übungsfirmenkonzepte vor den Geschäftsleitungen von DIEHL und DATEV u. a. mit der höheren Motivationskraft "echter" Waren- und Geldströme begründet worden. Bei KARSTADT hat sich nach einem Pilotprojekt der Hamburger Filiale ein überregionaler Arbeitskreis von Ausbildungsleitern für Übungsfirmen mit fingiertem Waren- und Geldverkehr entschieden.[27)]

Erwartungen der Auszubildenden

Die von den Auszubildenden bei Präsentationen, Workshops oder im persönlichen Gespräch geäußerten Erwartungen betreffen den Ausbau der Fachkenntnisse oder ein besseres Verständnis betrieblicher Arbeitsabläufe ebenso wie die Hoffnung auf eine selbständige, verantwortungsvollere Tätigkeit, die Spaß mache, Erfolgserlebnisse verschaffe und in einem angenehmen Arbeitsklima ("Schon gehört: Hähnchen gegessen und Kaffee getrunken!") stattfinde.

Mitunter zeigt sich jedoch auch eine gewisse Zurückhaltung bzw. Skepsis gegenüber der bevorstehenden Ausbildung in der Übungsfirma. So ist etwa befürchtet worden, daß man noch nicht den nötigen "Durchblick" mitbringe, möglicherweise zuviel "Leerlauf" entstehe und zuwenig gelernt oder die Zusammenarbeit durch Egoismus und Desinteresse einzelner Auszubildender gestört werde.

Insgesamt dürfte jedoch eine positive, verschiedentlich fast euphorische Grundhaltung gegenüber diesem noch kaum bzw. meist nur aus Erzählungen früherer Auszubildender bekannten Ausbildungskonzept vorgeherrscht haben.

2.2 Input-Betrachtung: Ausstattung, Organisation und Auszubildende

In diesem Abschnitt wird skizziert, wie die untersuchten Übungsfirmen ausgestattet bzw. organisiert sind und welche Voraussetzungen die Auszubildenden beim Eintritt in die Übungsfirma mitbringen. Da hierbei der synoptische Vergleich von Gemeinsamkeiten und Unterschieden der drei Konzepte im Mittelpunkt steht (siehe Übersicht 2), kann der ergänzende Text auf eine knappe Kommentierung einzelner Merkmale beschränkt bleiben.

Ausstattung der Übungsfirmen

Zunächst fällt auf, daß sich bei den Juniorenfirmen der Unternehmenszweck - er wird hier der rechtlich-organisatorischen "Ausstattung" zugeordnet - nicht auf die Betreuung eigener Produkte (Erzeugnisse der gewerblich-technischen Auszubildenden bzw. selbstentwickelte Software) beschränkt, sondern auch Beschaffung und Vertrieb von Handelswaren einschließt. Demgegenüber wird eine Erweiterung des Leistungsprogramms durch Dienstleistungen für die jeweilige Mutterfirma ("Wir werden dann ja zum Schreibbüro!") bislang anscheinend mit Skepsis betrachtet.

Wie auch die Büroausstattung erkennen läßt, orientieren sich die Übungsfirmen an einem eher konventionellen Bild vom Bürobetrieb; der Einsatz von EDV hat keine oder bestenfalls - wie bei DATEV - periphere Bedeutung für die Abwicklung der kaufmännischen Geschäftsvorfälle. Begründet wird dies vor allem damit, daß so besser Transparenz und Verständnis der Zusammenhänge erreicht werden könnten, als wenn auch in der Übungsfirma die Abläufe durch die EDV geprägt würden. Für die Zukunft wird jedoch eine entsprechende Anpassung (eventuell auch konventionelle und EDV-Abwicklung im Parallelbetrieb) nicht ausgeschlossen.

Sämtliche Übungsfirmen haben spezielle Unterlagen entwickelt, um die Einarbeitung und die laufende Geschäftstätigkeit zu erleichtern und zu vereinheitlichen. Der "Reifegrad" dieser Arbeitsunterlagen ist allerdings je nach Entwicklungsstand der Übungsfirmen unterschiedlich; ein relativ elaboriertes Konzept liegt inzwischen bei KARSTADT vor.

Die Größe der Übungsfirmen-Belegschaft weist beträchtliche Unterschiede auf; auch ist die Variante mit zwei konkurrierenden Teams besonders zu erwähnen. Bei allen Übungsfirmen ist aber eine ständige Betreuung durch Ausbildungsleiter bzw. Referenten vorgesehen; diese sind bislang von Praktikant(inn)en unterstützt worden.

Organisation der Übungsfirmenarbeit

Die Übungsfirma ist jeweils reguläre Ausbildungsstation, wenngleich mit kleineren Varianten der Funktion und beträchtlichen hinsichtlich des Zeitanteils. Erwünscht ist, daß

Übersicht 2: Merkmale der Ausstattung, Organisation und Auszubildenden von betrieblichen Übungsfirmen

Merkmale	DIEHL	DATEV	KARSTADT
AUSSTATTUNG			
1. Name der Übungsfirma	DIEHL Juventus GmbH	JUBIT GmbH	wechselnde Firmennamen (Schall & Rauch; Let's Fetz o. ä.)
2. Art der Übungsfirma	reale Übungsfirma (Juniorenfirma)	reale Übungsfirma (Juniorenfirma)	fiktive Übungsfirma (Scheinfirma)
3. Unternehmenszweck der Übungsfirma	Vertrieb von Produkten der Lehrwerkstatt und Fremderzeugnissen Verkauf an Mitarbeiter von DIEHL und Tochtergesellschaften sowie an andere Übungsfirmen keine Dienstleistungen für DIEHL	Erstellung und Wartung von Software für DATEV-Abteilungen Handel mit Werbe- und Geschenkartikeln und Public Domain Software Betreuung einer Azubi-Zeitung Dienstleistungen für DATEV noch in Diskussion	Handel mit Schallplatten (Direkt- und Katalogverkauf) keine Dienstleistungen für KARSTADT
4. Abteilungen/Funktion	Einkauf; Lager; Produktion (Lehrwerkstatt); Vertrieb; Rechnungswesen; Personalwesen	Datenverarbeitung; Einkauf; Bestellwesen und Verkauf; Auftragsbearbeitung; Public Relations; Personalwesen; Rechnungswesen; Allgemeine Verwaltung	Einkauf; Lager; Rechnungswesen; Verkauf; Außenstelle
5. Büroausstattung	eigener Büroraum ($40m^2$) konventionelle Büroausstattung bislang keine EDV-Geräte	eigene Büroräume ($120\ m^2$) konventionelle Büroausstattung zusätzliche EDV-Geräte	Mitnutzung von Büroräumen außerhalb des Verkaufshauses konventionelle Büroausstattung, bislang keine EDV-Geräte
6. Arbeitsunterlagen	geschäftspolitischer Leitfaden (Vertriebs- und Einkaufspolitik, Aufbau, Aufgaben usw. der Übungsfirma) Arbeitsanweisungen	Stellenbeschreibungen Bearbeitungshinweise	Informationen für Auszubildende Hinweise für den Ausbildungsleiter Vordrucke
7. Belegschaft	4 Azubi Stammbesetzung 1 Azubi als Geschäftsführer	8 bis 12 Azubi Stammbesetzung in DV- und kaufm. Übungsfirma kollegiale Führung: Geschäftsführung durch Referenten	14 bis 18 Azubi in zwei konkurrierenden Teams Geschäftsführung durch Ausbildungsleiter
8. Betreuung	kaufm. Ausbildungsleiter Praktikanten	je ein kaufm. und DV-Referent, Praktikantin (in Grund- und Aufbauphase)	Ausbildungsleiter Praktikantin

Merkmale	DIEHL	DATEV	KARSTADT
ORGANISATION			
9. Stellung innerhalb der Ausbildung	**obligatorisch für alle kaufm. Azubi**	**obligatorisch für Azubi zum DV-Kaufmann**	**obligatorisch für Azubi zum EH-Kfm./Kfm. im EH**
	als Ergänzung der Ausbildung in Fachabteilungen und Ersatz des Betriebsunterrichts	**als Ergänzung und Ersatz (Software-Entwicklung) der Ausbildung in Fachabteilungen**	**als Ergänzung und Entlastung der Ausbildung im Verwaltungsbereich**
10. Ausbildungsdauer	**ca. 3 bis 6 Monate (entsprechend Funktion usw.); ganztägig**	**je 8 Wochen in kaufm. und DV-Übungsfirma; ganztägig**	**4 Wochen; ganztätigig**
11. Wechsel der Arbeitsgebiete	**Einarbeitung in möglichst viele Gebiete angestrebt umfassende Rotation noch nicht realisiert**	**keine förmliche Rotation wechselseitige Information und Kooperation werden erwartet**	**umfassende Rotation vorgesehen**
12. Wechsel der Belegschaft	**überlappender Wechsel Einarbeitung durch Vorgänger**	**überlappender Wechsel Einarbeitung durch Vorgänger**	**geschlossener Wechsel des Teams jeweils Neugründung**
13. Verstärkungsprogramme	**Besprechungen und Workshops Sonderaufgaben (Produktentwicklung, Verkaufstag) Präsentationen usw.**	**Besprechungen und Workshops Arbeitsaufträge der Betreuer Präsentationen usw.**	**Besprechungen und Workshops Sonderaufgaben (z. B. Personalwesen) besondere Geschäftsvorfälle gruppendynamische Übungen Schulungen Präsentationen usw.**
AUSZUBILDENDE			
14. Ausbildungsberuf	**Industriekaufmann (überwiegend) Bürogehilfin Datenverarbeitungskaufmann Wirtschaftsassistent**	**Datenverarbeitungskaufmann (ausschließlich)**	**Einzelhandelskaufmann/Kaufmann im Einzelhandel (überwiegend) Bürokaufmann**
15. Vorbildung	**mittlerer Abschluß (überwiegend) Hochschulreife qual. Hauptschulabschluß**	**Hochschulreife (überwiegend) mittlerer Abschluß**	**Hochschulreife mittlerer Abschluß Hauptschulabschluß**
16. Ausbildungsstand	**entsprechend Ausbildungsjahr bzw. bisherigem Abteilungsdurchlauf (unterschiedlich)**	**entsprechend Ausbildungsjahr bzw. bisherigem Abteilungsdurchlauf (unterschiedlich)**	**3. Ausbildungsjahr (möglichst zweites Halbjahr)**

die Auszubildenden mehrere Arbeitsgebiete kennenlernen und gegebenenfalls auch vertreten können, doch wird eine förmliche Rotation noch nicht generell praktiziert.

Während bei KARSTADT konzeptionsbedingt die Übungsfirmenbelegschaft geschlossen ausgetauscht wird, streben DIEHL und DATEV aus Gründen der Arbeitskontinuität einen sukzessiven Wechsel an, wobei die neuen Stelleninhaber von ihren Vorgängern eingearbeitet werden sollen.

In allen Übungsfirmen werden ergänzend zum Tagesgeschäft "Verstärker" eingesetzt. Es kann sich hierbei um Besprechungen oder Workshops handeln, die - mehr oder weniger regelmäßig stattfindend - der Klärung von Sach- oder "klimatischen" Fragen dienen sollen. Ferner werden von den Betreuern mitunter gezielt Sonderaufgaben, Arbeitsaufträge, Schulungen o. ä. in die Übungsfirmenarbeit eingebaut, um zumindest indirekt die Aktivitäten in den Übungsfirmen inhaltlich zu steuern. Nicht zuletzt sind Präsentationen (z. B. für Besucher oder auf Messen) zu nennen, die durch die Möglichkeit der Selbstdarstellung zur Motivierung der Auszubildenden und zur Identifikation mit "ihrer" Firma beitragen können.

Voraussetzungen der Auszubildenden

Die Belegschaften der einzelnen Übungsfirmen setzen sich überwiegend aus Auszubildenden desselben Ausbildungsberufes zusammen. Heterogener sind sie dagegen hinsichtlich ihrer Vorbildungsstruktur, wobei zwar der Trend zur höheren schulischen Vorbildung als Zugangsvoraussetzung für kaufmännische Ausbildungsberufe bestätigt wird, sich aber auch Unterschiede (z. B. im Abiturientenanteil) zwischen den Betrieben zeigen.

Noch größere Divergenzen ergeben sich u. U. beim Ausbildungsstand, da zumindest bei DIEHL und DATEV Auszubildende aller Ausbildungsjahre - mit entsprechend unterschiedlichen Fachkenntnissen - in der Übungsfirma vertreten sein können.

2.3 Prozeß-Betrachtung: Alltag und Ereignisse

Zwar werden in diesem Abschnitt gerade auch Schwierigkeiten oder Unzulänglichkeiten der Übungsfirmenarbeit angesprochen, doch sollten die Ausführungen nicht als Mängelkatalog interpretiert werden, der dokumentieren möchte, was die untersuchten Betriebe alles falsch gemacht haben. Es geht vielmehr darum, "Gegebenheiten" zu verdeutlichen, mit denen sich die betreffenden - und in ähnlicher Form wohl auch andere - Übungsfirmen auseinanderzusetzen hatten und die bedacht werden sollten, wenn ein Betrieb sich auf das "Abenteuer Übungsfirma" einläßt.

Aller Anfang ist schwer

Diese Binsenweisheit dürfte gerade für die Anlaufphase (Planung, Gründung, Start) von Übungsfirmen zutreffen. So erwies sich die Entwicklung einer passenden Aufbau-

und Ablauforganisation (Abteilungs- bzw. Funktionsgliederung, Arbeitsabläufe, Formular- und Belegwesen usw.) stets als mühsam, langwierig und ergänzungsbedürftig. Besuche anderer Übungsfirmen, etwa der "Norica" des Berufsförderungswerkes Nürnberg oder der am Modellversuch des Bundesinstituts für Berufsbildung beteiligten Firmen, konnten manche Anregungen vermitteln, aber die eigene Entwicklungsarbeit nicht ersetzen. Ferner konnten sich die vorgesehenen Betreuer meist nicht ausschließlich mit dem Aufbau der Übungsfirma befassen, da sie noch durch andere Aufgaben (z. B. Personaleinstellungen, Einführungsunterricht, laufende Schulungen) stark beansprucht waren. Ohnehin mußten sie sich oft erst selbst in diese neue Thematik einarbeiten oder - wie im Falle der Praktikanten - mit den spezifischen Bedingungen (Organisationsstruktur, Ansprechpartner, "Denke" usw.) eines für sie noch fremden Betriebes vertraut machen und ihr Rollenverständnis entwickeln.

Andererseits bot gerade die Anlaufphase mit ihrem Zwang zur Improvisation und mit der Vielfalt klärungsbedürftiger Fragen allen Beteiligten besondere Möglichkeiten des Lernens und der Identifikation mit dieser Aufgabe. Zwar beklagten sich in einer Mitarbeiterbesprechung Auszubildende, "irgendwo alleine gelassen" oder einem "zu großen Erwartungsdruck" ausgesetzt zu sein. Doch wurden gleichzeitig der "Spaß an der Arbeit" und das "Kennenlernen völlig neuer Arbeitsinhalte" positiv hervorgehoben sowie Genugtuung darüber geäußert, daß man "aus dem Ausbildungstrott rausgerissen" sei und "sich für's Ganze wichtig" vorkomme.

Auch der Austausch der Belegschaft oder einzelner Mitglieder der Übungsfirmen stellte immer wieder eine Art Neubeginn dar. Selbst wenn von dem extremen, aber doch vorgekommenen Fall abgesehen wird, daß für die Einweisung zu wenig erfahrene Mitarbeiter bereitstanden, die "Neuen" aufgrund ihrer kurzen Ausbildungsdauer kaum über verwertbare Fachkenntnisse verfügten, fast keine Eigeninitiativen entwickelten und teilweise die Übungsfirma als "Erholungsabteilung" betrachteten, war ein solcher Wechsel in der Regel mit Anpassungsschwierigkeiten verbunden. Trotz Einweisung durch die bisherigen Stelleninhaber und ergänzender Einführungsschulungen bedurfte es fast durchwegs einer zusätzlichen Anlaufzeit, bis die Auszubildenden gelernt hatten, einigermaßen selbständig zu arbeiten und sich die Übungsfirma "vom Chaos zum organisierten Chaos" - so die Meinung in einer Rückmeldungsrunde - weiterentwickelt hatte.

Dann mach' nur einen Plan

Die Hinweise auf gewisse Turbulenzen bei der Übungsfirmenarbeit bedeuten nicht, daß dort Planung etwa generell durch "muddling through" ersetzt worden wäre. Ein zumindest für alle Juniorenfirmen zentrales Planungsproblem - die Entwicklung eines attraktiven Leistungsprogrammes - soll am Beispiel von DIEHL verdeutlicht werden.

Grundgedanke der Absatz- und Produktionsplanung war, daß die Juniorenfirma verkaufen soll, was von den gewerblich-technischen Auszubildenden im Rahmen ihrer Ausbildung produziert werden kann. Die Produktpalette setzt sich aus Werkzeugen,

Elektrogeräten, Spielzeug sowie kunstgewerblichen und sonstigen Gebrauchsartikeln zusammen. Im einzelnen enthält sie Schraubzwingen oder Telefoneinheitenzähler ebenso wie Messingpfeifen, Kerzenhalter und Bier-Zapfbestecke. Beim Disponieren ergab sich des öfteren, daß die von der kaufmännischen Seite gewünschten Liefertermine (z. B. Artikel für Verkaufsaktionen vor Feiertagen) oder die Stückzahlen für "Renner" wie etwa das Zapfbesteck nicht mit den Produktionsmöglichkeiten der Lehrwerkstatt in Einklang zu bringen waren. Umgekehrt hätte dort von manchen Artikeln ("Für zwanzig Pfeifen fangen wir erst gar nicht an!") mehr produziert werden können, als unter Berücksichtigung einer noch vertretbaren Lagerhaltung disponiert wurde.

Solche Schwierigkeiten wurden infolge kurzer Produktlebenszyklen - bedingt durch schnelle Sättigung des relativ engen Absatzmarktes der Übungsfirma - noch verstärkt. Doch forderten sie die Auszubildenden auch dazu heraus, über Produktwettbewerbe, den Einbezug der Lehrwerkstätten von Zweigwerken oder den Zukauf von Handelswaren Lösungsansätze zu entwickeln. Trotz gelegentlicher Enttäuschungen über nicht realisierbare Planvorstellungen wurde dies also auch als Chance begriffen, Planungs- und Abstimmungsprozesse wirklichkeitsnah einzuüben.

Als eher störend wurden dagegen die folgenden, unter Einbezug der Erfahrungen aus den anderen Übungsfirmen zusammengestellten Eingriffe empfunden. So mußten Übungsfirmen gelegentlich als "Aushilfsabteilung" für Wartungs- oder Versandarbeiten fungieren. Da von den Auszubildenden ein direkter Nutzen für die Übungsfirma nicht gesehen wurde, empfanden sie solche Dienstleistungen für die Mutterfirma primär als Beeinträchtigung der eigenen Arbeitsplanung. Wenig Gegenliebe fand auch, wenn Auszubildende kurzfristig zur Behebung von Personalengpässen in Fachabteilungen abgestellt wurden und dringende Arbeiten in der Übungsfirma (z. B. die Anfertigung eines Quartalsabschlusses) liegenbleiben mußten.

Störungen im Übungsfirmenalltag wurden jedoch nicht nur durch externe Einflüsse, sondern auch von den Auszubildenden selbst ausgelöst. So wurden mitunter weniger reizvolle Tätigkeiten anderen überlassen ("Warum soll gerade ich das machen?"), Termine versäumt, Geschäftsvorfälle nicht korrekt bearbeitet ("Unsere Arbeit überprüft ja doch keiner genau!") oder die gegenseitige Information über anstehende Aufgaben vernachlässigt. Solche Unzulänglichkeiten konnten aber durch Mitarbeiterbesprechungen bzw. direkte Gespräche zwischen den Betroffenen größtenteils beseitigt werden.

Führen oder Wachsenlassen

Es mag vielleicht etwas unpassend, wenn nicht vermessen wirken, an dieser Stelle auf Theodor Litt und seine erstmals 1927 erschienene Schrift "Führen oder Wachsenlassen" zurückzugreifen. [28)] Doch spricht der Titel dieser Abhandlung - und nur er wird hier bemüht - sehr prägnant eine Problematik an, die sich fast wie ein roter Faden auch durch die Übungsfirmenarbeit hindurchzieht.

So räumten beispielsweise Auszubildende mitunter selbst ein, in der Übungsfirma Schwierigkeiten mit der eigenverantwortlichen Organisation ihrer Arbeit ("Ohne Druck wird nichts gemacht!") zu haben oder "sich manchmal wie im Kindergarten zu benehmen." Umgekehrt konnten Vorgaben der Betreuer ("Wir machen nicht alles mit, was man uns vorsetzt!") oder die Anregung, aus den eigenen Reihen einen Koordinator zu bestimmen, zunächst auf strikte Ablehnung (man wolle keinen "Bürohengst") stoßen.

Auch kam es vor, daß Vorschläge von Praktikanten als besserwisserische Einmischung ("Das ist doch unsere Übungsfirma!") betrachtet, andererseits in einer Umfrage unter den Auszubildenden die Aussage "Ich hätte in der Übungsfirma lieber ohne Praktikant gearbeitet" von allen als unzutreffend eingestuft wurde.

Die Liste solcher Ungereimtheiten und Widersprüchlichkeiten ließe sich - auch auf anderer Ebene - noch fortsetzen. Zum Beispiel könnte gefragt werden, wie sich einer der Grundgedanken des Übungsfirmenkonzepts, durch das (zeitaufwendige und risikobehaftete!) "ganze Tun" langfristig die Entwicklung von "Schlüsselqualifikationen" zu fördern, mit vielleicht gutgemeinten, aber etwas zu kurz greifenden Forderungen an die Übungsfirmen-Mitarbeiter vertragen, doch endlich für höhere Umsätze oder Kostendeckung zu sorgen.

Wie diese Hinweise zeigen, wurden von den an der Übungsfirmenarbeit Beteiligten mitunter divergierende Auffassungen zu Wünschbarkeit bzw. Angemessenheit von mehr "Führung" (durch Eingriffe, Vorgaben usw.) oder von mehr "Wachsenlassen" (durch Freiräume, Abwarten usw.) vertreten.

Für die Betreuer scheint die Suche nach einem Mittelweg handlungsbestimmend gewesen zu sein. Insbesondere wurden auch Formen einer indirekten, oft mit hohem Zeit- und Arbeitsaufwand verbundenen Steuerung durch Workshops, Rückmeldungsrunden, Präsentationen o. ä. (Übersicht 3) praktiziert. Sie dürften dazu beigetragen haben, daß die Übungsfirmen innerhalb des jeweiligen Bedingungsrahmens ohne größere Friktionen agieren konnten, wobei sich die Auszubildenden dennoch nicht allzusehr gegängelt fühlen mußten.

Fast wie im richtigen Leben

Diese Überschrift könnte geradezu als Leitgedanke der Ausbildung in Übungsfirmen dienen. Entscheidend ist aber die Einschränkung "fast", die gleichermaßen für besondere Chancen wie Risiken der Ausbildungsmöglichkeiten stehen kann bzw. dafür, daß - wie auch Lothar Reetz betont - "orginalgetreue Abbildung und Nachahmung einerseits und ...Verkürzung der Realität im Interesse erhöhter Transparenz andererseits" [29)] miteinander konkurrieren.

Abweichungen von der Realität zeigen selbst die "realen" Übungsfirmen. Beispielsweise mußten sie, wie schon angedeutet wurde, Fremderzeugnisse (Geschenkartikel, Public Domain Software usw.) in ihr Leistungsprogramm aufnehmen, da sonst der

Übersicht 3: Bausteine der Übungsfirmenarbeit (KARSTADT)

Baustein	Funktion (gekürzt)	Beispiele
1. Standard-programm	bildet obligatorischen Kernbereich der Übungsfirmenarbeit ("Minimalkreislauf")	Arbeitsanweisungen für die Abteilungen Außenstelle, Einkauf, Lager, Rechnungswesen und Verkauf
2. Sonder-aufgaben	ergänzen das Standardprogramm durch abteilungsspezifische oder abteilungsübergreifende Arbeitsaufgaben	Bearbeitung von Preisänderungen; Personalwesen (z. B. Bewerbungsbogen ausfüllen)
3. Besondere Geschäfts-vorfälle	entstehen durch Einlagen der Betreuer oder aus dem Geschäftsverkehr der Übungsfirma heraus	Kunde bestellt ausverkaufte Ware; Bereinigung fehlerhaft bearbeiteter Geschäftsvorfälle
4. Gruppen-dynamische Übungen	verdeutlichen gruppenspezifische oder allgemeine soziale Phänomene	Zusammenarbeit in Gruppen; Wertschätzung
5. Besprechungen/ Erarbeitungen	befassen sich geplant oder spontan mit organisatorischen, fachlichen und sozialen Fragen der Übungsfirma	Rückmeldungsrunden; gegenseitige Hilfestellung beim Abteilungswechsel
6. Präsentationen	dienen zur Vorstellung fachlicher Probleme aus der Übungsfirmenarbeit durch die Auszubildenden	Formularwesen, Bilanzpräsentationen
7. Schulungen	vermitteln erklärungs- bzw. vertiefungsbedürftige Sachverhalte zur Förderung der Übungsfirmenarbeit und zum besseren Verständnis der KARSTADT-Praxis sowie ggfs. zur Prüfungsvorbereitung	Einführungsschulungen zur Unternehmensgründung; Warenwirtschaft; betriebliche Kennzahlen

Nachschub an Geschäftsvorfällen und eine hinreichende Auslastung der Juniorenfirmen gefährdet gewesen wäre. Dies war insbesondere bei den DATEV-Junioren umstritten ("Es ist unrealistisch, daß ein Softwarehaus Handel treibt!") und wurde von einigen Auszubildenden gar als "kindisch" abgelehnt.

Ebenso mußten bei der Aufbau- und Ablauforganisation hinsichtlich der Praxisnähe - etwa im Vergleich zur Handhabung in der jeweiligen Mutterfirma - Abstriche gemacht werden. Zwar wurden auch in den Übungsfirmen die Funktionsbereiche (Beschaffung, Absatz, Rechnungswesen usw.) eingerichtet, die in den Ausbildungsordnungen für die "echte" betriebliche Ausbildung vorgeschrieben sind. Insofern waren zumindest die Voraussetzungen vorhanden, um innerhalb eines vergleichsweise überschaubaren Rahmens zu den einzelnen Arbeitsabläufen und ihren Zusammenhängen Kenntnisse vermitteln und Erprobungsmöglichkeiten bereitstellen zu können. Doch waren aus didaktischen und auch aus organisatorischen Gründen (z. B. Umstellungs- oder Beschaffungsprobleme) Einschränkungen nötig wie zum Beispiel

- manuelle Buchführung mittels einfacher Durchschreibe- oder Übertragungsverfahren (Amerikanisches Journal),
- fehlende oder unzureichende Berücksichtigung von Maschinenstundensätzen, Lohn- und Gehaltskosten usw. in der Kosten- und Leistungsrechnung,
- Vermischung realer und fiktiver Wertansätze (z. B. für Verkaufserlöse, Maschinen und Werkzeuge bzw. für Abschreibungen) in Bilanz und Erfolgsrechnung.

Allerdings bot eine solche "reduzierte Praxis" auch Anknüpfungsmöglichkeiten für eigenes Nachdenken, Gespräche oder Schulungen; sie war also nicht zwangsläufig mit verringerten Lernmöglichkeiten gleichzusetzen. Problematischer war es jedoch, wenn sich die errechneten Umsätze, Kosten, Gewinne oder Verluste usw. "verselbständigten", solche Kennzahlen also von Außenstehenden oder von den Mitarbeitern der Übungsfirmen als Maßstab für die geleistete Arbeit herangezogen wurden, ohne den jeweiligen Kontext zu berücksichtigen. [30)] Ferner sind Enttäuschungen über einen schleppenden Geschäftsverlauf ("Der niedrige Umsatz frustriert auch das Team!") oder ein im Vergleich mit anderen Juniorenfirmen dürftiges Jahresergebnis verständlich, doch wird dabei ebenfalls verkannt, daß Umsatzsteigerungen usw. im Grunde nur Mittel, nicht jedoch Zweck der Übungsfirmenausbildung sind. Vielleicht muß aber auch in der Übungsfirma mit solchen Fehleinschätzungen gerechnet werden, eben "fast wie im richtigen Leben".

2.4 Output-Betrachtung: Wirkungen und Nebenwirkungen

Im folgenden wird geprüft, ob sich die an die Ausbildung in der Übungsfirma gerichteten Erwartungen erfüllten und ob gegebenenfalls unbeabsichtigte bzw. unerwünschte Effekte zu verzeichnen waren. Auch hier sollen die wiedergegebenen Einzelaussagen oder der Verweis auf Umfrageergebnisse primär Eindrücke illustrieren, nicht aber "harte" empirische Befunde vortäuschen. [31)]

Erfüllung der personal- und ausbildungspolitischen Erwartungen

Nachdem die untersuchten Übungsfirmen inzwischen programmgemäß arbeiten, ist hier zu unterstellen, daß die Übungsfirmen wie erhofft dazu beitragen konnten, die Fachabteilungen (KARSTADT und DATEV) von Ausbildungsaufgaben zu entlasten. Für diese Vermutung spricht ferner, daß bislang keinerlei Anzeichen für ein möglicherweise gesunkenes Ausbildungsniveau oder die Notwendigkeit einer "Nachbesserung" bekannt wurden.

Ebenso gab es Ansatzpunkte für die angestrebte Kooperation von gewerblich-technischen und kaufmännischen Auszubildenden (DIEHL) durch gemeinsame Besprechungen usw. sowie durch die organisatorische Einbindung beider Gruppen in die Übungsfirma. Doch zeigten sich dabei gelegentlich auch Informationsdefizite, unterschiedliche Sichtweisen (z. B. bei der Produkt- und Terminplanung) oder Mißverständnisse, wenn etwa anfangs die vergleichsweise "aufgelockerte Arbeitsatmosphäre der Übungsfirma (als) ein Indiz für wenig Arbeit" gewertet wurde.

Verständnis betrieblicher Zusammenhänge

In schriftlichen Befragungen bei DIEHL und KARSTADT äußerten die meisten Auszubildenden, seit ihrem Einsatz in der Übungsfirma auch Arbeitsabläufe und Zusammenwirken der verschiedenen Abteilungen der Mutterfirma besser zu verstehen:

"Ich habe von der Übungsfirma sehr profitiert. Das ganze Schema, die Abwicklung, die Zusammenarbeit zwischen allen Abteilungen hat mich begeistert. Denn ich konnte mir bis zu diesem Zeitpunkt kein rechtes Bild davon machen, wie die einzelnen Abteilungen, z. B. Einkauf - Verkauf, zueinander stehen."

Probleme wurden dabei auch aus der Sicht des Unternehmens oder von Vorgesetzten ("Jetzt weiß ich, warum uns unser Chef ständig mit seinem Deckungsbeitrag nervt!") erlebt. Ferner konnte das Interesse an außerbetrieblichen Institutionen (z. B. IHK, AOK, Berufsgenossenschaft) geweckt werden, da manche Auszubildende "schon wissen (wollten), für was wir eigentlich die ganzen Beiträge und Gebühren zahlen müssen."

Umsetzung des Gelernten

Ob die Übungsfirma gewissermaßen als Praxisfeld zur direkten Anwendung der in den Fachabteilungen der Mutterfirma vermittelten Kenntnisse und Fertigkeiten dienen kann, muß hier offengelassen werden. Am ehesten läßt sich dies vielleicht für die Software-Erstellung der Junioren bei DATEV annehmen, da hier "die Anforderungen in der Juniorfirma meist genauso gelagert sind wie in den Entwicklungsabteilungen."

Doch wurde in einer Umfrage von fast allen Auszubildenden der Auffassung zugestimmt, daß zur Umsetzung von Berufsschulwissen "die Übungsfirma eher als andere

Abteilungen" Gelegenheit biete. Umgekehrt konnte allerdings nur von wenigen Auszubildenden bestätigt werden, daß ihnen "seit dem Besuch der Übungsfirma der Berufsschulunterricht leichter" fiele.

Eher abwartend ("vielleicht") äußerten sich die Auszubildenden zur Möglichkeit, durch die Ausbildung in der Übungsfirma bessere Ergebnisse bei der Abschlußprüfung zu erzielen. Doch wurde auch gemeint, die Übungsfirma könne sich stimulierend auf die Prüfungsvorbereitung auswirken ("Wenn man 'durchblickt', hat ... man viel mehr Lust, für die Prüfung zu lernen!"). Ein Ausbildungsleiter schließlich sah in der gewonnenen Sprachgewandtheit und Sicherheit im Auftreten für die Auszubildenden eine Voraussetzung dafür, der mündlichen Prüfung gelassener (mit weniger "Konfrontationsangst") entgegensehen zu können.

Arbeits- und Sozialverhalten

Ohne hier durch die Hintertür den eingangs kritisierten Begriff der "Schlüsselqualifikationen" wieder einführen zu wollen, wird aufgezeigt, wie sich die Ausbildung in der Übungsfirma nach Auffassung der Auszubildenden auf ihre Selbständigkeit, Kreativität, Kommunikation und Kooperation ausgewirkt hat.

So meinten bei einer Umfrage die meisten DIEHL-Junioren, in der Übungsfirma selbständiger geworden zu sein. Begründet wurde dies etwa damit, daß ein eigener Aufgabenbereich bearbeitet und Probleme allein gelöst werden konnten. Ebenso wären das Verantwortungsbewußtsein gefördert und Entscheidungen sorgfältiger getroffen worden ("Man überlegt sich genau, wie man was anfaßt und ausführt!"); ähnliche Schilderungen gaben Auszubildende der anderen Übungsfirmen. Eine Kostprobe vom mitunter ebenfalls gestiegenen Selbstbewußtsein der Auszubildenden - nach Rückkehr in die Fachabteilungen - vermittelte bei einer Präsentation von Übungsfirmen der Vertreter von Juventus, als er auf eine entsprechende Frage unter großem Beifall erläuterte: "Die Auszubildenden sind zu selbständig. Sie wollen einfach nicht mehr kopieren!"

Die Übungsfirma stellte für die Mehrzahl der Auszubildenden - so wiederum die Umfrageergebnisse bei DIEHL - eine Gelegenheit dar, auch ihre kreativen Fähigkeiten zu verbessern. Als Beispiele nannten sie unter anderem den Entwurf von Katalogen, Werbespots und Formularen oder die Suche nach Produktideen. Der Bereich Werbung schien ähnlich bei den übrigen Übungsfirmen als besonders ergiebig für kreative Betätigungen angesehen worden zu sein, wobei allerdings Plakatemalen als "kindisch und nichtsbringend" kritisiert wurde. Auch der Personalbereich bot manche Gelegenheit, Einfallsreichtum zu demonstrieren; so wurde etwa das Schließen von Schein-Ehen zur Erhöhung der Nettogehälter durchgespielt oder im Arbeitszeugnis für eine vorzeitig ausscheidende Übungsfirmenmitarbeiterin "ihrem zukünftigen Arbeitgeber ... alles Gute" gewünscht.

Bei allen Übungsfirmen finden sich Hinweise darauf, daß das dort herrschende Arbeitsklima, die Art der Aufgabenstellung und die Förderung des Erfahrungsaustausches durch Besprechungen o. ä. die Fähigkeit der Auszubildenden zur Kooperation ("Je mehr Personen, desto mehr Kompromisse!") und zur Kommunikation positiv beeinflußt hatten. Eine Auszubildende formulierte dies wie folgt:

"Ich glaube, wenn ich jetzt in die Abteilung zurückkomme, werde ich den Mut haben, für mich wichtige Dinge anzusprechen, und die Fähigkeit haben, das was ich eigentlich sagen möchte, auch richtig auszudrücken."

Mitunter wurde die gemeinsame Aufgabenbewältigung jedoch übertrieben, so daß "selbst Botengänge zu zweit ausgeführt wurden." Auch konnte Cliquenbildung dazu führen, daß bei Meinungsverschiedenheiten "sachliche Argumente oft in den Hintergrund" traten. Etwas enttäuscht bezeichnete eine Auszubildende ferner als größtes Problem in der Übungsfirma "die Zusammenarbeit mit Leuten, die durchaus keine Motivation hatten und dadurch den reibungslosen Ablauf behinderten."

Motivation und Engagement

Einschätzungen der Übungsfirma als "Krönung" oder als "i-Tüpfelchen" der Ausbildung deuten darauf hin, daß manche Auszubildende diesen Ausbildungsabschnitt als besonders anregend empfanden. Das wurde durch Äußerungen, sie seien "in der Übungsfirma mehr motiviert ... als in den übrigen Ausbildungsabteilungen", noch bekräftigt.

Für die DIEHL-Junioren hatte sich als besonders ergiebig und motivierend ("der größte Erfolg"), aber schon wegen des Arbeitsaufwandes als nicht beliebig wiederholbar, die von der Geschäftsleitung in Auftrag gegebene Lieferung eines Fahrrads "mit 20-jähriger wartungsfreier Einsatzbereitschaft" erwiesen. Sowohl bei der Konstruktion, Fertigung und Montage durch die gewerblich-technischen Auszubildenden als auch bei der Kalkulation und der Beschaffung (vom witterungsresistenten Lack bis zu den Mopedreifen vom Typ "Bullus") waren zahlreiche Hürden zu überwinden, bis schließlich im Anerkennungsschreiben des Auftraggebers die termin-, anforderungs- und kostengerechte Lieferung als Beweis für die Leistungsfähigkeit der Juniorenfirma gewürdigt werden konnte.

Doch konnte die Begeisterung gelegentlich in Frustration umschlagen, wenn etwa die erhoffte Anerkennung ausblieb ("In den anderen Abteilungen wird man für eine gute Leistung gelobt, hier ist alles so selbstverständlich!") oder die Auszubildenden bei Unterschriftsregelungen, Fragen der Kassen- und Kontenführung usw. an die Grenzen des jeweiligen mutterbetrieblichen Bedingungsrahmens stießen. Auch bedurfte es schon einmal einer längeren, emotionsgeladenen Diskussion ("Ist das ein Depp!"), bis einem Auszubildenden von den Übungsfirmenkollegen klargemacht werden konnte, daß seine engagierte Verfechtung des ökonomischen Prinzips zwar folgerichtig war, aber zur Funktionsunfähigkeit der Übungsfirma führen mußte.[32] Ferner wurden mitunter Abnutzungserscheinungen beklagt ("Jeder geht seiner Wege!") oder die Tätigkeit nach einer gewissen Zeit mit "alles furchtbare Routine" charakterisiert.

Ohnehin zeichneten sich für die Ausprägung der Motivation bestimmte Phasen [33)] ab:

- Einarbeitungsphase mit hoher Anfangsmotivation ("gespannte Erwartung"), die dann infolge von Unsicherheit oder Überforderung deutlich abnahm;
- Kreativitätsphase mit wieder ansteigender Motivation, nachdem die Einarbeitungsschwierigkeiten überwunden waren;
- Ernüchterungsphase mit erneut sinkender Motivation, wenn kaum zu beseitigende Mängel erkannt wurden, die Versetzung in eine weniger beliebte Fachabteilung ("Selbständigkeit ist da nicht drin!") bevorstand oder auch in der Übungsfirma "die kreative Gestaltung zur Routine geworden" war.

Diese Phasen konnten ähnlich - mit allerdings variierender Phasendauer - bei allen Übungsfirmen beobachtet werden.

Reaktionen aus dem Umfeld

Besucher von Übungsfirmen-Messen oder von Präsentationen zeigten sich immer wieder beeindruckt, mit welcher Begeisterung, Kompetenz und Sicherheit die Auszubildenden ihre Projekte vorstellten. Mitunter war allerdings auch Zurückhaltung gegenüber dem Konzept der betrieblichen Übungsfirma zu erkennen, weil dadurch - so etwa die Meinung der IHK Nürnberg - möglicherweise die Ausbildung noch weiter "verschult" werde und die Ausbildung am Arbeitsplatz an Bedeutung verliere.

In den Betrieben selbst wurde die Übungsfirma anfangs nicht von allen ernstgenommen, sondern gelegentlich als "Tränenverein" tituliert oder ihr ein baldiges Ende prophezeit. Durch Artikel in den Betriebszeitschriften, das Abhalten von Informations- und Verkaufstagen, gezieltes Ansprechen der Fachabteilungen und vor allem durch den von den Auszubildenden und ihren Betreuern gezeigten Einsatz konnten solche Vorbehalte weitgehend abgebaut werden. Sie wichen der bereitwilligeren Unterstützung durch Auskünfte und Verbesserungsvorschläge sowie - nicht zuletzt - einem anerkennenden Bedauern ("Zu unserer Zeit wäre so etwas in der Ausbildung undenkbar gewesen!").

3. Zusammenfassung und Folgerungen

3.1 Gesamteindruck der Evaluierung

Am Ende dieses Evaluierungsversuches kommt möglicherweise etwas Ratlosigkeit auf. Vielfältige und oft ambivalente Eindrücke sowie die zahlreichen, hier nur angedeuteten Detailprobleme vermitteln vom Ausbildungskonzept Übungsfirma ein Bild, das sich nicht ohne weiteres in einen bestimmten bildungs- bzw. personalpolitischen oder didaktischen Rahmen einpassen läßt. Auch bleiben vielleicht untersuchungsmethodische Bedenken zurück, nachdem doch häufig auf Einschätzungen der Auszubildenden und ihrer Betreuer Bezug genommen wird. In der Zusammenschau dieser Einzelaussagen läßt aber selbst eine solche "Evaluierung per Augenschein", zumal sie durch umfangreiche Ausarbeitungen und Materialsammlungen der Diplomanden gestützt wird, Einsichten und Folgerungen zu, denen zumindest Plausibilität kaum abgesprochen werden kann.

Als wohl wichtigster Eindruck ist zu nennen, daß bei den Auszubildenden in der Übungsfirma ein Potential an Einsatzfreude, Selbständigkeit und Kreativität zutagegetreten ist, das bei der herkömmlichen Ausbildung in den Fachabteilungen anscheinend nicht immer genutzt, mitunter vielleicht sogar verschüttet wird. Doch stellt sich die Übungsfirma nicht als "heile Welt" dar, sondern auch als Schauplatz von Unzulänglichkeiten, Frustrationen, menschlichen Schwächen und Interessengegensätzen.

Die hier gewonnenen Erfahrungen rechtfertigen es nicht, dem einen oder dem anderen Übungsfirmenkonzept besondere Vorteilhaftigkeit zu bescheinigen und beispielsweise die realen Übungsfirmen (Juniorenfirmen) gegenüber Übungsfirmen mit fiktivem Geld- und Warenverkehr auszuspielen. Beide Konzepte weisen spezifische Vorzüge und Schwachstellen auf, die nicht generell gegeneinander aufzurechnen sind.

3.2 Fördernde und hemmende Einflüsse

Als günstig für das Betreiben einer Übungsfirma hat sich die Unterstützung "von oben", d. h. durch die jeweilige Geschäftsleitung erwiesen, zumal dadurch Vorbehalte in den Fachabteilungen schneller abgebaut worden oder gar nicht erst aufgetreten sind. Diese Absicherung dürfte um so eher zu erreichen sein, wenn einleuchtende personal- oder ausbildungspolitische Ziele mit der Übungsfirma verknüpft werden können und wenn dieses Konzept auch gegenüber der Öffentlichkeit als Indikator für eine fortschrittliche Bildungsarbeit des Unternehmens darstellbar ist.

Als positiver Einflußfaktor oder gar als eine Grundvoraussetzung kann auch die vergleichsweise intensive Betreuung gelten. Hierbei haben sich die zur Unterstützung der Ausbildungsleiter oder Referenten herangezogenen Praktikanten - soviel Eigenwerbung sei hier gestattet - vor allem bei längeren bzw. wiederholten Einsätzen als sehr engagierte und kompetente Partner bewährt.

Gerade auch bei den realen Übungsfirmen hat sich die Gründungsphase als anstrengender, aber ebenso als reizvoller, zahlreiche Herausforderungen und Lernmöglichkeiten bietender Ausbildungsabschnitt herausgestellt. Doch dürfte es schon wegen des Zeitbedarfs und der zu erwartenden Proteste der Mitarbeiter in den Fachabteilungen wenig zweckmäßig sein, diese Phase ständig zu wiederholen. Eher wäre zu überlegen, ob nicht das Instrument der "Verstärker" (vgl. Übersicht 3) systematisch ausgebaut werden sollte. So könnten - wie dies teilweise schon praktiziert wird - durch Einlagen der Betreuer Flauten im Geschäftsgang überbrückt oder relativ unauffällig Hilfestellung bei anstehenden Problemen gegeben werden. Ähnlich könnten gezielt eingesetzte, d. h. auf konkrete oder "eingespielte" Situationen in der Übungsfirma bezogene Schulungen durch "Experten" der Fachabteilungen nicht nur den Kenntnisstand der Junioren verbessern, sondern auch die Integration der Übungsfirma in den Mutterbetrieb fördern.

Als Einflüsse, die sich eher hemmend auf die Übungsfirmenarbeit auswirken dürften, sind beispielsweise überzogene Erwartungen oder eine halbherzige Betreuung zu nennen, aber auch die Einstellung, daß "machen lassen" bereits Lernerfolge garantiert.

Für den Erfolg oder den Mißerfolg einer Übungsfirma sind ferner die Auszubildenden selbst mitverantwortlich. Wenn sie schon zu Beginn die Auffassung vertreten, daß man "so reife und selbständige Auszubildende, wie wir es sind, einfach nicht gewohnt" ist, Arbeitsanweisungen ignorieren ("Da schau' ich sowieso nicht rein, das ist alles Mist!") und im übrigen "projektmüde" sind, dann wird auch unter sonst günstigen Voraussetzungen ein zufriedenstellender Ablauf kaum zu erreichen sein.

3.3 Begründbarkeit des "Betriebs im Betrieb"

Wie eingangs unter Bezugnahme auf die von Karl Abraham geforderte "Erkenntnis der wunden Punkte und der Gegebenheiten ..." schon angedeutet wurde, stehen im Betrieb die für die Bildungsarbeit Verantwortlichen immer wieder unter Begründungsdruck. Dies gilt besonders dann, wenn über neue, dazuhin aufwendige Konzepte, wie z. B. die Errichtung einer Übungsfirma, entschieden werden soll.

Der zur Zeit feststellbare Aufschwung der Ausbildung in betrieblichen Übungsfirmen dürfte teilweise, wenn nicht überwiegend vom Kontrast zur sonst üblichen Ausbildung in den Betrieben getragen werden. Ähnlich kann die Suche nach "Schlüsselqualifikationen" bzw. nach dem "ganzen Tun" als Ausdruck der Unzufriedenheit mit der herkömmlichen Ausbildung - doch nicht nur mit der betrieblichen - interpretiert werden, kaum aber als "richtungsweisendes", inhaltlich fundiertes Konzept.

Solche Zweifel drückt auch die Frage eines (sehr engagierten!) Auszubildenden aus, wo denn die Übungsfirma bzw. ihre Mitarbeiter "wirkliche Verantwortung" trügen oder ob sich diese darauf beschränke, "keinen Schreibfehler" zu machen und "immer schön das Büro aufgeräumt" zu haben. Ferner weist diese pointierte Äußerung auf das Problem hin, daß die Betriebe sich auch selbst Klarheit darüber verschaffen müßten, welche Ziele sie mit dem Betreiben einer Übungsfirma verfolgen und welche Kriterien sie zur Beurteilung des Erfolgs im einzelnen zugrundelegen wollen. Insofern sind allgemeine Absichtserklärungen oder Forderungen ("In einem Unternehmen der freien Wirtschaft zählt nur der Erfolg!") wenig hilfreich.

Einem hartnäckigen Skeptiker schließlich könnte sich die Vermutung aufdrängen, daß die nachweisbaren positiven Effekte der Ausbildung in einer Übungsfirma analog den

Ergebnissen der sogenannten "Hawthorne-Experimente" [34)] gedeutet werden könnten. Demnach wären für die höhere Selbständigkeit, Motivation usw. nicht die Übungsfirma "als solche" ausschlaggebend, sondern das Bewußtsein, bei der Realisierung eines Konzepts mitwirken zu können, das auf so großes Interesse stößt. Dann müßte aber gefragt werden, wie lange dieses Stimulans anhält bzw. ob bei vergleichbarer Zuwendung und entsprechendem Ressourceneinsatz die herkömmliche Ausbildung - allein oder zusammen mit anderen Konzepten (z. B. Leittextmethode) - nicht noch erfolgversprechender wäre als die Übungsfirma.

Diese Anmerkungen sollen nicht den Eindruck erwecken, das Konzept der betrieblichen Übungsfirma könne - weil nicht schlüssig begründbar - eigentlich gar nicht funktionieren. Sie sind vielmehr gegen Begründungsversuche gerichtet, die in diesem Ansatz einmal mehr ein Patentrezept zur Heilung möglichst vieler akuter und chronischer Malaisen der Berufsausbildung sehen.

Die Berücksichtigung dieser Vorbehalte im Kalkül der Ausbildungsbetriebe wird die Übungsfirma zwar nicht zum "Ausbildungskonzept des Jahres 2000" [35)] machen, doch eventuell dazu beitragen, daß dann überhaupt noch mit ihr gearbeitet wird. Das Engagement der zur Zeit an einschlägigen Projekten oder Modellversuchen Beteiligten, aber auch die mit diesem Konzept zumindest unter den gegenwärtigen Ausbildungsbedingungen erzielbaren Wirkungen, hätten dies jedenfalls verdient.

Anmerkungen:

(1) ABRAHAM, Karl: Der Betrieb als Erziehungs- und Bildungsfaktor, in: CORMAN, Gilbert / LOTTMANN, Werner (Hrsg.): Laßt sie Menschen bleiben im Betrieb, Stuttgart 1960, S. 169 - 178. Wiederabgedruckt in: BERKE, Rolf (Hrsg.): Karl Abraham: Industrielle Arbeitswelt als Bildungsraum. Eine Aufsatzsammlung, Frankfurt am Main u.a. 1984, S. 93 - 104, S. 93

(2) Ebenda, S. 101

(3) Deutscher Industrie- und Handelstag (Hrsg.): Die Zukunft gestalten: Dynamik durch Weiterbildung, Bonn 1985, S. 71

(4) Ritzel wurde 1960 nach Abraham und Röhrs auf den Mannheimer Lehrstuhl für Wirtschaftspädagogik berufen. Vgl. PLEISS, Ulrich: Wirtschaftslehrerbildung und Wirtschaftspädagogik. Die wirtschaftspädagogische Disziplinenbildung an deutschsprachigen wissenschaftlichen Hochschulen, Göttingen 1973, S. 289 ff.

(5) RITZEL, Wolfgang: Aktuelle Fragen der Wirtschaftspädagogik, in: Die Deutsche Berufs- und Fachschule, 10/1961, S. 738 - 753, S. 745

(6) Die folgenden, vom Verfasser dieses Beitrags betreuten Diplomarbeiten wurden in die Auswertung einbezogen:

KARL, Irmengard: Die Ausbildung in einer realen Übungsfirma am Beispiel der Diehl Juventus GmbH, Diplomarbeit Nürnberg 1987

LEOPOLD, Carsten Dietrich: Gründungs- und Aufbauphase einer realen Übungsfirma am Beispiel der Diehl Juventus GmbH, Diplomarbeit Nürnberg 1985

SCHÄUFL, Susanne: Die Übungsfirma in der kaufmännischen Berufsausbildung - dargestellt am Beispiel der Karstadt AG, Diplomarbeit Nürnberg 1988

TREIMER, Frieda: Strategien und Probleme der Einrichtung einer Juniorfirma an der DATEV eG - Eine wirtschaftspädagogische Analyse unter besonderer Beachtung des Aspektes der Handlungsorientierung, Diplomarbeit Nürnberg 1988

WILLINCK, Ulrike: Die Ausbildung in einer realen Übungsfirma am Beispiel der Diehl Juventus GmbH, Diplomarbeit Nürnberg 1987

(7) Um der zugesagten Vertraulichkeit zu entsprechen, sind hier manche Aussagen bewußt so formuliert, daß nicht auf die betreffende Übungs- oder Mutterfirma geschlossen werden kann. Aus ähnlichen Gründen wird der genaue Fundort der im folgenden wörtlich oder sinngemäß zitierten Äußerungen von Auszubildenden oder Betreuern usw. nicht im einzelnen nachgewiesen.

(8) vgl. BORTZ, Jürgen: Lehrbuch der empirischen Forschung für Sozialwissenschaftler, Berlin u. a. 1984, S. 196 f.

(9) HAMBLIN, A.C.: Evaluation and Control of Training, London u. a. 1974, S. 72

(10) vgl. BORICH, Gary D. / JEMELKA, Ron P.: Programs and Systems. An Evaluation Perspective, New York u.a. 1982, S. 137 ff.; zu einem ähnlichen Ansatz vgl. HERTEL, Hans-Dieter: Systemanalyse betrieblicher Berufsbildung, Bern/Frankfurt a. M. 1976, S. 10 ff.

(11) DAHRENDORF, Ralf: Industrielle Fertigkeiten und soziale Schichtung, in: Kölner Zeitschrift für Soziologie und Sozialpsychologie, 1956, S. 540 - 568, S. 554

(12) MERTENS, Dieter: Schlüsselqualifikationen. Thesen zur Schulung für eine moderne Gesellschaft, in: Mitteilungen aus der Arbeitsmarkt- und Berufsforschung, 1/1974, S. 36 - 43, S. 36

(13) MERTENS, Dieter: Schlüsselqualifikationen und Berufsbildung. Versuch einer Erwiderung, in: Berufsbildung in Wissenschaft und Praxis, 5/1975, S. 24 - 25, S. 24

(14) vgl. GAUGLER, Eduard: Zur Vermittlung von Schlüsselqualifikationen, in: GAUGLER, Eduard (Hrsg.): Betriebliche Weiterbildung als Führungsaufgabe, Wiesbaden 1986, S. 69-84, S. 73 ff.; vgl. Bundesminister für Bildung und Wissenschaft (Hrsg.): Schlüsselqualifikationen und Weiterbildung. Dokumentation des Dritten BMBW-Kolloquiums zur Weiterbildung am 26. September 1985 in Bonn, Bad Honnef 1986, S. 60 ff.

(15) vgl. Grundsätze zur Neuordnung der bürowirtschaftlichen Ausbildungsberufe, Vereinbarung zwischen DGB/DAG und KWB, Aktualisierte Fassung vom Mai 1988 (Entwurf), in: Gewerkschaftliche Bildungspolitik, 7/8/1988, ohne Seitenangaben (Einlage)

Unter Ziffer 6. dieser Grundsätze heißt es: "Beide Ausbildungsberufe (Kfm. für Bürokommunikation und Kfm. für Organisation; A.d.V.) sollen Sockelqualifikationen enthalten, die berufliche Flexibilität und Mobilität sowie eine breite kaufmännische Qualifikation sichern. Sockelqualifikationen sind beiden Berufen gemeinsame

- fachliche Ausbildungsinhalte
- fachübergreifende Qualifikationsziele, die integriert mit fachspezifischen Inhalten zu vermitteln sind. ...

Es ist ... zu prüfen, inwieweit das Modell der Sockelqualifikationen auf andere kaufmännische Ausbildungsberufe übertragbar ist."

Wie es scheint, wird in diesem "Modell" versucht, die seit langem kontrovers diskutierte und noch immer ungelöste Grundbildungsproblematik mit der ebenso offenen Frage der Schlüsselqualifikationen "in einem Aufwasch" zu bewältigen. Das Ergebnis dieses kaum anders als mit "heroisch" zu bezeichnenden Unterfangens bleibt abzuwarten.

(16) vgl. hierzu auch HERTEL, Hans-Dieter: Ausbildungsordnungen und Rahmenlehrpläne, in: BERKE, Rolf u. a. (Hrsg.): Handbuch für das kaufmännische Bildungswesen, Darmstadt 1985, S. 243 - 242, S. 238 ff. und den nach Abschluß dieses Manuskript erschienenen Aufsatz von ZABECK, Jürgen: "Schlüsselqualifikationen" - Zur Kritik einer didaktischen Zielformel, in: Wirtschaft und Erziehung, 3/1989, S. 77 - 86

(17) FIX, Wolfgang: Projektorientierte Teamausbildung in Juniorenfirmen, in: FRIEDE, Christian K. (Hrsg.): Neue Wege der betrieblichen Ausbildung, Heidelberg 1988, S. 133 - 147, S. 133

(18) vgl. hierzu etwa HALFPAP, Klaus: Dynamischer Handlungsunterricht. Ein handlungstheoretisches Didaktik-Modell, Darmstadt 1983; SÖLTENFUSS, Gerhard: Grundlagen handlungsorientierten Lernens. Dargestellt an einer didaktischen Konzeption des Lernens im Simulationsbüro, Bad Heilbrunn/Obb. 1983; LAUR-ERNST, Ute: Entwicklung beruflicher Handlungsfähigkeit. Theoretische Analyse und praktische Konsequenzen für die Berufsausbildung, Frankfurt am Main u. a. 1984

(19) BENTELER, Paul: Handlungsorientiertes Lernen in der wissenschaftlichen Diskussion, in: SÖLTENFUSS, Gerhard / HALFPAP, Klaus (Hrsg.): Handlungsorientierte Ausbildung im kaufmännnischen Bereich. Ergebnisse der Hochschultage Berufliche Bildung '86 in Essen, Sankt Augustin 1987, S. 79 - 106, S. 83

(20) Zu einer kritischen Auseinandersetzung mit dem Handlungsbegriff und der Fundierung handlungsorientierter Ansätze (z. B. Lernbüro) siehe die Beiträge von Beck,

Czycholl, Ebner und Reinisch in: CZYCHOLL, Reinhard / EBNER, Hermann (Hrsg.): Zur Kritik handlungsorientierter Ansätze in der Didaktik der Wirtschaftslehre, Oldenburg 1988

(21) vgl. Anmerkung (15)

(22) KUTT, Konrad: Die Juniorenfirma als Ergänzungsmethode zur betrieblichen kaufmännischen Berufsausbildung, in: KUTT, Konrad / SELKA, Reinhard (Hrsg.): Simulation und Realität in der kaufmännischen Berufsbildung, Berlin 1986, S. 3 - 13, S. 7

(23) Ebenda

(24) An einem auf drei Jahre angelegten (ab 1983) Modellversuch zur Erprobung realer Übungsfirmen unter Federführung der IHK Bodensee-Oberschwaben (Weingarten) und der Betreuung und wissenschaftlichen Begleitung von Prof. Dr. Wolfgang Fix (Universität Stuttgart) nahmen folgende Unternehmen teil: Bizerba-Werke (Balingen), FAG Kugelfischer (Schweinfurt), Otto Maier Verlag (Ravensburg), Wielandwerke (Ulm), Württembergische Metallwarenfabrik (Geislingen/Steige), Zahnradfabrik Friedrichshafen (Friedrichshafen), Carl Zeiss (Oberkochen), Zeppelin-Metallwerke (Friedrichshafen); vgl. ebenda, S. 13. Dieser Modellversuch wurde vom Bundesinstitut für Berufsbildung (Berlin) finanziell gefördert, wobei etwa die Firma FAG Kugelfischer ca. 95.000 DM an Zuschüssen erhielt; vgl. Schweinfurter Metall- und Kunststoffwaren (Hrsg.): Geschäftsbericht 1987, S. 6 (Arbeitspapier der Juniorenfirma der Auszubildenden bei FAG Kugelfischer)

(25) vgl. KRÖLL, Martin: Juniorenfirma - Untersuchung eines Ausbildungskonzepts aus pädagogischer und didaktischer Perspektive, in: Kölner Zeitschrift für Wirtschaft und Pädagogik, 5/1988, S. 139 - 157, S. 139

(26) vgl. o.V.: Am Dienstag Manager, in: Wirtschaftswoche, 47/1985, S. 54 - 58

(27) Allerdings führte die KARSTADT-Filiale Nürnberg/Lorenzkirche auch schon ein der Juniorenfirma ähnliches Projekt durch. Bei diesem "Lollypopshop" (18. - 30. 5. 1987) wurde von Auszubildenden aus Verkauf und Dekoration ein "Sondershop" für die Zielgruppe der 15- bis 25jährigen Kunden vorbereitet und betrieben. Vgl. o.V.: Lollypopshop, in: WIR, Eine Zeitschrift für die Mitarbeiter von Karstadt, Neckermann, NUR Touristic, 4/1987, S. 6 - 7

(28) LITT, Theodor: Führen oder Wachsenlassen. Eine Erörterung des pädagogischen Grundproblems, Stuttgart 1958, 7. Auflage

(29) REETZ, Lothar: Die Übungsfirma in der kaufmännischen Berufsbildung. Didaktische Möglichkeiten und Grenzen einer Organisationsform wirtschaftsberuflichen Lernens, in: KUTT, Konrad / SELKA, Reinhard (Hrsg.): a. a. O., S. 228

(30) So können Abschreibungen auf eine relativ hoch angesetzte fiktive Produktionsausstattung bei vergleichsweise niedrigen realen Umsatzerlösen auf Jahre hinaus die Übungsfirma in "rote Zahlen" führen, ohne daß dies von den Junioren wesentlich zu beeinflussen wäre.

(31) Bei den hier genannten Umfragen konnten ca. 20 (DIEHL) bis 35 (KARSTADT) gültige Fragebögen ausgewertet werden.

(32) Im genannten Fall blieben plötzlich die von der Außenstelle zu vergebenden Kundenaufträge an eine der beiden konkurrierenden Übungsfirmen aus, da deren Konditionen durchwegs ungünstiger waren als diejenigen der "Konkurrenz".

(33) vgl. WILLINCK, Ulrike: a. a. O., S. 83 ff.

(34) Diese in den zwanziger und dreißiger Jahren durchgeführten Studien (z. B. zur Abhängigkeit der Arbeitsleistung von Art und Stärke der Beleuchtung) ergaben, "daß die nicht unmittelbar beabsichtigten Nebeneffekte einer Förderung der informellen Beziehungen sich stärker auswirkten als die Veränderung organisatorisch-sachlicher Arbeitsbedingungen." FRANKE, Joachim: Sozialpsychologie des Betriebes. Erkenntnisse und Ansätze zur Förderung der innerbetrieblichen Zusammenarbeit, Stuttgart 1980, S. 69. Dies wird damit erklärt, "daß die Bedürfnisse nach Steigerung des Lebensgefühls im Rahmen der Experimente besser als zuvor befriedigt werden konnten. Die Frauen waren über die Absichten des Experimentes orientiert und erlebten, daß ihre Ansicht ernst genommen wurde. Man bemühte sich um die am Experiment Beteiligten und gab ihnen Gelegenheit, ihren eigenen Wert zu erleben." Ebenda, S. 70

(35) s. Anmerkung (25)

Günter Ashauer: Lernen mit dem Computer

Zur Person:

Dipl.-Hdl. Dipl.-Kfm. Prof. Dr. rer. pol. Günter Ashauer, Leiter der Deutschen Sparkassenakademie

Jahrgang 1934; Banklehre und Bankpraxis; Studium der Wirtschaftswissenschaften und Wirtschaftpädagogik Universität Frankfurt 1956 - 1961; Assessor des Lehramtes Mainz 1963; Promotion Frankfurt 1965; o. Prof. für Wirtschaftswissenschaft und Didaktik der Wirtschaftslehre Pädagogische Hochschule Rheinland, Abteilung Köln 1970 - 1973; Leiter der Deutschen Sparkassenakademie Bonn seit 1973; Honorarprofessor Universität zu Köln seit 1973; Lehrbeauftragter Universität Bonn seit 1979

Ob wir es wollen oder nicht: Wir müssen uns zu Beginn der 90er Jahre als Pädagogen oder Andragogen, als Wirtschaftspädagogen gar, mit dem Computer auseinandersetzen, mit

- dem Computer als Arbeitsmittel,
- dem Computer als Unterrichtsgegenstand und - vor allem auch
- dem Computer als Lernmedium.

Der Verfasser dieses Beitrags wurde dazu aus drei Richtungen gedrängt:

Zum einen von seinen Kindern, also der nachfolgenden Generation, die sich durch Studium der Informatik und durch entsprechende Kurswahl in der gymnasialen Oberstufe dem Computer zuwandten, ihn zum Gegenstand zahlreicher häuslicher Gespräche machten und bald auch - leider zu einem Zeitpunkt, als die Hardware noch recht teuer war - dafür sorgten, daß ein Personalcomputer (PC) in der eigenen Familie Einzug hielt;

zum anderen im Zusammenhang mit ehrenamtlichem Engagement in der Schulpolitik auf lokaler Ebene (als Vorsitzender des Fördervereins einer Schule) und auf Landesebene (im Ausschuß "Studium und Beruf" der Landeselternschaft), wo es um die Ausstattung einer Schule mit Personalcomputern und deren Einsatz in Unterricht und Schulverwaltung und um didaktische Fragen des PC-Einsatzes in der Schule ging (z. B. um die Frage: "Informatik als Unterrichtsfach und/oder als Unterrichtsprinzip?");

schließlich und mit voller Wucht in seinem Beruf als Leiter einer Akademie und als Koordinator der beruflichen Aus- und Weiterbildung in einer großen Bankengruppe mit rd. 260.000 Mitarbeitern in über 600 autonomen, jedoch kooperations- und koordinationsbereiten Instituten. Hier ging es um alle drei o. a. Bereiche, z. B.

- um den Einsatz des Computers für die Akademie- und Seminarverwaltung und die Entwicklung der dafür nötigen Software (Computer als Arbeitsmittel),
- um die schulungsmäßige Vorbereitung der computerunterstützten Kundenberatung, Sachbearbeitung und Textverarbeitung in den angeschlossenen Kreditinstituten (Computergebrauch als Unterrichtsinhalt) und last but not least
- um die Auswertung vorliegender Erfahrungen auf dem Gebiet des Computer-unterstützten Lernens ("Computer Based Training"; CBT) und um das Sammeln eigener Erfahrungen in Pilotprojekten (Computer als Lernmedium).

Im folgenden soll vor allem auf den letzten Problemkreis (Computerunterstütztes Lernen) näher eingegangen werden, wobei jedoch auch Erfahrungen aus den anderen genannten Bereichen mit einfließen werden.

Der Beitrag ist Professor Dr. Karl Abraham zu seinem 85. Geburtstag am 6. Juli 1989 gewidmet, obwohl es bei diesem Thema nicht - wie sonst üblich - möglich ist, ihn häufig ehrend zu zitieren, spielte doch computerunterstützter Unterricht in der Zeit seiner aktiven Lehr- und Forschungstätigkeit entwicklungsbedingt noch keine Rolle. Der Verfasser ist sich jedoch sicher, daß Karl Abraham sich, wäre er zwanzig Jahre später emeritiert worden, diesem Thema zugewandt hätte, um es mit dem ihm eigenen Realismus und seinem Sinn für das Wesentliche zu ergründen.

1. Voraussetzungen computerunterstützten Lernens

Für computerunterstütztes Lernen sind Voraussetzungen im Hardware- und im Softwarebereich notwendig.

1.1 Hardware

In den sechziger und siebziger Jahren wurden die damals ausschließlich vorhandenen Großrechner (Main frames) für computerunterstütztes Lernen eingesetzt, verständlicherweise zunächst insbesondere für die Schulung von EDV-Spezialisten (z. B. in Rechenzentren). Die Lernplätze waren mit Terminals ausgestattet, die über eine Leitung, im einfachsten Fall über eine Telefonleitung, mit dem "Zentralrechner" in Verbindung standen, wo die nötige Software gespeichert war.

Die Erfindung des Chips (Mikroprozessors) und im Zusammenhang damit der Siegeszug des Personalcomputers (PC) schufen auch für das computerunterstüzte Lernen völlig neue Möglichkeiten. Begünstigt durch stark sinkende Hardware-Preise hat der Personalcomputer auch in der Bundesrepublik Deutschland seit Anfang der achtziger Jahre, verstärkt seit Mitte der achtziger Jahre, eine große Verbreitung gefunden. Personalcomputer sind heute bereits an vielen Arbeitsplätzen, aber auch in vielen privaten Haushalten zu finden.

Berufliche und allgemeinbildende Schulen (diese vor allem im Bereich der Sekundarstufe II) haben PC-Räume eingerichtet. Betriebe haben für die Weiterbildung der eigenen Mitarbeiter PC-Schulungsräume geschaffen. Sparkassen haben z. B. unter Bezeichnungen wie "Computerschule", "Computercamp" u. ä. Fazilitäten geschaffen, um Kurse für Schüler, Lehrer, mittelständische Unternehmer u. a. Interessenten durchzuführen. Zunächst war hier wiederum oft der Computer selbst Unterrichtsgegenstand.

Zu einem voll ausgestatteten Computer-Lernplatz gehören:

- die Zentraleinheit,
- eine Tastatur (mit Buchstaben-, Ziffern- und Funktionstasten),
- ein Bildschirmgerät (i. d. R. farbtüchtig),
- Speichermedien (Festplatte, Diskettenlaufwerk)

und evtl.,

- eine Maus,

- ein Drucker und
- ein Plotter.

Lernprogramme verbinden teilweise Elemente von CBT mit audio-visuellen Medien (Bildplatte, Videokassette). Für diese Lernprogramme ist dann zusätzlich die entsprechende AV-Hardware erforderlich.

1.2 Software

Beim computerunterstützten Lernen sind zwei Arten von Software zu unterscheiden:

- die Autorensoftware und
- die Lernersoftware.

Die Autorensoftware (= Werkzeuge zur Erstellung von Lernprogrammen) interessiert nicht den Lerner, sondern den Hersteller eines Lernprogrammes. Es werden Autorensprachen (mit einem größeren Freiheitsgrad in der Anwendung) und Autorensysteme (einfach zu handhaben, jedoch mit eingeschränkten Gestaltungsmöglichkeiten) unterschieden. Darauf wird hier nicht näher eingegangen.[1)]

Lerner-Software sind die eigentlichen Lernprogramme. Sie werden i. d. R. in Form einer Diskette gespeichert und vom Lernenden vor Beginn des Lernvorgangs auf die Festplatte kopiert. Dies erleichtert den Zugriff und die Handhabung des Lernprogramms. Nur allmählich setzt sich für die Lern-Software der Begriff "Courseware" durch.

2. Formen des computerunterstützten Lernens [2)]

2.1 Übungsprogramme (Drill and Practice)

Diese Programme sind die einfachste Form computerunterstützten Lernens. Anscheinend sind sie deshalb auch relativ weit verbreitet. Drill-and-Practice-Programme dienen der Einübung und Überprüfung von bereits vorhandenen Kenntnissen. Der Computer präsentiert dem Lernenden auf einem Bildschirm Aufgaben aus einem Aufgaben-Pool. Der Lernende beantwortet die gestellten Fragen mittels Eingaben über die Tastatur. Der Computer wertet die Antworten aus und registriert die Ergebnisse. Am Ende der Übung erfährt der Lernende, wie seine Leistung einzustufen ist. Bei anspruchsvollen Programmen werden die Aufgaben evtl. entsprechend dem gezeigten Kenntnisstand des Lerners ausgewählt.

Beispiele:

- Vokabeltraining,
- Rechentraining,

- Zuordnung von Hauptstädten und Staaten,
- Zuordnung von Staaten und Kontinenten,
- Vorbereitung auf die Abschlußprüfung "Bankkaufmann" (vbb, Vereinigung für Bankberufsbildung).

2.2 Tutorielle Lernprogramme

Dabei handelt es sich eigentlich um eine Fortentwicklung von Drill-and-Practice-Programmen auf der Basis der programmierten Unterweisung. Es geht um die Vermittlung und übende Anwendung von Kenntnissen. Im Mittelpunkt steht das Schema

- Darbietung einer Information (auf dem Bildschirm),
- Frage/Aufgabe (auf dem Bildschirm),
- Antwort des Lernenden (durch Eingabe über Tastatur oder Ankreuzen von Multiple-choice Aufgaben
- Feedback (richtig-falsch; positive Verstärkung bei richtiger Lösung; oder bei einer falschen Antwort Wiederholung der Frage, Rückverweis auf frühere Lernschritte oder zusätzliche Lernhilfen im Programm).

Beispiele (aus dem Bankenbereich):

- Einführung in "SWIFT" (Internationaler Zahlungsverkehr),
- Beleihungswertermittlung (Deutsche Sparkassenakademie),
- Aktienhandel (Deutsche Sparkassenakademie),
- FX-A Currency Trading Simulation (Micro Economics Ltd.). [3)]

Ein großer Teil bereits existierender computerunterstützter Lernprogramme, insbesondere aus dem Bereich der beruflichen Aus- und Weiterbildung, ist dem Bereich der tutoriellen Programme zuzuordnen. Allerdings ist die Gesamtzahl von computergestützten Lernprogrammen insgesamt noch bescheiden. Auf breiterer Ebene durchgesetzt haben sie sich bisher nur, wo es auch um DV-spezifische Lerninhalte geht (Ausbildung am Arbeitsplatz - "embedded training" - für System-Analytiker, Operators, Programmierer u. ä.).

2.3 Simulationen

Bei Simulationen handelt es sich um die mehr oder minder vereinfachte Abbildung einer realen Situation, auf die vorhandene Kenntnisse im Sinne des "Learning by doing" anzuwenden sind.

Nach festliegenden Regeln und Rahmenbedingungen können die Variablen des Modells von den Lernenden manipuliert werden, um angestrebte Ergebnisse zu erreichen. Die Vorteile dieser relativ aufwendigen Methode sind die Folgelosigkeit der Teilnehmerhandlungen in der Realität, die Attraktivität des Lernens sowie die prinzipiell beliebige Wiederholbarkeit.

Beispiele:

- Flugsimulationen in der Pilotenausbildung,
- Börsenplanspiele,
- Devisenhandel,
- Unternehmensplanspiele [4)]

2.4 Problemlösung

Dies ist die anspruchsvollste Anwendung des Computers als Lernmedium. Die Lernenden verwenden den Computer als Werkzeug, um auf Daten (die in Datenbanken gespeichert sind) zurückzugreifen, diese Daten, evtl. kombiniert mit eigenen Daten, zu verarbeiten, sie evtl. grafisch darzustellen und Schlüsse daraus zu ziehen. Die Grenzen zwischen dem Computer als Lernmedium und als Arbeitsmittel sind fließend. Die "künstliche Intelligenz" wird hier weitere Möglichkeiten erschließen helfen.

Beispiele aus dem Schulbereich:

- Wahlhochrechnungen,
- Fortschreibung demografischer Entwicklungen,
- auch: Stundenplanerstellung. [5)]

3. Pädagogische Probleme des computerunterstützten Lernens

Am Beispiel tutorieller Lernprogramme werden im folgenden spezielle pädagogische Probleme des computerunterstützten Lernens dargestellt. Dabei wird zunächst auf die Programmerstellung und dann auf die Programmnutzung eingegangen.

3.1 Probleme der Courseware-Erstellung

Die Situation ist bisher ziemlich unbefriedigend; es gibt bislang nur wenig Courseware, die pädagogischen Mindestansprüchen genügt. Dies dürfte auf die im folgenden beschriebenen Ursachen zurückzuführen sein.

3.1.1 Notwendigkeit interdisziplinärer Zusammenarbeit

Bei der Courseware-Entwicklung müssen Fachleute auf dem jeweiligen Wissensgebiet mit DV-Spezialisten (für die Programmierung/Codierung), Didaktikern und evtl. Grafikern und Psychologen (hinsichtlich der Bildschirmgestaltung) zusammenarbeiten. An die Expertise aller Beteiligten sind hohe Ansprüche zu stellen.

Von den Fachleuten wird neben fachlicher Kompetenz die Fähigkeit zu algorithmischem Denken verlangt. Der Lernstoff muß ja in kleinste logische Schritte zerlegt werden.

Die DV-Spezialisten müssen über Programmierkenntnisse in einer geeigneten Autorensprache verfügen, falls nicht ein einfacheres Autorensystem gewählt wird, was freilich bedeutet, daß Einschränkungen in den Darstellungs- und Verzweigungsmöglichkeiten in Kauf genommen werden müssen.

Alle Beteiligten müssen sehr kreativ sein, damit sie nicht mehr oder weniger langweilige "Umblätter-Programme" ("electronic paging") produzieren. Die Courseware-Ersteller müssen sich insbesondere in alle halbwegs denkbaren Verhaltensweisen der künftig mit dem Programm Lernenden hineinversetzen. Das Programm muß in der Lage sein, Antworten der Lernenden zu analysieren und zu bewerten. Wenn z. B. als Response das Wort "Aktiengesellschaft" erwartet wird, sollte das Programm auch die Abkürzungen "AG" oder "Aktienges." akzeptieren, evtl. auch die Schreibweisen "Aktien-Gesellschaft" oder "Akt.-Ges." Besondere Probleme bereiten offene Fragen. Es müssen alle denkbaren Antworten antizipiert, nach "richtig", "teilweise richtig" oder "falsch" klassifiziert und mit entsprechend verzweigtem feedback geplant werden. Der anfängliche Spaß am Lernen auf eine neue Art vergeht schnell, wenn die Courseware-Autoren nicht hinreichend "pfiffige" Ideen entwickelt haben

Dieter Euler gibt ein schönes (fiktives) Beispiel für ein schlechtes Lernprogramm: [6)]

Computer	Was ist die Hauptstadt von Deutschland? (1) Berlin (2) Hamburg (3) Bonn (Computer erwartet Ziffer zwischen 1 und 3, die auch in Satz eingekleidet sein
Lerner	Was ist gemeint: DDR oder Bundesrepublik? (Computer erkennt keine der vorgesehenen Ziffern)
Computer	Falsch! Versuchen Sie es noch einmal!
Lerner	Ich habe eine Frage gestellt! Was heißt dann falsch? (Computer erkennt wiederum keine der vorgesehenen Ziffern)
Computer	Falsch. Möchten Sie eine Hilfe? (J)a (N)ein (wenn J identifiziert wird, erscheint Hilfe; ansonsten die Frage noch einmal)

Lerner Ich will eine Antwort!

Computer Was ist die Hauptstadt von Deutschland?

(1) Berlin

(2) Hamburg

(3) Bonn

Lerner Jetzt habe ich 3 mal gefragt - langsam komme ich mir blöd vor!
(Computer erkennt die 3 im Satz)

Computer Richtig. Bonn ist die Hauptstadt von Deutschland.
Das haben Sie ausgezeichnet gemacht.

Lerner *zweifelt an seinem Verstand*

In der Praxis hat sich als besondere Schwierigkeit herausgestellt, bei der Konstruktion von Multiple-Choice-Aufgaben Distraktoren zu konstruieren, d. h. Antworten, die eindeutig falsch, aber hoch attraktiv sind.

3.1.2 Technische Limitationen

Zu den bisher genannten Schwierigkeiten treten technische Grenzen. Der Monitor kann nicht sprechen und nicht hören. Der Dialog zwischen dem Lernenden und dem Programm wird über den Bildschirm und damit rein visuell abgewickelt. Schlichte akustische Signale (Brumm- oder Summtöne, einfache Melodien) werden oft nur als pädagogischer "Gag" erlebt. Die Situation des Lernenden ist die eines Taubstummen.

Die Art der optischen Präsentation läßt sich inzwischen im Vergleich zu früher deutlich verbessern, und zwar durch sinnvolle Farbwahl, bessere Auflösung und bewegte Grafik (Animation). Aber die Bildschirmgröße zwingt zu relativ kleinen Informationseinheiten, und auch die Ausschaltung von Sprache und Gehör bleibt.

Seit Mitte der 80er Jahre ist es möglich, mit dem PC unter Verwendung des gleichen Monitors einen Bildplatten-Player zu verbinden, so daß an geeigneten Stellen stehende fotografische Bilder in hervorragender optischer Qualität und auch Tonfilmsequenzen eingebracht werden können. [7)]

Freilich muß nach didaktischen und wirtschaftlichen Gesichtspunkten jeweils sorgfältig geprüft und entschieden werden, zu welchem Zweck man welche Hardware einsetzt. Nur der Gesichtspunkt der Abwechslung reicht für die Entscheidung zwischen stehendem Bild/stehender oder bewegter Grafik des Computers versus stehender Realabbildung/Tonfilm der Bildplatte nicht aus.

3.1.3 Zeit- und Kostenüberlegung

Nach den bisherigen Ausführungen wird verständlich, daß die Entwicklung tutorieller Programme sehr zeit- und kostenaufwendig ist. In der Literatur werden für eine Lernerstunde (bei durchschnittlichem Lerntempo) 40 bis 500 Mann-Stunden als Zeitaufwand für die Erstellung der Courseware genannt. [8)] Die Erfahrungen des Verfassers lassen eher die höheren Zahlen als realistisch erscheinen.

Wenn man - was angesichts der notwendig hohen Qualifikation der Beteiligten sicher nicht zu hoch gegriffen ist - von Kosten der Mann-Stunde in Höhe von 100,-- DM ausgeht, sind also 40.000,-- bis 50.000,-- DM als Erstellungskosten für ein einstündiges Lernprogramm anzusetzen.

Dieser Aufwand ist ökonomisch nur vertretbar, wenn das Programm entsprechend häufig, d. h. bei einer Vielzahl von Nutzern, eingesetzt wird. Bei den gegebenen engen Etats öffentlicher Schulen und Hochschulen werden die Voraussetzungen für die Entwicklung und Nutzung tutorieller Lernprogramme eher in der betrieblichen und überbetrieblichen Bildungsarbeit der Wirtschaft gegeben sein.

Vor dem Hintergrund der genannten Kosten wird auch verständlich, daß die bisher vorliegenden Programme oft didaktisch enttäuschen. Vielfach handelt es sich überwiegend um "Electronic paging", also um die Präsentation von Buchtexten am Bildschirm.

Vielleicht sind - neben der inhaltlichen und medialen Nähe - die Kosten auch dafür ursächlich, daß bei den tutoriellen Programmen EDV-Programme dominieren. Hier waren die nötigen Fach- und Programmierkenntnisse evtl. in einer Person vorhanden, so daß sich das Erstellerteam entsprechend verkleinern ließ. Das Fehlen didaktischer Kenntnisse ist allerdings oft nicht zu übersehen.

3.2 Probleme der Courseware-Nutzung

3.2.1 Die Situation des Lernenden

Bei der ersten Konfrontation mit dem PC als Dialogpartner beim Durcharbeiten eines tutoriellen Lernprogramms dürfte im allgemeinen zunächst die Faszination des Neuen und der technischen Möglichkeiten vorherrschen. Der Lernende erlebt den Computer - bei einem guten Programm - als interessanten, vielseitigen Partner, der scheinbar individuell auf ihn eingeht, der zumindest individuelles Lerntempo, evtl. freie Wahl der Lernzeit und (in Bindung an vorhandene Hardware) des Lernortes zuläßt und - je nach Umfang der Verzweigungen - auch unterschiedlichen Vorkenntnissen und individuellen Lernfortschritten Rechnung trägt. In der Tat wird die Möglichkeit des individuellen Lernens immer wieder als Hauptvorteil des computerunterstützten Lernens herausgestellt. Als weitere Vorteile werden genannt: [9)]

- die Möglichkeit der Standardisierung,

- die (freilich nicht immer vorhandene) gute, logische und didaktisch reflektierte Aufbereitung des Lernstoffs,
- die Möglichkeit individueller, gezielter Hilfestellung,
- sofortige Rückmeldungen über den Lernstand,
- die Förderung der Lernaktivität (Unmöglichkeit "abzuschalten"),
- die abverlangte sprachliche Präzision des Lernenden und
- die hohe Anschaulichkeit (Vordrucke, Grafik, Bewegung).

Demgegenüber bestehen die folgenden Nachteile:

- Prädeterminierter Unterrichtsablauf,
- die Reduktion auf "programmierte Unterweisung" (kaum offene Fragen, keine freien Diskussionen),
- die (bereits genannte) Reduktion auf *einen* Informationskanal, nämlich die visuelle Kommunikation,
- keine Doppel- oder Mehrfachcodierung, z. B. Audio-Vision, möglich,
- die Einseitigkeit der Informationsvermittlung (dauernder Mensch-Maschine-Dialog),
- die soziale Vereinsamung (Einzelarbeit, keine soziale Interaktion). Allerdings: Deutliche Minderung, wenn z. B. jeweils zwei Lernende gemeinsam vor einem PC sitzen,[10)]
- schließlich: Die rationale Vereinseitigung, d. h. insbesondere der Verzicht auf emotionales Feedback.

3.2.2 Die Situation des Lehrenden

Bei einem tutoriellen Lernprogramm ist ein Mensch als Lehrer ex definitione nicht mehr vorgesehen.

Die CBT-Kritiker leiten daraus folgende Überlegungen ab: Dem Lehrer bleibt ein Rollentausch übrig. Entweder kann er in die Rolle des Courseware-Autors schlüpfen. Das wird jedoch häufig nicht möglich sein, da er meist nicht über die nötigen Programmierkenntnisse verfügt oder - falls er sich stattdessen einer schlichten Autorensprache bedient - nur "ärmliche" Programme herauskommen. Oder der Lehrer begibt sich in die Rolle der "Feuerwehr": Er ist im Lernraum (der z. B. mit sechs bis zehn PC's - d. h. zwölf bis zwanzig Lernerplätzen - und einem Master-PC ausgestattet ist) anwesend, schaut den Lernenden über die Schulter, läßt sich von einzelnen zu sich winken, um inhaltliche oder technische Hilfe zu leisten, beobachtet das minimale, maximale und durchschnittliche Lerntempo, hält die Disziplin aufrecht usw. Der Dialog zwischen Menschen als der normale "Lehr-Lernvorgang" im organisierten Unterricht findet nicht mehr statt. Der Lehrer nimmt nicht mehr seine (essentielle) Funktion als Erzieher wahr, sondern ist nur noch Moderator. Es kommt zu einer "personalen Austrocknung der Pädagogik". [11)]

Die CBT-Befürworter weisen demgegenüber auf folgendes hin: CBT kann nur als (apersonaler) Teil eines gesamten Unterrichtsvorgangs gesehen werden. Während der CBT-Phase wird der Lehrer in der Tat von der Wissensvermittlung entlastet, kann sich aber z. B. stattdessen um so stärker lernschwächeren Lernenden zuwenden und ihnen Hilfe geben. Der (lehrerzentrierte) Unterricht nach einer CBT-Phase kann dann aber deutlich niveauvoller auf der Basis vorhandener und überprüfter Kenntnisse gestaltet werden. Es können Meinungsverschiedenheiten diskutiert, Spezialfragen thematisiert, auch die sozialen Aspekte eines Sachthemas erörtert werden usw.

In der beruflichen Weiterbildung ist schließlich noch zu berücksichtigen, daß der Verzicht auf CBT im Einzelfall ggf. Verzicht auf institutionalisierte Weiterbildung überhaupt bedeutet, sind doch hier die Lehrenden häufig Fachleute, die nur nebenberuflich unterrichten und die nicht beliebig oft und beliebig lange ihrem Arbeitsplatz fernbleiben können. Die Gewinnung qualifizierter nebenberuflicher Dozenten, die in der Regel zugleich qualifizierte Spezialisten oder Führungskräfte auf ihrem Spezialgebiet sind, ist jedenfalls einer der größten Minimum-Faktoren in der beruflichen Bildungsarbeit.

3.2.3 Lerninhalte/Lernziele

Für computerunterstütztes Lernen im Sinn von tutoriellen Programmen eignen sich grundsätzlich zwar alle kognitiven Lerninhalte, freilich zunächst auch nur diese. Affektive, soziale und psychomotorische Lernziele lassen sich durch tutorielle Lernprogramme direkt nicht realisieren, allerdings z. B. auch nicht durch autodidaktisches Lernen mit Hilfe von gedruckten Medien (z. B. Büchern oder Fernlehrbriefen).

Beim Einsatz geeigneter Software für Simulationen und Problemlösen können allerdings auch nicht-kognitive Lernziele angestrebt werden. Die gruppendynamischen Prozesse bei Unternehmensplanspielen, das Erlebnis der Leistungsfähigkeit moderner elektronischer Hilfsmittel, große Realitätsnähe und Gegenwartsbezogenheit bei sozialwissenschaftlichen Problemlösungen seien exemplarisch genannt.

Im kognitiven Bereich scheint es zudem schwer zu sein, höhere Stufen der Lernzieltaxonomie, also etwa Analyse, Synthese, Anwendung, Beurteilung, zu erreichen.

Über besonders gute Erfahrungen mit computerunterstütztem Lernen wird berichtet, wenn es um das Lernen und die Internalisierung von Prozeduren und Verfahrensweisen geht. [12)]

In der Literatur wird darauf hingewiesen, daß man mit tutoriellen Programmen Lernziele schneller erreichen kann als mit traditionellen Unterrichtsformen. [13)] Darüber, ob Wissensspeicherungen nur im Kurzzeitgedächtnis erfolgen oder ob die Kenntnisse auch ins Langzeitgedächtnis überführt werden, liegen noch keine hinreichenden Untersuchungen vor.

3.2.4 Mediale und methodische Probleme

Tutorielle Programme bewegen sich in einem relativ engen medialen und methodischen Raum. Medien- und Methodenwechsel sind nur bedingt möglich.

Die Hardware ist vorgegeben. Man hat die Wahl, das Verhältnis Mensch zu Maschine gleich 1:1 oder gleich 2:1, höchstens 3:1 zu realisieren und in der Bildschirmgestaltung zu variieren (unterschiedliche Farbe des Hintergrundes, Strukturierung durch Piktogramme, unterschiedliche Grafik, unterschiedliche Animation).

Wenn man freilich, was notwendig ist, computerunterstützes Lernen als *eine* Methode neben anderen ansieht, relativiert sich diese Betrachtungsweise. Dann ist es möglich, z. B.

- im Verbund mit der Bildplatte (s. o.) und
- im Verbund mit Print-Medien Abwechslung zu schaffen,
- CBT zur Vorbereitung traditionellen Unterrichts, während eines Lehrgangs oder zur Nachbereitung einzusetzen.

4. Fazit

In der Gesamtbeurteilung der Möglichkeiten und Grenzen computerunterstützten Lernens scheiden sich nach wie vor die Geister.

Auf der einen Seite äußern sich insbesondere Entwickler und bisherige Nutzer von Courseware recht positiv, [14] und zwar sowohl zur pädagogischen als auch zur ökonomischen Seite des computerunterstützten Unterrichts. Vielleicht sind diese positiven Beurteilungen zum Teil auch darauf zurückzuführen, daß man hohe finanzielle Aufwendungen schließlich rechtfertigen muß.

Auf der anderen Seite verteufelt man computerunterstütztes Lernen geradezu, wie es zum Beispiel kürzlich in der Zeitschrift "Wirtschaft und Erziehung" geschah. Dort hieß es: "Zweifellos leistet der Computer in vielen Bereichen dem Menschen gute Dienste - als Lehrer bringt er aber nur eine äußerst miserable Leistung.

Deshalb: LASST MENSCHEN MIT MENSCHEN MENSCHLICHES HANDELN LERNEN!" [15]

Ein "mittleres", realistisch-positives Fazit zieht z. B. einer der Pioniere auf dem Gebiet der Courseware-Entwicklung, der Niederländer Bert Camstra. Er glaubt, daß seit den 60er Jahren computerunterstütztes Lernen in den verschiedenen Ländern mit unterschiedlichen Zeitintervallen folgende Phasen durchlaufen hat, durchläuft oder durchlaufen wird:

- The Scientific Phase,
- the Pioneering Phase,
- the Experimental Phase,
- the Realistic Phase,
- the Consolidation Phase,
- the Steady Growth Phase,
- the Saturation Phase. [16)]

Für den Verfasser dieses Beitrags lautet das Resümee aus dem Literaturstudium, aus eigenen Piloterfahrungen, aus der Marktbeobachtung und aus der Auswertung von Ergebnissen computerunterstützten Lernens mit tutoriellen Programmen und Simulationen für die berufliche Aus- und Weiterbildung im Kreditgewerbe wie folgt:

(1) Die Grenzen zwischen computerunterstütztem Lernen, computerunterstützter Sachbearbeitung und Textverarbeitung und Kundenberatung werden sich immer stärker verwischen. Bald werden der Personalcomputer oder das intelligente Terminal selbstverständliche Bestandteile von Arbeits- und Lernplätzen sein. Personalcomputer werden auch im häuslichen Bereich vielfach vorhanden sein und zur Nutzung auch als Lernmedium einladen.

(2) Intelligente, flexible, gut gemachte tutorielle Lernprogramme werden in der beruflichen Aus- und Weiterbildung die traditionellen Unterrichts- und Unterweisungsformen ergänzen, nicht ersetzen. Sie werden insbesondere im kognitivem Lernbereich und dann zur Anwendung kommen, wenn schnell große Personengruppen mit neuen Lerninhalten vertraut gemacht werden müssen (Economies of large scale).

(3) Die Akzeptanz von CBT ist auch abhängig davon, wie die Lernprogramme in die berufliche Aus- und Weiterbildung eingebunden und wie die Lernenden an das Lernen mit dem PC und der Courseware herangeführt werden.

(4) Simulationen und Problemlösungen werden Formen des computerunterstützten Lernens sein, die in wachsendem Umfang genutzt werden, und zwar parallel zum Aufbau und zur Erschließung von Datenbanken (und deren weltweiter Verzahnung) und zu den Fortschritten im Bereich der künstlichen Intelligenz.

Anmerkungen:

(1) vgl. hierzu die Veröffentlichung der Fernuniversität Hagen: Lehrsysteme für Personal Computer - Autoren- und Tutorsysteme -, Autoren: K. Fankhänel, G. Schlageter, W. Stern, Hagen o. J. (1988)

(2) vgl. hierzu Fernuniversität Hagen a. a. O., S. 4; Bundeszentrale für politische Bildung: Computer in der Schule, Pädagogische Konzepte und Projekte, Empfehlungen, Dokumente, Bonn 1986 (Schriftenreihe Band 246), S. 130 ff. und S. 231 ff.; SCHREIBER, Alfred: Computerunterstütztes Lernen, in: ASHAUER, Günter u. a. (Herausgeber): Fachbegriffe der Berufs- und Wirtschaftspädagogik, 3. Aufl., Stuttgart 1987, S. 105 ff.

(3) Eine Übersicht über vorhandene englischsprachige tutorielle Programme im Bankenbereich gibt COOPER, Philip: Computer Based Training and Interactive Video Courseware in the Financial Sector, in: Banking and Financial Training, Vol. 4, No. 1, März 1988, S. 9 - 12

(4) Im Bankenbereich werden derzeit die Planspiele Investor-Banken, BANSIM und BOSS eingesetzt. Bekannte Unternehmensplanspiele sind daneben INSIM 1 bis 4 (Industriesimulationen) und HANSIM 1 bis 2 (Handelssimulationen). Eine Beschreibung dieser Planspiele findet sich in: BACKHAUS, Jürgen / WAGNER, Rudolf: Ausbildertaschenbuch 1989, Stuttgart 1989, S. 336 ff.

(5) vgl. hierzu u. a.: Bundeszentrale für politische Bildung, a. a. O., S. 1985 ff.

(6) vgl. EULER, Dieter/JANKOWSKI, Ralf/LENZ, Andreas/SCHMITZ, Paul/TWARDY, Martin: Computerunterstützter Unterricht, Möglichkeiten und Grenzen, Braunschweig/Wiesbaden 1987, S. 160

(7) Die ebenfalls praktizierte Verbindung von PC und Videorecorder hat sich aus der Sicht des Verfassers weniger bewährt, da bei verzweigten Programmen für den Zugriff auf bestimmte Video-Sequenzen Wartezeiten von mehreren Sekunden in Kauf genommen werden müssen, bis über schnellen Vorlauf oder Rücklauf des Recorders die jeweilige Bandstelle angesteuert ist.

(8) SCHWER, Thomas: Interaktive Lernprogramme - Neue Impulse für den Unterricht, nennt 40 bis 400 Stunden (Winklers Flügelstift 2/1986, S. 17 - 20, hier S. 18); Gudrun ALBRECHT nennt 150 bis 500 Mann-Stunden; vgl. Computergesteuertes Lernen - Die Bildungsform der Zukunft? - Eine wirtschafts- und betriebspädagogische Betrachtung -, in: Wirtschaft und Erziehung, Heft 7/8/1988, S. 229 - 235, hier S. 234).

(9) vgl. zum folgenden: Bundeszentrale für politische Bildung, a .a. O., S. 204 ff. und: Wirtschaft und Erziehung, a. a. O., S. 229

(10) Zum Problem der sozialen Isolation vgl. HUBER, Günter L.: Kooperatives Lernen am Computer, in: Unterrichtswissenschaft, 4/1986, S. 372 - 383, hier S. 373

(11) vgl. EURICH, Claus: Faszination oder Information, in: o. V.: Bildschirm-Faszination oder Information, o. O. 1985, S. 36

(12) vgl. hierzu CAMSTRA, Bert: Computerunterstützte Schulung in der Kreditwirtschaft, in: Sparkasse 6/85, S. 213 - 220, hier S. 216

(13) vgl. z. B. KEARSLEY, Greg: Computer-Based Training. A Guide to Selection and Implementation, 2. Aufl., Reading, Massachusetts 1984

(14) vgl. z. B. HANSEN, Svend: Computer Based Training at Bikuben, in: Banking and Financial Training, vol. 4 No. 3 1988, S. 30 - 32

(15) ALBRECHT, Gudrun: a. a. O., S. 235

(16) CAMSTRA, Bert: CBT - Model Progression, in: Banking and Financial Training, Vol. 4 No. 1, 1988, S. 19 - 24

Literaturverzeichnis:

ALBRECHT, Gudrun: Computergesteuertes Lernen - die Bildungsform der Zukunft? - Eine wirtschafts- und betriebspädagogische Betrachtung -, in: Wirtschaft und Erziehung, Heft 7/8/1988, S. 229 - 235

BACKHAUS, Jürgen/WAGNER, Rudolf: Ausbilder - Taschenbuch 1989, Stuttgart 1989 (insbesondere: Computer-Planspiele für die Aus- und Weiterbildung, S. 336 - 345)

BEUTELSPACHER, Klaus: Autorensoftware, in: Verwaltung und Fortbildung, Schriften der Bundesakademie für öffentliche Verwaltung, Heft 1/1988, S. 20 - 34

BREUER, Klaus: Voraussetzungen und Zielvorstellungen für das computerunterstützte Lehren und Lernen, in: Unterrichtswissenschaft, Heft 4/1986, S. 332 - 342

Bundesvereinigung der Deutschen Arbeitgeberverbände: Dokumentation Computer im Unterricht - Konsequenzen für den Bildungsauftrag der Schule, München 1986 (Tagungsbericht)

Bundeszentrale für politische Bildung: Computer in der Schule, Pädagogische Konzepte und Projekte, Empfehlungen, Dokumente, Schriftenreihe Band 246, Bonn 1986

CAMSTRA, Bert: CBT-Model Progression, in: Banking & Financial Training, Vol.4 No. 1 1988, S. 19 - 24

CAMSTRA, Bert: Computerunterstützte Schulung in der Kreditwirtschaft, in: Sparkasse 6/85, S. 213 - 220

COOPER, Philip: Computer Based Training and Interactive Videocourseware in the Financial Sector, in: Banking & Financial Training Vol. 4 No. 1/1988, S. 9 - 15

DEAN, Christopher/WHITLOCK, Quentin: A Handbook of Computer Based Training, London/New York 1984

EULER, Dieter/JANKOWSKI, Ralf/LENZ, Andreas/SCHMITZ, Paul/TWARDY, Martin: Computerunterstützter Unterricht, Möglichkeiten und Grenzen, Braunschweig/Wiesbaden 1987

Fernuniversität Hagen (Herausgeber): Lehrsysteme für Personal Computer - Autoren- und Tutorsysteme -, Hagen 1988

GRAF, Klaus-Dieter: Computer in der Schule, Perspektiven für den Mathematikunterricht, Stuttgart 1985

HANSEN, Svend: Computer Based Training at Bikuben, in: Banking & Financial Training, Vol. 4 No. 3 1988, S. 30 - 32

HUBER, Günter-L.: Kooperatives Lernen am Computer in: Unterrichtswissenschaft Heft 4/86, S. 372 - 383

INGENKAMP, Frank-D.: Neue Medien vor der Schultür, Weinheim/Basel 1984

KEARSLEY, Greg: Computer Based Training - A Guide to Selection and Implementation, 2. Auflage, Reading Massachusetts 1984

MANDL, Heinz/RHON, Aemilian: Wissenserwerb mit intelligenten tutoriellen Systemen, in: Unterrichtswissenschaft 4/86, S. 358 - 371

MANDL, Heinz/FISCHER, Peter Michael: Lernen im Dialog mit dem Computer, München - Wien - Baltimore, 1985

NIEVERGELT, Jörg/VENTURA, Andrea: Die Gestaltung interaktiver Programme - mit Anwendungsbeispielen für den Unterricht, Stuttgart, 1983

O'SHEA, Tim/SELF, John: Learning and Teaching with Computers, Brighton 1984

ORWIG, Gary W.: Wie man Computer-Lernprogramme entwickelt, Landsberg 1983

SCHREIBER, Alfred: Computereinsatz in der Aus- und Weiterbildung; Computerunterstütztes Lernen in: ASHAUER, Günter u. a. (Herausgeber): Fachbegriffe der Berufs- und Wirtschaftspädagogik, 3. Aufl., Stuttgart 1987, S. 103 - 106

SCHWER, Thomas: Interaktive Lernprogramme - Neue Impulse für den Unterricht, in: Winklers Flügelstift, Heft 2/1986, S. 17 - 23

STEINBERG, Esther R.: Teaching Computers to teach, London 1984

WALTER, Jürgen: Lernen mit Computern, Möglichkeiten - Grenzen - Erfahrungen, Düsseldorf 1984

WANDEL, Joseph: Computer und Lernen, eine grundlegende Einführung für Lehrer und Schüler, Funktion, Programmiersprachen, pädagogische Theorie, München 1985

Education & Computing, The International Journal, Vol. 1 - 4 1985, (North-Holland)

Karl Wilhelm Mauer: Einzelhandelsentwicklung und Personalqualifikation

Zur Person:

Dipl.-Hdl. Dr. rer. pol. Karl Wilhelm Mauer, Direktor des Bildungszentrums des Bayerischen Handels

Jahrgang 1938; Studium der Wirtschaftspädagogik an der Universität Frankfurt 1958 - 1964; Assistent am Wirtschaftspädagogischen Seminar der Universität Frankfurt (Prof. Abraham) 1964 - 1970; Direktor des Bildungszentrums des Bayerischen Handels, München seit 1971; Lehrauftrag (Kaufmännische Fortbildung) an der Universität Erlangen-Nürnberg seit 1986

1. Qualifikation im Spannungsfeld betrieblicher und pädagogischer Anforderungen

Unter Qualifikation verstehen wir ein Bündel von Fertigkeiten, Kenntnissen und Fähigkeiten, die den Menschen in die Lage versetzen, bestimmte Leistungen einer bestimmten Qualität zu erbringen. Sie müssen außerdem so angelegt sein, daß das Individuum in der Lage ist, sich künftigen Entwicklungen anzupassen und sich weiterzuentwickeln.

Je nach der Betrachtungsweise ist dieser Begriff aber einseitig auslegbar, so im Zweckbezug der Betriebe anders als in der auf die Entwicklung des Menschen gerichteten Pädagogik: [1)]

- Aus betrieblicher Sicht ist damit ein gegenwärtiger (und zukünftiger) Leistungsbeitrag zur Gesamtleistung der Betriebes zu verstehen. Hier ist Qualifikation unter dem Gesichtspunkt der Anwendbarkeit und der Bewährung im betrieblichen Anwendungsfeld gesehen.
- Aus individueller Sicht meint er das Ergebnis eines Entwicklungsprozesses, der unter dem Einfluß pädagogischer Maßnahmen zu einem persönlichen Potential an Leistungsvoraussetzungen führt. Hier setzt die Betrachtung ihren Schwerpunkt auf das Ergebnis des Lernprozesses.

Beide Betrachtungsweisen werden zwar häufig in der Praxis angewendet, entsprechen aber als einzelne nicht dem, was Qualifikation insgesamt ausmacht: So ist auch für den Betrieb Qualifikation nur ungenügend beschrieben, wenn sie unter dem Gesichtspunkt reiner Verwertbarkeit dargestellt wird und z. B. das Element der Persönlichkeit oder der Werthaltungen außer acht läßt. Ebenso wäre es falsch, die Frage nur der pädagogischen Betrachtungsweise unterzuordnen bzw. dem zu erreichenden Abschluß - der oft mit Qualifikation gleichgesetzt wird - und Elemente wie die Verwertbarkeit in der beruflichen Praxis oder den Beitrag der persönlichen Leistungsfähigkeit für das Wirksamwerden des Erlernten zu unterschätzen.

Für uns, die wir in einer Bildungseinrichtung tätig sind, die von Arbeitgeberverbänden getragen ist und deshalb einen sehr engen Konnex zur Betriebspraxis hat, ist die gleichzeitige Sichtweise beider Aspekte die einzige Möglichkeit für eine sachgerechte Arbeit:

- Als Pädagogen sind wir verpflichtet der Sorge für die Entwicklungschancen des einzelnen und für das Wirksamwerden seiner Entwicklungsbemühungen.
- Der betrieblichen Sichtweise sind wir verpflichtet, weil wir für die Betriebe des Handels Lösungen erarbeiten sollen, die nur mit pädagogischen Mitteln erreichbar sind.

Beides ist miteinander vereinbar und muß sich täglich bewähren im konkreten Fall der gleichzeitigen Verantwortung gegenüber den Teilnehmern, die sich uns anvertrauen, und gegenüber den betrieblichen Belangen, die Lösungen im Anwendungsfeld verlangen. [2] Wir sehen diese Frage als echte wirtschaftspädagogische Herausforderung in dem Sinne, daß der Wirtschaftspädagoge gleichzeitig aktiver und verantwortlicher Pädagoge *und* Wirtschaftler zu sein hat in dem Sinne, daß er nicht nur distanzierter Betrachter und Interpretierer wirtschaftlicher Vorgänge ist, sondern Mitgestalter und Mitverantworter - der Wirtschaftspädagoge als Mitgestalter der betrieblichen Infrastrukturpolitik. [3]

2. Der betriebswirtschaftliche Zusammenhang von Einzelhandelsleistung und Personalleistung

2.1 Das Verkaufen als Kernleistung des Einzelhandels

Die Leistung des Einzelhandels ist ihrem Wesen nach eine Vermittlungsaufgabe, deren Ziel der Absatz von Waren (und Dienstleistungen) ist. Dies wird letztendlich realisiert im konkreten Verkaufsvorgang, im Gespräch zwischen Kunde und Verkäufer und in allen Maßnahmen, die dazu führen, daß der Kunde am Point of sale seinen Kaufentschluß faßt. [4]

Das Verkaufen kann somit in zweierlei Hinsicht als die Kernleistung des Einzelhandels charakterisiert werden:

- Zum einen sind alle Maßnahmen - wie z. B. der Einkauf, die Werbung, die Ladengestaltung, die Lagerhaltung usw. - von Anfang an darauf ausgerichtet, den Kunden zu veranlassen zu kaufen. Einkauf, z. B. in dem nicht alle Größen bedacht sind, die den Verkauf bestimmen, in dem nicht in erster Linie nach den Verkaufschancen für die Ware gefragt wird, ist für den Einzelhandel nicht sachgerecht.
- Zum anderen entscheidet sich letztendlich erst am Point of sale, ob der Kunde tatsächlich kauft, ob alle verkaufsvorbereitenden und -begleitenden Maßnahmen also in dieser letzten zur Verfügung stehenden Zeitspanne des Gesprächskontakts (die nach Ermittlungen im Textileinzelhandel für diese Branche durchschnittlich 2,6 Minuten beträgt [5]) wirksam werden. Hier spielt der Faktor Personal eine (wenn nicht die) entscheidende Rolle, denn Leistungen, die nur persönlich am Point of sale erbracht werden können - die Beratung, die Warenpräsentation, die Abwicklung des Kassiervorganges - haben entscheidenden Einfluß darauf, ob sich der Kunde zum Kauf entschließt oder nicht (und darüber hinaus: ob er wiederkommt oder nicht).

Die erste Komponente wird vor allem in Leistungen der Unternehmensführung und nachgeordneter Führungsebenen verwirklicht. Die zweite Komponente wird verwirklicht durch die Verkäufer, die in ihrem Gespräch mit dem Kunden das Einzelhandelsunternehmen repräsentieren und alle Leistungen, die von ihm erbracht wurden und bereitgehalten werden.

Die Konsequenzen aus der Tatsache zu ziehen, daß das Verkaufen die Kernleistung des Einzelhandels darstellt, ist weitgehend Aufgabe der betrieblichen Personalpolitik, der demnach im personalintensiven Einzelhandel eine besondere Rolle und eine hohe Priorität zugemessen werden muß.

2.2 Hinweise auf das Denken über die Kernleistung "Verkaufen" in Handelsbetriebslehre und Handelspraxis

Die Ausrichtung aller Funktionen und Maßnahmen des Einzelhandelsbetriebes auf den Markt ist in Handelsbetriebslehre und Handelspraxis anerkannt und wird auch weitgehend so praktiziert. [6] Die Sichtweise dagegen, daß der Faktor Personal am Point of sale entscheidenden Einfluß hat und damit zum Engpaßfaktor wird, dem vermehrte Aufmerksamkeit zu widmen ist, wird aber nicht in der gleichen Konsequenz gesehen und in Unternehmenspolitik, aus der eine in sich geschlossene Konzeption von Maßnahmen abgeleitet wird, umgesetzt. [7]

Die Betriebsleistung als Ergebnis der Faktorkombination aus [8]

- menschlicher Arbeitsleistung,
- sachlichen Betriebsmitteln,
- dem Regiefaktor Ware,
- dem Sicherheitsfaktor Kapital und
- den dispositiven Faktoren Planung und Organisation

setzt zwar die menschliche Arbeitsleistung an die erste Stelle (was bei einem Anteil der Personalkosten an den Gesamtkosten der Einzelhandelsfachgeschäfte von 56 % auch gerechtfertigt ist), arbeitet aber nicht heraus, daß bei der Betrachtung des Verkaufs immer Verhaltensleistungen im Vordergrund stehen, die persönlichkeitsabhängig sind. Die Betrachtung des Faktors Personal muß in diesem Falle also immer auf den ganzen Menschen abstellen.

Unternehmer des Einzelhandels legen ihre persönlichen Prioritäten meist auf die Fragen der Sortimentspolitik, der Werbung, der Standortpolitik, der Preispolitik. Sie rangieren deutlich vor der Personalpolitik und zwar sowohl in der hierarchischen Anbindung, als auch in der empfundenen Problemdringlichkeit und -reihenfolge. Ausgenommen hiervon ist die Tarifpolitik, der hohe Priorität zugemessen wird und dem obersten Management vorbehalten ist.

Die Einstellungen zum Personalsektor können wie folgt charakterisiert werden:

- Personal wird in erster Linie als Kosten-, nicht als Leistungsfaktor gesehen. [9] Vielfach hat damit die Personalpolitik als eines ihrer wichtigsten Ziele die Kosteneinsparung bzw. die Vermeidung von Kostensteigerungen (womit das hochrangige Interesse an der Tarifpolitik verständlich wird). Maßnahmen zur Leistungssteigerung, insbesondere wenn sie Kosten verursachen, werden dagegen nicht mit der notwendigen Konsequenz und Langfristigkeit betrieben bzw. beim Auftauchen von Problemen, denen höhere Priorität zugemessen wird, eingeschränkt. Dies hat ganz praktische Konsequenzen, wie wir an einem Beispiel zeigen wollen: Bei der Planung eines Ladenumbaus werden zwar alle Konsequenzen bis hin zur Veränderung im Sortiment sorgfältig geprüft, die Vorbereitung des Personals auf die veränderten Arbeits- und Verhaltensbedingungen in einem veränderten Raum bei verändertem Sortiment wird aber im allgemeinen nicht eingeplant.

- Die Bedeutung der Personalpolitik wird zwar anerkannt, führt aber nicht dazu, daß sie als integrierter Bestandteil der Unternehmenspolitik gesehen und in den gleichen Rang gerückt wird wie die anderen Teilpolitiken des Unternehmens. So sind Behandlung und Zuordnung der Frage des (persönlichen) Verkaufens und/oder der Personalfrage in der Literatur sehr unterschiedlich und dadurch gekennzeichnet, daß sie z. T. zwar eine ausgezeichnete Darstellung der Einzelproblematik bringen, eine Zusammenschau aller Komponenten unter dem Gesichtspunkt der Entwicklung eines strategieadäquaten personellen Potentials aber nicht bieten.[10)]

2.3 Hinweise auf den Beitrag der Personalleistung zum Betriebserfolg des Einzelhandels

Das Institut für Handelsforschung an der Universität zu Köln wertet seit 1983 die Betriebsvergleichsergebnisse von 40 Branchen (bzw. Teilbranchen) des Facheinzelhandels in einer Sonderuntersuchung nach Personenabsatzklassen aus. Dazu werden die Betriebsvergleichsdaten jeder Branche in die drei Personalleistungskategorien (gemessen am Absatz je Beschäftigtem) "niedrig", "mittel" und "hoch" geordnet und alle sonstigen Daten nach diesen Klassen ausgewertet. Am Beispiel des "Textileinzelhandels mit vorwiegend Damenoberbekleidung"[11)] soll eine Auswahl der wichtigsten Ergebnisse dargestellt werden.

Der Absatz je Person weicht zwischen "niedrig" und "hoch" um 86,4 % ab, wobei es sich hier bereits um Durchschnittszahlen handelt, so daß die Abweichungen zwischen den einzelnen Unternehmen noch größer sein können.

Wie andere, parallel durchgeführte Sonderauswertungen[12)] zeigen, sind die Abweichungen in den Personalleistungen nur bedingt auf andere Faktoren wie Standort, Preisklassen usw. zurückzuführen. Jedenfalls zeigen sich hier keine solchen signifikanten Unterschiede, so daß das persönliche Leistungsverhalten und -vermögen des einzelnen die wichtigste Erklärung für diese Unterschiede bleibt.

Auch unsere eigenen Beobachtungen in Betrieben, die wir im Rahmen der Vorbereitung von Firmenseminaren beraten haben und die uns zu diesem Zweck entsprechende betriebsinterne Aufzeichnungen vorgelegt haben, zeigen, daß hier oft wesentliche Unterschiede in der Pro-Kopf-Leistung feststellbar sind. Geht man den Gründen nach, so lassen sich in aller Regel Unterschiede in der Qualifikation, aber auch in der Leistungsbereitschaft und -einstellung feststellen.

Betriebsvergleichsergebnisse von Betrieben mit hoher, mittlerer und niedriger Personalleistung, hier Textileinzelhandel mit vorwiegend Damenoberbekleidung

Auswertungsposition		Personalleistung		
		niedrig	mittel	hoch
Leistungszahlen				
1.	Absatz je Person in DM	144.486	196.788	269.286
2.	Absatz je qm Geschäftsraum in DM	4.074	5.660	7.152
3.	Lagerumschlag (....mal)	2,3	2,8	3,2
Ergebniszahlen in % des Absatzes				
4.	Betriebsspanne (Bruttoertrag)	35,9	34,4	34,6
5.	Gesamtkosten (einschl. kalkulat. Kosten)	40,7	34,8	31,4
6.	Betriebswirtschaftliches Ergebnis	- 4,8	- 0,4	+ 3,2
Personalkennzahlen				
7.	Personalkosten je Person in DM	22.395	29.125	33.391
8.	Personalkosten in % des Absatzes	15,5	14,8	12,4
9.	Für 1 Mio. DM benötigte Anzahl Beschäftigte	6,9	5,1	3,7
10.	Betriebsspanne ohne Personalkosten (Deckungsbeitrag je Person in DM)	29.475	38.570	59.782

Die Auswirkungen dieser Leistungsunterschiede sind gravierend:

- Nicht nur das betriebswirtschaftliche Ergebnis verbessert sich wesentlich; die positive Entwicklung von Betriebsspanne und Gesamtkosten erhöht den preispolitischen Spielraum des Unternehmens, der im Wettbewerb mit preisaggressiven Betriebsformen zur Existenzfrage werden kann.
- Die relativen Personalkosten sinken gravierend (was sich unmittelbar in der o. a. Ertragsverbesserung auswirkt) bei gleichzeitiger Erhöhung der absoluten Personalkosten. Klein-Blenkers [13)] stützt darauf die Vermutung, daß Betriebe einer höheren Personalabsatzleistungsklasse höher qualifiziertes Personal einsetzen, das auch höher bezahlt werden müsse. In jedem Falle wird man daraus den Schluß ziehen kön-

nen, daß der Spielraum dafür gegeben ist und daß sich Investitionen in die Personalleistung - sei es in Form von qualifikationsverbessernden Maßnahmen, sei es durch eine Rekrutierung teureren, aber höher qualifizierten Personals, sei es (am besten) durch eine Kombination dieser personalpolitischen Möglichkeiten - lohnen.

Für das Einzelhandelsunternehmen, so kann nach diesen Ergebnissen behauptet werden, stellt die Personalleistung die wichtigste Rationalisierungsreserve dar. Eine Personalpolitik (oder eigentlich besser: eine Unternehmenspolitik des Einzelhandelsbetriebs) der Entwicklung und Pflege des Faktors "Personal" wird Kräfte freisetzen, die sich nicht nur in der Verbesserung von Einzelleistungen ausdrücken lassen, sondern schließlich in ein besseres Leistungsniveau und einen besseren Leistungsstil münden, die die Gesamtleistung und das Image heben. Allerdings setzt die Erschließung dieser Reserven ein Umdenken vom "Kostenfaktor Personal" zum "Leistungsfaktor Personal" voraus. [14)]

2.4 Der Stellenwert der Personalfrage in der Einzelhandelsentwicklung

Der Einzelhandel hat in den letzten Jahrzehnten eine stürmische Entwicklung durchgemacht, die zu gravierenden Änderungen geführt hat. Schlagwortartig seien hier einige davon genannt: [15)]

- Konzentrationsprozesse, insbesondere im Lebensmitteleinzelhandel, haben einerseits zum Untergang vieler selbständiger Unternehmen geführt, andererseits zu einem Anwachsen der durchschnittlichen Betriebsgröße.
- Neue Betriebsformen haben sich durchgesetzt und bestehenden Betriebsformen Marktanteile weggenommen. Meist erscheinen diese Betriebsformen preisaggressiv am Markt, machen aber im Verlaufe ihres Bestehens ein "trading up" durch, das sie selbst zur Zielscheibe für neue preisaggressive Formen werden läßt.
- Das Erscheinen neuer Betriebsformen hat keineswegs dazu geführt, daß vorher bestehende untergegangen sind: Die Handelslandschaft hat sich in ihren Angebotsformen sehr differenziert.
- Dies wird unterstützt durch ein gewandeltes Verbraucherverhalten: Konnte man in früheren Zeiten davon ausgehen, daß die Entscheidung zwischen preisgünstigem, aber beratungsextensivem und preishohem, aber beratungsintensivem Angebot schichtenspezifisch war, spaltet ein und derselbe Verbraucher (der heute vergleichsweise wesentlich mehr Einkommen zur freien Verfügung hat als früher) seine Nachfrage gezielt auf zwischen Bedarfs- und Luxusgütern bzw. zwischen Bedarfs- und Erlebniskauf.
- Demographische Entwicklungen werden z. B. ganz neue Entwicklungen im "Seniorenmarkt" bringen, die entsprechende Antworten des Einzelhandels verlangen.
- Seit in den 50er Jahren im Lebensmitteleinzelhandel die Selbstbedienung eingeführt wurde, hat sich dieses Prinzip auch in anderen Branchen immer mehr durchgesetzt. Daneben gibt es aber nach wie vor Bereiche mit hoher Beratungsintensität.

Zwischen beide Prinzipien (wenn man sich beide auf einer Skala angeordnet vorstellt) trat die Vorwahl; der heutige Verbraucher ist bereits so an diese verschiedenen Verkaufsformen gewöhnt, daß er sie - je nach dem augenblicklichen persönlichen Bedarf - nebeneinander praktizieren will. Dies führt zu veränderten Anforderungen an das Verkaufskönnen.

Allen Prognosen zufolge werden diese Trends sich weiter fortsetzen, wobei die Aufspaltung in die beiden Bereiche des

- Bedarfskaufs (auch Arbeitskauf genannt, weil der Kunde hier sein Pensum zur laufenden Bedarfsdeckung erfüllt und dies als "harte Arbeit" empfindet)
- und des Erlebniskaufs, der Teil seiner Freizeitgestaltung ist,

sich eher noch verstärken wird. Die Konzentration des Bedarfsangebots in Verbrauchermärkten und SB-Warenhäusern auf der "grünen Wiese" und preisaggressive kleinere Geschäftsformen stehen den Erlebniswelten neu gestalteter Innenstädte und Einkaufszentren gegenüber, in denen der Kunde vor allen Dingen Unterhaltung sucht; das amerikanische Vorbild der Gallerias mit ihrer Mischung aus Einzelhandel, Gastronomie und Unterhaltungsveranstaltungen zeigt hier die Richtung auf.[16)]

Die Vielfalt der Vertriebsformen bringt das Problem ihrer Profilierung mit sich: Sie müssen sich dem Kunden mit ihrem Angebot so deutlich darstellen, daß er damit eine Hilfe erhält für die Entscheidung, welches Geschäft er für welchen Bedarf aufsucht. Für die Fachgeschäftsformen - die durch die Art ihres Sortiments und ihre Verkaufsform nicht in den Preiswettbewerb mit den preisaggressiven Vertriebsformen folgen können und die, als mittelständische Unternehmen, nicht über die Marktmacht und die damit verbundenen Wettbewerbsvorteile der Großbetriebe verfügen - ist die Profilierung eine Frage der Existenzsicherung.[17)]

Als wichtigste Profilierungsfaktoren werden für die Fachgeschäfte Sortimentsqualität und Beratungsqualität genannt, so daß die personalpolitische Komponente eine erhöhte Bedeutung erhält. Dabei wird der Kunde die Fachgeschäftseigenschaft und die damit verbundenen Leistungen, aber auch die höhere Preisstellung nicht einfach schon akzeptieren, wenn sie ihm durch eine werbliche Aussage ("XYZ - Ihr Fachgeschäft" oder "Wir bieten Fachgeschäftsleistung") nahegebracht wird. Der Kunde stellt keine langen Überlegungen über die Vorteile der verschiedenen Vertriebsformen an, sondern sein Urteil richtet sich (sehr stark emotional geprägt) nach dem von *ihm* empfundenen Nutzen, zu dem auch Erlebniswerte gehören. Das bedeutet aber gleichzeitig: Die Stärken des Geschäfts müssen tagtäglich im Verkaufsvorgang bewiesen werden.

Dabei gibt es zwischen den einzelnen Betrieben große Unterschiede in den Anforderungen an die Beratungsqualität (und die Art des Verkaufens insgesamt). Einige Beispiele mögen dies verdeutlichen:

- In einem mittelgroßen Fachgeschäft, beispielsweise für Oberbekleidung, muß eine hohe Beratungsleistung hinsichtlich Paßform, Geschmacksfragen, Stoffqualitäten,

Pflegevorschriften usw. erbracht werden. Ebenso hoch muß aber auch die Fähigkeit sein, den richtigen Zeitpunkt für die Kundenansprache zu wählen, den Kunden ansonsten aber sich selbst bedienen und vorwählen zu lassen. In kundenfrequenzstarken Zeiten kommt die Fähigkeit hinzu, Kunden in zufriedenstellender Weise mehrfachbedienen zu können.

- In einem Juweliergeschäft ist aus Gründen der Warensicherung Selbstbedienung oder Vorwahl nicht möglich. Das Verkaufsgespräch konzentriert sich so voll auf einen Kunden, der Verkäufer muß aber die Fähigkeit besitzen, wartende Kunden so anzusprechen, daß sie sich nicht vernachlässigt fühlen.
- In Warenhäusern, die alle in den letzten Jahren ein "trading up" betrieben haben, das sie in vielen Teilen ihres Angebots dem Fachgeschäft vergleichbar macht, ist die Ausgangslage völlig anders: Die meisten Verkäufer beherrschen nicht die fachgeschäftstypischen Verkaufsformen, so daß der Kunde auf ein Mehr an Selbstbedienung und Vorwahl angewiesen ist. Hier muß zunächst ein neuer Verkaufsstil des Unternehmens entwickelt werden, der berücksichtigt, daß neben Abteilungen mit beratungsintensivem Angebot Abteilungen mit beratungsextensivem Angebot bestehen.

Diese Beispiele könnten fortgesetzt werden und lassen so viele Variationen zu, daß die Wahl und die Entwicklung eines betriebstypischen Verkaufsstils geboten ist. Ein Beispiel mag dies verdeutlichen: Es gibt Geschäfte, die davon ausgehen, daß sie im wesentlichen Laufkundschaft haben, so daß auf eine persönliche Ansprache des Kunden wenig Wert gelegt wird. Umgekehrt gibt es Geschäfte, die sehr viel für die Stammkundenbindung tun, wie Einüben der Verkäufer auf das Wiedererkennen und die Nennung mit Namen, Ansprache durch Direktwerbung aus der Kundenkartei, Einladung zu Modenschauen bis hin zur "Reservierung" eines "persönlichen Verkäufers". An diesem Beispiel sehen wir, wie stark der bewußt geförderte Verkaufsstil abhängig ist von unternehmenspolitischen Entscheidungen.

Aber auch in den beratungsextensiven Verkaufsformen ist die Bedeutung des Personals gestiegen: Ging man lange Zeit davon aus, daß Selbstbedienung das Verkaufen überflüssig mache und daß man eine Substitution von Mensch durch Fläche bzw. persönlicher Verkaufsleistung durch ein selbstverkäufliches Angebot betreiben könne, wird dies heute wesentlich differenzierter gesehen:

- Selbstbedienung macht selbstverständlich nicht das Verkaufen überflüssig, sondern ist selbst eine Form des Verkaufens. Hierzu muß die Ware so dargeboten werden, daß sie für den Kunden problemlos ist, d. h. daß es für den Kunden problemlos ist zu kaufen ohne die persönliche Mitwirkung eines Verkäufers. Damit wird die Warenpräsentation (und damit verbunden die Waren- und Regalpflege) zu einer Form des Verkaufens, die Selbstbedienung ermöglicht. Die Warenpräsentation aber ist eine Leistung, die nur von Menschen erbracht werden kann. [18)]
- Als Magnetbereiche werden in Lebensmittel-Selbstbedienungsgeschäften seit einigen Jahren Frischebereiche eingeführt. Diese sind - bei Fleisch, Wurst, Käse und

Backwaren - aus Hygienegründen von der Selbstbedienung ausgeschlossen, verlangen also die persönliche Bedienung. Darüber hinaus zeigt sich, daß in den Frischebereichen hohe Anforderungen an die Qualifikation zur Warenpflege gestellt werden. Ein einfacher Test hierzu ist, sich die Frischebereiche in verschiedenen Geschäften einer Filialkette anzusehen: die Unterschiede sind frappierend! Man kann sogar beobachten, daß in ein und derselben Filiale das Angebot unterschiedlich gut präsentiert ist, je nach dem welche Verkäuferin an diesem Tag den Bereich betreut; salopp ausgedrückt kann man sagen: "Die Wurst sieht so freundlich (oder so trist) aus wie die Verkäuferin".

Verkäuferschulungen werden somit künftig viel differenzierter angeboten werden müssen, wie dies (teilweise) bereits in Firmenschulungen geschieht. Gilt bisher das beratende Verkaufen ausschließlich als Schulungsmodell für "gutes Verkaufen" (in manchen Angeboten sogar ein fiktives "gutes Verkaufen", das gleichermaßen für Einzelhandel, Außendienst des Großhandels und der Industrie und sonstige anwendbar sein soll, was uns allerdings sehr fragwürdig erscheint), wird man auch die anderen Verkaufsformen, vor allem aber auch unternehmensspezifische Ausprägungen einbeziehen müssen. Natürlich werden sich dann auch die Schulungsmaßnahmen mehr als bisher an ihren *konkreten* Fortschritten messen lassen müssen.

Dies können wir fortsetzen für die Anforderungen im Führungsbereich. Die Unterschiede in den konkreten Anforderungen beruhen hier vor allem auf betriebsorganisatorischen Bedingungen: So wird man an einen Abteilungsleiter eines großen mittelständischen Einzelhandelsunternehmens, der für seine Abteilung auch selbständig einkauft und die Abverkaufsverantwortung trägt, andere Anforderungen formulieren müssen als für den Abteilungsleiter einer Konzernfiliale, der an die Vorgaben des Zentraleinkaufs gebunden ist. Diese Unterschiede führten im übrigen dazu, daß im Einzelhandel zwei konkurrierende Fortbildungsabschlüsse, der "Handelsfachwirt" und der "Handelsassistent" entwickelt wurden.

In den letzten Jahrzehnten wuchs die Einsicht, daß die Qualifizierung der Mitarbeiter und des Führungsnachwuchses hohe Bedeutung für die Handelsentwicklung hat. Zahlreiche Gründungen von Fachschulen und Bildungseinrichtungen des Einzelhandels durch Fach- und Regionalverbände waren die Folge, ebenso die verstärkten Aktivitäten der Betriebe.

Wenn man bedenkt, welchen Umfang die Fortbildung im Einzelhandel in den letzten 20 Jahren erreicht hat, ist die Entwicklung erstaunlich und ermutigend. Es bestehen aber - wie von uns aufgezeigt - nach wie vor Defizite in der Integration der Personalpolitik - und gleichermaßen auch der Aus- und Fortbildungspolitik - in die Unternehmenspolitik.

Ziel dieser Integration muß es sein, einen Stamm an Mitarbeitern zu erhalten, die als Repräsentanten des Unternehmens selbständig in allen ihren Handlungen die Leistungsfähigkeit und die positive Ausstrahlung des Unternehmens darstellen. [19)]

3. Anforderungen an die Verkäuferleistung

3.1 Unterschiedlichkeit der Anforderungen an die Verkäuferleistung und Eingrenzung des Untersuchungsgegenstandes

Der Einzelhandel hat unterschiedliche Verkaufsformen (Selbstbedienung, Vorwahl, beratendes oder kommunikatives Verkaufen) ausgeprägt. Je nach dem welche Verkaufsform im Vordergrund steht und welche strategische Konzeption in einem Einzelhandelsunternehmens zum Ansatz kommt, verändern sich damit die Anforderungen an die Verkäuferleistung. [20)]

Retsch [21)] spricht von einem Systemwettbewerb zwischen Selbstbedienung und beratendem Verkaufen, wobei die Selbstbedienung nicht nur durch Preiswettbewerb so erfolgreich sei, sondern auch durch Verkäufer, die nicht die gute Leistung erbringen, für die der Kunde bereit wäre zu zahlen.

Wir werden den Untersuchungsgegenstand eingrenzen auf einen Typus, dessen Anforderungen durch das beratende Verkaufen geprägt sind und die als hoch zu bezeichnen sind. Da in der Praxis große Leistungsunterschiede zu beobachten sind und der Beitrag der Personalleistung zur Verbesserung der Einzelhandelsleistung herausgearbeitet werden soll, gehen wir von einem Idealtypus aus, den wir den "wirklich guten Verkäufer" nennen.

Es muß aber darauf hingewiesen werden, daß diese Eingrenzung nur aus Gründen der Klarheit der Darstellung gerechtfertigt ist. Für Einzelhandelsunternehmen, die sich für eine andere Verkaufsform entschieden haben, gilt ebenfalls, daß das Verkaufen Kernleistung ist, daß also auch hier die Verkäufer bestimmten Anforderungen zu genügen haben. Bei der Frage nach ihrer Qualifizierung sind diese spezifischen Anforderungen sehr genau herauszuarbeiten. Geschieht dies nicht, kann ein an sich gutes Training, das aber für andere Bedingungen konzipiert wurde, für die praktische Bewährung wenig oder gar nichts bringen. So ist es z. B. verfehlt, wenn ein Discounter, der mit geringem Personaleinsatz arbeitet, seine Mitarbeiter im beratenden Verkaufen (wozu sie keine Zeit haben und was auch gar nicht in das Servicekonzept des Unternehmens paßt) schulen läßt, während die Schulung in Warenpräsentation (zur Verbesserung der Selbstverkäuflichkeit der Ware, was in dieser Vertriebsform Priorität haben muß) unterbleibt.

3.2 Der Verkäufer als Fachmann für Verkaufstechnik und Kommunikation

Der Verkäufer hat einen Kommunikativberuf, dessen zentraler Vorgang der Verkaufsvorgang als sozialer Interaktionsprozeß ist. [22)] "Die kommunikative Leistung des Verkäufers besteht im entscheidenden Punkt darin, daß sich der Käufer, dem ich möglichst viel Leistung durch meine Ware, das Sortiment und das Ambiente bieten will, durch den **Ablauf des Verkaufsvorgangs** zum Kauf angeregt fühlt." [23)]

Wichtig sind deshalb kommunikative Fähigkeiten, die von der Fähigkeit, psychologische Erkenntnisse anwenden zu können, begleitet sind:

- Auf Menschen zugehen können, aber auch wissen, wann der Kunde (noch) nicht angesprochen werden will.
- Zuhören und das Gehörte in kundenproblem- und kundennutzenorientiertes Vorlegen, Demonstrieren und Argumentieren umsetzen können.
- Gezielte Fragen stellen, Einwände behandeln und den Kunden überzeugen können, ohne daß er das Gefühl erhält, gegen seinen Willen zum Einkauf gedrängt worden zu sein.
- Die psychologische Situation, in der sich der Kunde befindet, beurteilen und den Schwierigkeiten für die Kommunikation, die daraus erwachsen können, begegnen können.
- Freundlich sein und auch in Streß- und Krisensituationen verkaufsfördernd reagieren können.
- Den Kunden durch das Verkaufsgespräch führen und zufriedenstellen können, so daß er gerne wiederkommt.
- Rhetorische Mittel richtig einsetzen und ihre Auswirkungen, einschließlich der der nonverbalen Kommunikation, richtig abschätzen können.

Der Einsatz dieser Fähigkeiten kann je nach Situation und praktizierter Verkaufsform sehr unterschiedlich sein; wichtig aber ist in jedem Falle, daß der Kunde die Art, wie der Verkäufer mit ihm kommuniziert, als positiv empfindet. Nicht die bloße Anwesenheit des Verkaufspersonals, sondern erst dessen Fähigkeit, eine gute Leistung zu bringen, beweist die Fachgeschäftsleistung, für die der Kunde zu zahlen bereit ist; dieser Beweis muß täglich, ja in jedem Kundenkontakt erbracht werden. Umgekehrt wirkt schlechte Verkäuferleistung über den einzelnen Vorgang hinaus geschäftsschädigend, weil er negativ imagebildend ist. [24)]

Das bedeutet, daß der "wirklich gute Verkäufer" ein Könner des Kommunikativberufs ist, der ebenso

- Eignung und Neigung,
- fundierte Kenntnis der Verkaufstechnik,
- durchtrainiertes positives Verkaufsverhalten,
- Kenntnis der psychologischen Hintergründe

besitzt und sie spontan und situationsgerecht einsetzen kann.

Bei der Entwicklung der dazu erforderlichen Fähigkeiten müssen allerdings die folgenden erschwerenden Bedingungen, mit denen man fertigwerden muß, als gegeben angenommen werden:

- Das Bewußtsein im Hinblick auf kommunikative Fähigkeiten und Defizite ist bei vielen Menschen gering entwickelt. Zwar erkennen wir, wer besonders gut reden kann oder wer besonders gut mit Menschen umgehen kann, die Einschätzung von ganz normalen kommunikativen Fähigkeiten und die Kenntnis der Verbesserungsmöglichkeiten ist aber nicht vorhanden. Das bedeutet, daß der einzelne Verkäufer oder Auszubildende von sich aus keinen Handlungsbedarf sieht, daß aber auch immer wieder Personen in die Ausbildung oder in eine Anstellung aufgenommen werden, deren kommunikative Defizite sie eigentlich ungeeignet für diesen Beruf machen.
- Die Anforderungen an einen "wirklich guten Verkäufer" sind außerordentlich hoch, während gleichzeitig dieser Beruf am unteren Ende der Berufswunsch-Rangskala steht. Die Folge ist, daß die komplizierten Zusammenhänge oft Menschen, die nicht über ein entsprechend hohes Begabungsniveau verfügen, vermittelt werden müssen..
- Kommunikative Fähigkeiten, zumal wenn sie so spontan praktiziert werden müssen, sind mit einem entsprechenden persönlichen Verhalten verbunden. Die kognitive Schulung bringt lediglich das Hintergrundwissen, während das Anwendenkönnen immer voraussetzt, daß bestimmte Verhaltensweisen angenommen wurden. Diese zu erwerben ist aber nur langfristig möglich, womit ebenso das immer wiederholte Behandeln und Einüben in Seminaren wie auch das geführte Einüben am Arbeitsplatz wie schließlich das Vorbild wichtig sind. Die Tatsache, daß unter Lernen überwiegend die kognitive Ebene verstanden wird, schafft Unverständnis für die Bedingungen des Lernens im Verhaltensbereich.
- Die Verhaltensnormen des Verkaufens sind formal denen der Führung ähnlich, so daß die Art, wie Führung gegenüber dem Verkäufer praktiziert wird, immer Vorbildwirkung hat für die Art, wie sich der Verkäufer dem Kunden gegenüber verhält. Verhaltenslernen spielt sich demnach immer unter starkem Einfluß von funktionalen Lernprozessen ab. [25)]

Für die Qualifizierung des Verkäufers als Kommunikationsfachmann gilt deshalb:

- Es muß Bewußtsein für die Besonderheiten der Qualifikation im kommunikativen Bereich geschaffen werden.
- Die didaktische Aufbereitung muß so erfolgen, daß 1. die dem Verkäufer bekannte Problemsituation, nicht aber die sachlogischen Zusammenhänge in den Mittelpunkt der Betrachtung rücken, 2. die Schritte so gewählt werden, daß sie im wesentlichen mit dem gesunden Menschenverstand nachvollziehbar sind, 3. die Behandlung immer zu konkreten Verhaltensrichtlinien führt.

- Die persönliche Beteiligung und das Einbringenkönnen persönlicher Berufsprobleme sind wichtig für die Identifikation mit dem Gelernten, ohne die eine Verhaltensänderung nicht möglich ist.
- Die Führenden müssen ihren Führungsstil auf seine Übereinstimmung mit dem gewünschten Verkaufsstil hin überprüfen und den funktionalen Lernprozeß durch die Art ihrer Führung in die gewünschte Richtung lenken.

3.3 Der Verkäufer als Warenfachmann

Die Vermittlungsaufgabe des Einzelhandels bezieht sich auf Waren und Dienstleistungen, in erster Linie aber auf Waren, die - traditionell - nach Branchenfeldern, in den letzten Jahrzehnten auch zunehmend nach Bedarfsgruppen angeboten werden. Die meisten Verkäufer fühlen sich deshalb auch ihrer Branche verbunden und für diejenigen, die über besonders gute Waren- und Branchenkenntnisse verfügen, ist ein Wechsel innerhalb der Branche (auch zu anderen Handels- oder Wirtschaftsstufen) eher denkbar als zwischen Branchen. Die Branche und ihre Waren sind somit von entscheidender Bedeutung für das Berufsbewußtsein und das Interesse am Beruf.

Die beruflichen Anforderungen an den Verkäufer müssen sich aber darüber hinaus orientieren an einer weiteren Dimension der Vermittlungsaufgabe: Sie bedeutet nicht in erster Linie physische Vermittlung, sondern

- Vermittlung eines konkreten Angebots und einer bestimmten Auswahl aus einem unter den heutigen Gegebenheiten des Käufermarktes sehr großen Angebot (Sortiment) und
- Vermittlung von Informationen über den damit gestifteten Kundennutzen und die damit mögliche Lösung von Kundenproblemen bzw. der damit verbundenen Risiken (Beratung).

Nur mit profunder Warenkenntnis sind die in Sortimentsübersicht und Beratung erforderlichen Leistungen zu erbringen; aber der "wirklich gute Verkäufer" muß darüber hinaus noch die Umsetzung dieser Kenntnisse in die Problem- und Interessensphäre des Kunden beherrschen. Deshalb scheitert oft der Versuch, Handwerker zu Verkäufern zu machen: Sie kennen zwar die Ware (meist viel besser noch als ein guter Verkäufer), an dieser Übersetzung in die Kundensphäre (verbunden mit den Kommunikationsaufgaben) scheitern sie aber.

Die wachsende Bedeutung der Fachberatung für Firmen mit Fachsortiment wird zu wachsenden Anforderungen an die Verkäuferqualifikation in bezug auf die Ware führen. Die neue Ausbildungsordnung für den Kaufmann/die Kauffrau im Einzelhandel [26)] und die auf dieser Grundlage erstellten fachlichen Ausbildungspläne tragen diesen Anforderungen Rechnung. Es ist im eigenen Interesse der Einzelhandelsbetriebe, in der Ausbildung eine solide Grundlage für die hohen Anforderungen an die Warenkenntnisse zu legen.

Dies ist aber nicht nur eine Qualifizierungsaufgabe, die sich auf die Ausbildung bezieht: Die Änderungen in der Technologie, in der Angebotspalette, dem Gebrauchsnutzen, der Mode usw. vollziehen sich ständig und so vielfältig, daß erworbenes Wissen sehr rasch veraltet. Außerdem müssen Kundennutzenargumente für das Gespräch mit dem Kunden ständig neu entwickelt werden. Und schließlich ist der Überblick über das Sortiment und die Gründe, warum das Unternehmen gerade so sortiert ist und nicht anders, nicht nur wichtig für das Beratungsgespräch unmittelbar, sondern auch für die Motivation zum eigenen Sortiment, die nur entstehen kann, wenn der Mitarbeiter sein Sortiment kennt und davon überzeugt ist. Auch für das ständige Training ist also der Bereich "Ware" ein wichtiger Gegenstand.

3.4 Der Verkäufer als Kaufmann

Häufig wird eine Unterscheidung gemacht zwischen "verkäuferischem" und "kaufmännischem bzw. betriebswirtschaftlichem" Wissen. Diese Unterscheidung führt aber zu gefährlichen Mißverständnissen, wie sie z. B. die bisherige Stufenausbildung produziert hat, nach der die "höherwertige" betriebswirtschaftliche Ausbildung im dritten Ausbildungsjahr auf dem Bürostuhl stattzufinden hatte. Daraus leitet sich dann meist das weitere Mißverständnis ab, Marketing und Werbung seien zwar betriebswirtschaftliche Bereiche, nicht aber das Verkaufen.

Die logische Reihe stimmt in anderer Folge: Das Verkaufen ist eine betriebswirtschaftliche Funktion, die eingebettet ist in das Marketing als Gesamtheit aller Aktionen der Markterschließung und Marktdurchdringung. Dies setzt einerseits spezifische betriebswirtschaftliche Kenntnisse voraus (wie z. B. über den Markt oder die Warenwirtschaft), andererseits erfordert sie den Hintergrund eines breiten betriebswirtschaftlichen Wissens. Es war eines der Anliegen der Neuordnung, die innerhalb der verkäuferischen Tätigkeit enthaltenen betriebswirtschaftlichen Fragestellungen stärker zur Geltung zu bringen und die Mißverständnisse, die sich aus der (unsachgemäßen) Anwendung eines tradierten kaufmännischen Bildungskanons, der überwiegend auf Büroberufe orientiert ist, zu beenden.[27)]

Die Fähigkeit, die Vorgänge des Verkaufs auch in ihrem betriebswirtschaftlichen Gehalt durchdringen zu können, trägt zum besseren Verständnis vieler Maßnahmen, Anordnungen und Gegebenheiten bei und vermeidet Mißverständnisse oder die Klage, die Mitarbeiter seien nicht bereit mitzudenken. Deshalb sind auch die Information (als Teil des Führungsgeschehens) und die Schulung über betriebswirtschaftliche Zusammenhänge wichtige Bestandteile des permanenten Qualifizierungsprozesses.

3.5 Motivation und Selbstverständnis als Einflußfaktoren auf das Berufskönnen des Verkäufers

Der Verkäufer unterliegt sehr hohen Verhaltensanforderungen, denn er soll den Kunden ein positiver Gesprächspartner und Berater sein. Dieses positive Verhalten soll idealerweise auch durchgehalten werden in Streß und schwierigen Situationen, z. B. in

Zeiten höchster Kundenfrequenz im Weihnachtsgeschäft, bei einem wütend reklamierenden Kunden, bei einer nervösen Kundin mit zwei quengelnden Kindern an der Hand ...

Die dafür erforderliche Krisenfestigkeit kann zu einem gewissen Maße durch berufliche Routine und gezielte Verhaltensschulung erworben werden. In unseren Verkaufstrainings bewerten die Teilnehmer Hilfestellungen für schwierige Situationen am höchsten.

Die Basis hierzu muß aber in Form einer stabilen Motivation zum Verkäuferberuf vorhanden sein. Deshalb ist es wichtig, von Anfang an alle Möglichkeiten auszuschöpfen, die zu einer solchen Motivation führen, d. h. beim Auszubildenden bereits in der Phase der Einstellungsgespräche und in den ersten Ausbildungswochen und -monaten ganz gezielt abstellen auf:

- Das Herausarbeiten der besonderen Fähigkeiten, die für den Umgang mit Menschen erforderlich sind und die Schaffung des Bewußtseins, hiermit eine besondere Qualifikation erworben zu haben.
- Das Anknüpfen an das Interesse des Jugendlichen für einen Warenbereich und das Interessieren des Jugendlichen für die Zusammenhänge, die im Bekleidungsbereich etwa mit "Mode", im Lebensmittelbereich mit "Genießen und gesunde Ernährung" umschrieben werden können; eine solche Umschreibung (die ja im Marketing durchaus üblich ist, um dem Kunden zu zeigen, daß man nicht nur Warenvermittler im physischen Sinne ist) öffnet den Blick für die Möglichkeiten des Berufs.
- Die Möglichkeiten, in diesem Beruf etwas aus sich zu machen, die aufgrund einer sehr tiefgegliederten und für Praktiker besonders durchlässigen Führungsstruktur im Einzelhandel außerordentlich hoch sind.

Ganz bewußt wurden hier nur Beispiele für die Motivation aus dem Beruf heraus gebracht, denn sie erweisen sich letztlich am stabilsten.[28)]

Berufsmotivation und Selbstverständnis des Berufs stehen in Wechselwirkung. Nur wenn der Beruf Motivation vermittelt, kann eine positive Einstellung zu ihm entstehen, nur wenn der Beruf als positiv anerkannt und bejaht wird, kann er die für den Alltag nötige Motivation geben.

Um Auszubildende im Verkäuferberuf zu veranlassen, über ihre Einstellung zu ihrem Beruf nachzudenken, stellen wir ihnen folgende Aufgabe: "Stellen Sie sich vor, Sie sitzen mit ihren ehemaligen Schulkameraden einige Monate nach Schulabschluß zusammen und erzählen jeder von seinen bisherigen Berufserlebnissen: Der Autoschlosser ist natürlich ein urteilssicherer Motorenfachmann geworden, der Banklehrling ist so souverän wie der Privatbankier, die Friseuse verschönert sofort ihre Freundinnen ... Jeder weiß viel von seinem Beruf und dem, was er jetzt Besonderes kann (das die anderen nicht können) zu erzählen und gibt auch ein wenig damit an. Was erzählen Sie ihren Kameraden über das, was Sie an Besonderem gelernt haben?" Die Teilnehmer tun sich erst etwas schwer mit dieser Frage, sind aber dann dankbar für die positiven Argumente, die sie über ihren Beruf sammeln können.

Gerade weil die Entscheidung für den Verkäuferberuf oft "zweite Wahl" ist, ist es erforderlich, sich gezielt mit den Einstellungen und Fragen der Berufsanfänger zu ihrem Beruf auseinanderzusetzen und ihnen zu helfen, ein positives Berufsverständnis zu entwickeln.

Aber nicht nur für die Berufsanfänger ist dies wichtig: Der Kunde sucht beim Einkauf heute weitgehend Dinge, die seinem Selbstwertgefühl entsprechen und es steigern können. Ein Verkäufer mit einer negativen Haltung zu seinem Beruf wird ihm diesen "Nutzen" nicht verkaufen können. Wir müssen noch einen Schritt weitergehen: Der heutigen Einstellung zur Leistung [29] entspricht es, daß der "Arbeitsplatzkunde" Verkäufer Sinnerfüllung in seiner Arbeit sucht, die ihm wiederum die nötige Basis für Selbstwertgefühl, Berufsverständnis und positives Verhalten gibt.

3.6 Führung, Gruppe und Verhaltensstil

Die Vorbildwirkung der Führung [30] überträgt sich auf den Verhaltensstil, den der Verkäufer dem Kunden gegenüber anwendet. Es ist deshalb nicht möglich, daß ein Vorgesetzter von seinen Verkäufern die Erfüllung von Verhaltensnormen im Verkauf verlangt, die er in seinem Führungsstil nicht erbringt. Er lebt dann nämlich einen Verhaltensstil vor, der gegenüber seinen Anforderungen unglaubwürdig bleibt, selbst wenn er sich seinen Kunden gegenüber positiv verhält. Hierbei kann nicht davon ausgegangen werden, daß der Verkäufer sachlich-psychologisch analysiert, sondern daß er emotional, d. h. aufgrund des von ihm negativ empfundenen Führungsstils urteilt. Diese Diskrepanz birgt somit die weitere Gefahr, daß das Betriebsklima berührt wird oder daß positive Ansätze, z. B. durch Verkaufstrainings, verlorengehen oder sich sogar in ihr Gegenteil verkehren können. Jedes Verkaufstraining, jede Maßnahme, den Verkaufsstil zu verändern, muß deshalb bei und mit den Führungskräften beginnen und zwar aus folgenden Günden:

- Die Führungskräfte müssen die Möglichkeit haben, Übereinstimmung der Umgangsstile im Verkauf und in der Führung herzustellen; dazu müssen sie deren Anforderungen definieren, die Inhalte des Verkaufstrainings kennen und gegebenenfalls Abstimmungen vornehmen.
- Die Inhalte eines Verkaufstrainings sind dazu bestimmt, in Alltagsverhalten umgesetzt zu werden. Positiv kann das nur wirksam werden, wenn das im Training Gelernte in Übereinstimmung steht mit dem Führungsalltag.
- Der Lernprozeß und der Prozeß der Verhaltensentwicklung wird noch stärker als durch Schulungsmaßnahmen durch die Führung beeinflußt. Es ist deshalb konsequent, beide Einwirkungsmöglichkeiten von Anfang an zu berücksichtigen, indem man z. B., wie wir dies in unseren Firmenschulungen tun, in Parallelseminaren für die Führung mit dieser aus den Seminarinhalten "Aktionsthemen" erarbeitet. Diese Themen werden in einer Mitarbeiterbesprechung für einen Monat als "Vorsatz"

vorgestellt und auf die Anwendung im Betrieb oder in der Abteilung konkretisiert. In der Mitarbeiterbesprechung am Ende des Monats wird gemeinsam "Bilanz" gezogen. Damit werden gleichzeitig die Trainingsinhalte über einen längeren Zeitraum hinweg wachgehalten, sie werden operationalisiert und sie werden in den Führungsprozeß eingebracht.[31)]

Verkaufsstil ist untrennbarer Teil des Verhaltensstils der gesamten Gruppe, die der Betrieb darstellt. Er unterliegt auch den gleichen gruppenpsychologischen Bedingungen:[32)] Er wird zur Gruppennorm, die innerhalb der Gruppe (durch Anstoß und durch Vorbildwirkung) entsteht, sich verändert und sich verfestigt - und dies auch, wenn niemand bewußt versucht, darauf Einfluß zu nehmen. Mit anderen Worten: Jeder Einzelhandelsbetrieb hat einen Verhaltensstil entwickelt, der typisch für ihn ist und der als positiv oder negativ empfunden wird. Der Kunde reagiert darauf nicht sachlich analysierend, sondern intuitiv und emotional. Es werden außerdem Vorurteilsmechanismen wirksam, die sich folgendermaßen ausdrücken können: "Hier wird man doch sonst gut bedient. Wieso hatte ich denn heute einen so schlechten Verkäufer?" oder: "Wie kommt denn eine so gute Fachkraft in einen solchen Saftladen?"

Dieses Gruppenverhalten prägt das Image des Einzelhandelsbetriebs - man spricht ihm dann gute oder mittlere oder schlechte Beratungsqualität zu. Für die Zukunftsentwicklung des Einzelhandelsunternehmens und für die Durchsetzung seiner Marketing-Strategie ist dies ein wesentlicher Faktor.

Hier wird deutlich, daß die Wahl der Verkaufsform keine Entscheidung ist, die unmittelbar wirksam werden kann. Hinsichtlich der darin enthaltenen Personalentscheidung ist sie eine Entscheidung für einen Prozeß der Personalentwicklung,[33)] der die Gesamtheit der Mitarbeiter und Führungskräfte eines Einzelhandelsunternehmens umfaßt. Es ist ein langfristiger, ja permanenter Prozeß, der gleichermaßen durch Schulung und Führung gestaltet werden muß.

In diesen Zusammenhang müssen auch die Auswirkungen der Unternehmensphilosophie auf den im Unternehmen herrschenden Verhaltensstil und auf die Identifikation der Mitarbeiter und Führungskräfte mit ihrem Unternehmen einbezogen werden. Wenn wir davon ausgehen, daß jedes Unternehmen - bewußt oder unbewußt - eine Unternehmensphilosophie hat und daß sich diese im Gesamtverhalten und damit auch im Verhalten gegenüber dem Kunden niederschlägt, gewinnt die Frage der Corporate Identity für das Einzelhandelsunternehmen höchste Priorität.[34)]

4. Schlußfolgerungen

Das Bestehen des Facheinzelhandels im künftigen Wettbewerb wird sehr stark davon abhängen, inwieweit das persönliche Verkaufen ein Leistungscharakteristikum schafft, das der Kunde honoriert - vor allem auch in den höheren Preisen, die diese personalintensiven Leistungen kosten. Erreichbar ist dies nur durch ein signifikant höheres Leistungsniveau, dessen Voraussetzungen durch eine konsequente Personalpolitik, die integraler Bestandteil der Unternehmenspolitik ist, geschaffen werden müssen.

Die darin enthaltene Personalentwicklungs- und Trainingspolitik muß dazu folgende Merkmale aufweisen:

- Sie muß auf der Grundlage der unternehmenspolitischen Grundsätze, der betrieblichen Problemlage und der Entwicklungsvorhaben formuliert werden. Der erste Schritt der Feldarbeit zur Vorbereitung einer Firmenschulung ist deshalb die Information über das Unternehmen insgesamt.
- Sie muß die Führung umfassen und von ihr mitgetragen werden.
- Sie muß *alle* Mitarbeiter und Führungskräfte umfassen, denn nur so kann eine in der Alltagspraxis wirksame Veränderung des Gruppenstils herbeigeführt werden.
- Sie muß kontinuierlich betrieben werden, denn Verhaltensänderungen benötigen eine lange Zeit und ein gewünschter Verhaltensstil erfordert ständige Maßnahmen, die ihn aufrechterhalten.

Dabei darf nicht vergessen werden: Der Einzelhandel braucht Menschen, nicht einfach Personal. Die Verhaltensanforderungen sind so hoch, daß sie nur erbracht werden können, wenn jeder Mitarbeiter hierzu ganz persönlich bereit ist. Außerdem muß der Verkäufer sich als Gesamtpersönlichkeit in den Interaktionsprozeß des Verkaufens einbringen; eine Aufspaltung in eine berufliche und eine private Persönlichkeit ist nicht denkbar, wenn der Mensch glaubhaft bleiben soll. Aber gerade das *muß* er ja gegenüber dem Kunden!

Für den Wirtschaftspädagogen ist dieses Spannungsfeld zwischen wirtschaftlichen und pädagogischen Anforderungen eine Herausforderung. Er muß Lösungen finden, die gleichermaßen die Entwicklung des ganzen Menschen zum Ziel haben, wie der Entwicklung der Unternehmen dienen und für diese realisierbar sind.

Anmerkungen:

(1) vgl. HEGELHEIMER, Armin/ALT, Christel/FOSTER-DANGERS, Helga: Qualifikationsforschung, Eine Literaturexpertise über ihre Bedeutung für die Berufsbildungsforschung, Schriften zur Berufsbildungsforschung Nr. 33, hg. vom Präsidenten des Bundesinstituts für Berufsbildungsforschung, Hannover 1975, S. 9; BERGMANN-KRAUSS, Barbara: Qualifikationsforschung, in: Wörterbuch der Weiterbildung, hg. von Gerwin Dahm u. a., München 1980, S. 278

(2) vgl. ABRAHAM, Karl: Die Diplom-Handelslehrer als Träger neuer Bildungsformen, in: Deutsche Handelsschul-Warte, Heft 2/1930, S. 17 - 18, wiederveröffentlicht in: ABRAHAM, Karl: Industrielle Arbeitswelt als Bildungsraum, Eine Aufsatzsammlung, Frankfurt am Main - Bern - New York - Nancy 1984, S. 7 - 11;

BERKE, Rolf: Zeitgeschehen - Bewußtseinswandel - Berufsbildung, Erörterung eines Paradigmenwandels, in: Handbuch für das kaufmännische Bildungswesen, hg. im Auftrag des Bundesverbandes der Lehrer an Wirtschaftsschulen e. V. von Rolf Berke u. a., Darmstadt 1985, S. 3

(3) vgl. ABRAHAM, Karl: Betriebspädagogik, Grundfragen der Bildungsarbeit der Betriebe und der Selbstverwaltungsorgane der Wirtschaft, Berlin 1978, S. 226 ff.

(4) vgl. ALGERMISSEN, Joachim: Das Marketing der Handelsbetriebe, Würzburg/ Wien 1981, S. 12; FALK, Bernd R./WOLF, Jakob: Handelsbetriebslehre, 7. Aufl., Landsberg (Lech) 1986, S. 37: vgl. THOMANEK, Wolfgang: Personalqualifizierung und Personalpolitik als Teil der Unternehmens- und Marktstrategie, S. 6, in: Handeln mit Vision und Leistung, Tagungsband der Internationalen GDI Handelstagung '88, 26. - 28. September 1988, Gottlieb Duttweiler Institut, Rüschlikon/ Zürich 1988

(5) o. V. (BÖHM-KOCHANSKI, Christiane): In drei Minuten ist alles vorbei, in: Textil-Wirtschaft vom 5. 1. 1989, S. 12 und 14

(6) vgl. TIETZ, Bruno: Der Handelsbetrieb, Grundlagen der Unternehmenspolitik, München 1985, S. 52 ff.

(7) vgl. THOMANEK, Wolfgang: a. a. O., S. 7 ff.

(8) vgl. TIETZ, Bruno: Der Handelsbetrieb, a. a. O., S. 530 ff.; PHILIPPI, Hans: Bericht über die Ergebnisse des Betriebsvergleichs der Einzelhandelsfachgeschäfte im Jahre 1987, in: Mitteilungen des Instituts für Handelsforschung an der Universität zu Köln, Jahrg. 40, Heft 11/1988, S. 161

(9) vgl. HINRICHS, Wolfgang: Personalpolitik mit Perspektive im Handel, in: Kölner Handelsforum 1987: Personalführung, die Spitzenleistung bringt, als Manuskript veröffentlicht, 1987, S. 18 f.

(10) vgl. FALK, Bernd R./WOLF, Jakob: a. a. O., S. 47 ff. (Menschliche Arbeit als Leistungsfaktor); TIETZ, Bruno: Der Handelsbetrieb, a. a. O. (Er behandelt die Personalfrage an mehreren Stellen: S. 54: Bedeutung der Unternehmensgrundsätze und der Unternehmensphilosophie für die Mitarbeiter; S. 273 ff.: Die Instrumente zur Schaffung der Faktorgrundlagen: Personalbasis und Managerbasis; S. 394 ff.: Die Politik des persönlichen Verkaufs als Teil der Kontaktinstrumente; S. 534 ff.: Die Personalpolitik als Teil der Faktorkombinationspolitik); NIESCHLAG, Robert/DICHTL, Erwin/HÖRSCHGEN, Hans: Marketing, 14. Aufl., Berlin 1985, S. 395 f. und 420 ff. (Verkauf als Teil der Distributionspolitik); MEFFERT, Heribert: Marketing, Grundlagen der Absatzpolitik, 7. Aufl., Wiesbaden 1986, S. 481 ff. (Persönlicher Verkauf als Bereich der kommunikationspolitischen Entscheidungen); KOTLER, Philip: Marketing-Management, Analyse, Planung und Kontrolle, 4. Aufl, Stuttgart 1982, S. 567 ff. (Verkaufspersonalentscheidungen als Teil der Entscheidungen zur Zusammenstellung des Marketing-Mix); HANSEN, Ursula: Absatz- und Beschaffungsmarketing des Einzelhandels, Teil 1, Göttingen 1976, S. 263 ff. (Im Rahmen der absatzwirtschaftlichen Aktionsanalyse des Einzelhandels); MÜLLER-HAGEDORN, Lothar: Han-

delsmarketing, Stuttgart/Berlin/Köln/Mainz 1984, S. 249 ff. (Als Entscheidungsbereich, wobei - S. 250 - die "Entscheidung über das Bedienungssystem ... als Basisentscheidung über den Einsatz von Personal im Verkaufsbereich" herausgestellt wird).

(11) s. Personalleistungsklassen-Ergebnisse der Einzelhandelsfachgeschäfte im Jahre 1986, Umsatz-, Kosten-, Spannen- und Gewinnzahlen des Betriebsvergleichs, Beiträge des Instituts für Handelsforschung zur Dokumentation der betriebswirtschaftlichen Situation im Groß- und Einzelhandel, hg. von Fritz Klein-Blenkers, Heft 64, Göttingen 1987, hier insbesondere S. 6; Erstellung der Auswertungstabelle durch den Verfasser.

(12) vgl. aus der Reihe Beiträge des Instituts für Handelsforschung zur Dokumentation der betriebswirtschaftlichen Situation im Groß- und Einzelhandel, hg. von Fritz Klein-Blenkers: Heft 59 (Geschäftslagen-Ergebnisse), Heft 60 (Ortsgrößen-Ergebnisse), Heft 61 (Personengrößenklassen-Ergebnisse), Heft 62 (Raumgrößenklassen-Ergebnisse), Heft 63 (Absatzgrößenklassen-Ergebnisse), alle das Jahr 1986 betreffend, alle Göttingen 1987

(13) s. KLEIN-BLENKERS. Fritz: Betriebsvergleichsergebnisse für 38 Branchen des Facheinzelhandels im Jahre 1983 nach Geschäftslagen, Ortsgrößen, Betriebsgrößen und Personalleistungsklassen, in: Mitteilungen des Instituts für Handelsforschung an der Universität zu Köln, Jahrg. 34, Heft 4, April 1985, S. 63

(14) Von einem anderen Ausgangspunkt als der Pädagoge wird dann der Einzelhandelsunternehmer den ganzen Menschen, seine Persönlichkeit, seine Entwicklungsmöglichkeiten, seine Erwartungen in seine Überlegungen einbeziehen müssen, um diejenige Verkäufer-Persönlichkeit heranzuziehen, die nicht nur arbeitet, sondern als Repräsentant des Unternehmens Kunden bindet.

(15) vgl. BEREKOVEN, Ludwig: Geschichte des deutschen Einzelhandels, 2. Aufl., Frankfurt (Main) 1987; TIETZ, Bruno: Gewandelte Handelslandschaft in der Bundesrepublik, in: Blick durch die Wirtschaft vom 27. 6. 1986, S. 4; Einzelhandel 1990 - Analyse, Perspektiven, Strukturpolitischer Ansatz, Hauptgemeinschaft des Deutschen Einzelhandels, Köln o. J. (1980)

(16) vgl. GERKEN, Gerd: Die Zukunft des Handels, Freiburg im Breisgau 1987; Wie Sie sich mit neuen Ideen Wettbewerbsvorteile schaffen, Der Seminarbericht vom Einzelhandels Colleg, hg. von Bayerische Vereinsbank AG, München 1987

(17) vgl. JUN, U.: Das Verkaufspersonal ist Ihr Erfolgsfaktor Nr. 1 - Umsätze sichern: Gehen Sie jetzt in die Offensive, in: Einzelhandelsberater, Heft 9/1986, S. 434 und 436; BAUER, Josef: Mit Investitionen "nach innen" zum Verkaufserfolg, in: BAG-Nachrichten, Heft 4/1987, S. 11 ff.

(18) vgl. ENGEL, Reinhard: Ihre Lücke: Spezialwissen über verkaufswirksame Warenplazierung, Köln (Selbstverlag) 1975

(19) vgl. THOMANEK, Wolfgang: a. a. O., S. 10

(20) vgl. CLAUSS, Thomas/FRITZ, Wolfgang unter Mitarbeit von Lieselotte Ohl: Qualifikation und Erwerbstätigkeit in den Einzelhandelsberufen, Eine empirische Untersuchung der beruflichen Situation von Verkäufern/Verkäuferinnen und Einzelhandelskaufleuten, Berichte zur beruflichen Bildung, Heft 56, Bundesinstitut für Berufsbildung, Berlin 1983, S. 29

(21) s. RETSCH, Heinz: Der Mitarbeiter - Erfolgsfaktor Nr. 1 im Handel, Menschen führen statt verwalten, in: Kölner Handelsforum 1987: Personalführung, die Spitzenleistung bringt, Tagungsbericht, als Manuskript veröffentlich, 1987, S. 97 ff.

(22) vgl. BÄNSCH, Axel: Verkaufspsychologie und Verkaufstechnik, 3. Aufl., München/Wien 1988, S. 3 ff.; HANSEN, Ursula: a. a. O., Band 1, S. 286; NIESCHLAG, Robert/DICHTL, Erwin/HÖRSCHGEN, Hans: a. a. O, S. 420 ff.; die in diesem Zusammenhang dargestellten unterschiedlichen Erklärungsansätze für Verkäuferverhalten und -erfolg sollen hier nicht erörtert werden.

(23) s. RETSCH, Heinz: a. a. O., S. 106

(24) vgl. RETSCH, Heinz: a. a. O., S. 100; VOLK, Hartmut: Bausteine des Erfolges: Berufsinteresse und Praxis, in: Eisenwarenbörse, Heft 12/1988, S. 52 ff. und Heft 1/1989, S. 45

(25) vgl. ABRAHAM, Karl: Der Betrieb als Erziehungsfaktor, 2. Aufl., Freiburg im Breisgau 1957, S. 12 f.

(26) Ausbildung zum Kaufmann/zur Kauffrau im Einzelhandel, Verordnung mit Erläuterungen für den Ausbildungsbetrieb, hg. von Zentralstelle für Berufsbildung im Einzelhandel, Köln o. J.

(27) vgl. BROCK, Wolf-Dieter: Neuordnung der Berufsbildung, in: Bayerischer Einzelhandel, Heft 1/1987, S. 24 f.

(28) vgl. LATTMANN, Charles: Die verhaltenswissenschaftlichen Grundlagen der Führung des Mitarbeiters, Bern/Stuttgart 1982, S. 178

(29) vgl. HÖHLER, Gertrud: Wenn Arbeit mehr als nur ein Job sein soll: Führung, Unternehmenskultur und Arbeitsgestaltung als Produktivitätsfaktor, S. 6 ff., Auszüge aus: HÖHLER, Gertrud: Offener Horizont . Junge Strategien verändern die Welt, Düsseldorf/Wien 1988, wiedergegeben in: Handeln mit Vision und Leistung, Tagungsband der Internationalen GDI Handelstagung '88, 26. - 28. September 1988, Gottlieb Duttweiler Institut, Rüschlikon/Zürich 1988

(30) vgl. ABRAHAM, Karl: Betriebspädagogik, a. a. O., S. 237 f.; HÖHLER, Gertrud: a. a. O, S. 17 f.

(31) Wir schließen uns nicht der Auffassung an, daß die Führungskräfte auch die zur Schulung der Mitarbeiter Berufenen sind, weil sie Situation und Bedarf ihres Führungsbereichs am besten kennen; vgl. Feldzug gegen Unlust und Inkompetenz, in: Der Einzelhandelsberater, Heft 11/1988, S. 766 f.; vgl. auch: o. V.: Nur das Ergebnis zählt, in: Absatzwirtschaft, Heft 4/1989, S. 68 ff. Führungskräfte sind zum einen meist so stark belastet, daß sie die Zeit für eine gute Schulung nicht aufbringen können. Zum anderen sind sie weder auf eine Schulungsaufgabe vorbereitet,

noch sind alle Führungskräfte geeignet dafür. Wir sind deshalb der Meinung, daß sie am besten in einer führungsadäquaten Weise an der Personalentwicklung beteiligt werden, während die Schulung selbst Trainingsspezialisten überlassen bleiben sollte.

(32) vgl. BÄNSCH, Axel: a. a. O., S. 35 ff., der allerdings nur die Bedingungen der Gruppenzugehörigkeit des Käufers und die Möglichkeiten für den Verkäufer, sich dazu adäquat zu verhalten, behandelt.

(33) vgl. THOMANEK, Wolfgang: a. a. O. S. 8

(34) vgl. TIETZ, Bruno: Der Handelsbetrieb, a. a. O., S. 53 ff.; FREUNDLIEB, Bernd: Menschen machen Mövenpick - Unternehmenskultur schafft Teamgeist, in: Kölner Handelsforum 1987: a. a. O., S. 35 ff.; STIEFEL, Rolf Th.: Schneller lernen als die Konkurrenz, in: Absatzwirtschaft, Heft 10/1988, S. 76 ff.; TIETZ, Bruno: Wo liegen die Chancen für das Fachgeschäft, in: Der Einzelhandelsberater, Heft 9/1988, S. 590

Jürgen Vervier: GesellschaftspolitischesOrientierungswissen

Wirtschaftspädagogische Überlegungen zur Fortbildung von Führungskräften

Zur Person:

Dipl.-Hdl. Jürgen Vervier, Prokurist in der Zentrale der Deutschen Bank AG

Jahrgang 1938; Abitur 1958; Studium der Wirtschaftspädagogik an der Universität Frankfurt (Main) 1958 - 1963; Referendariat 1963 - 1965; Assistent am Wirtschaftspädagogischen Seminar der Universität Frankfurt (Prof. Abraham) 1966 - 1968; Studium der Philosophie und Theologie an der Universität Salzburg (Philosophisches Baccalaureat) 1969 - 1972; Mitarbeiter der Deutschen Bank AG in der Zentrale Frankfurt (Main): Personalabteilung/Bildungspolitik seit 1973

1. Eine "neue Allgemeinbildung" für Führungskräfte: Erkenntnisse aus der betriebspädagogischen Forschung Karl Abrahams

Aufgrund seiner jahrzehntelangen pädagogischen Forschungsarbeit vertritt Karl Abraham die Auffassung, daß die entscheidenden Anstöße und Neuerungen im pädagogischen Bereich heute aus dem Bildungswesen der Wirtschaft kommen: "Es ist derjenige Teil des gesamten Bildungswesens, von dem heute die wesentlichen Impulse für ein neues pädagogisches Denken ausgehen. Die spezifische Geistigkeit der Wirtschaft gelangt in dem Bildungswesen der Wirtschaft zu der Konkretisierung ihrer Inhalte und Formen und wirkt von dort aus in den gesamten pädagogischen Bereich hinein. Die Vorgänge in dem Erziehungswesen sind schon immer besonders deutliche Erscheinungsformen des allgemeinen Kulturprozesses gewesen, wobei jeweils einzelne Teilbereiche des Bildungswesens die spezifische Eigenart einer Kulturepoche veranschaulicht haben. In dieser Weise hat das Gymnasium die bürgerliche Kultur des 19. Jahrhunderts repräsentiert. Diese Führungsrolle ist heute auf das Bildungswesen der Wirtschaft übergegangen. Was dort heute vorgeht, hat Modellcharakter für die ganze jetzige pädagogische Epoche." [1)]

Man kann diesen Grundgedanken von Karl Abraham beispielhaft deutlich machen an der Idee einer "neuen Allgemeinbildung". Wenn der Deutsche Ausschuß für das Erziehungs- und Bildungswesen definiert hatte: "Gebildet im Sinne der Erwachsenenbildung wird jeder, der in der ständigen Bemühung lebt, sich selbst, die Gesellschaft und die Welt zu verstehen und diesem Verständnis gemäß zu handeln" [2)], so beobachtete Karl Abraham bei seiner betriebspädagogischen Feldarbeit, daß das hier angestrebte Selbst-, Gesellschafts- und Weltverständnis seine wesentlichen Impulse in der gegenwärtigen Kulturepoche aus dem Bildungswesen der Wirtschaft empfängt: "Es ist der besondere Reiz der wissenschaftlichen Arbeit auf dem Gebiete der Betriebspädagogik, daß hier die Gelegenheit vorhanden ist, die Entstehung einer neuen Idee der Allgemeinbildung zu beobachten. Dieser Prozeß wird von Menschen getragen, die zwar in dem traditionellen Sinne keine Bildungsfachleute sind, die aber eine große Verantwortung für die geistige Beschaffenheit der in ihren Betrieben tätigen Angestellten und Arbeiter tragen. Sie können beurteilen, wie eine moderne Erwachsenenbildung beschaffen sein muß, damit sie dem heutigen Menschen dabei hilft, mit den ihm gestellten Aufgaben fertig zu werden und ein befriedigendes Leben zu führen". [3)]

Mit der Gedankenwelt der Bildungsfachleute in der Wirtschaft hat sich Karl Abraham besonders in zahlreichen Gesprächen vertraut gemacht und auseinandergesetzt. Dabei ist er immer wieder auf die Idee einer "neuen Allgemeinbildung" gestoßen: "Der Verfasser hat die Erfahrung gemacht, daß Gespräche mit den für die Personal- und Bildungsfragen verantwortlichen Fachleuten der Betriebe oft zu dem Problemkreis einer neuen Allgemeinbildung führen. Dies trifft besonders bei Diskussionen über die Frage zu, welche spezifischen Qualifikationen die Angehörigen der oberen und der mittleren Führungsschicht besitzen sollen. Das fachliche Wissen und Können ist eine Selbstverständlichkeit, über die man nicht zu sprechen braucht. Die eigentliche Problematik beginnt erst jenseits dieses Bereiches. Je höher jemand in der Hierarchie des Betriebes steht, um so mehr erwartet man von ihm heute eine zusätzliche Eignung, deren Grundlage eine fundierte allgemeine Bildung ist. Darunter ist nicht eine Allgemeinbildung im Sinne des Neuhumanismus zu verstehen, sondern ein neuer Typ der Allgemeinbildung, der der heutigen Kulturlage enspricht. Die Klärung, was damit im einzelnen gemeint wird, ist noch nicht so weit fortgeschritten, daß eine abschließende Formulierung möglich ist. Der Verfasser hat aber den Eindruck, daß ein Einvernehmen darüber vorhanden ist, daß eine philosophische, eine historische und auch eine gesellschaftswissenschaftliche Grundbildung notwendig sind und daß außerdem eine Denkhaltung zu fordern ist, die das Vorhandensein von sittlichen Grundwerten bejaht." [4)]

Für Karl Abraham muß deshalb "ein neuer Typ der Allgemeinbildung, der der heutigen Kulturlage enspricht" in besonderem Maße den "Einfluß des Industrialismus auf den Kulturprozeß" [5)] berücksichtigen, ist doch der "Industrialismus" das herausragende "Kennzeichen der gegenwärtigen Kulturepoche" und diese nur von ihm her zu verstehen: "Die gegenwärtige Kulturepoche wird in einem hohen Maße durch die Tatsache charakterisiert, daß in den letzten 150 Jahren in Europa der Industrialismus entstanden ist und zunächst diesen Kontinent und Nordamerika und danach in einem Prozeß, der noch andauert, die ganze Welt umgeformt hat. In dem modernen Fabrikbetrieb kommt der Industrialismus am klarsten zum Ausdruck, aber auch die Betriebe des Einzel- und des Großhandels, die Banken, die Versicherungsunternehmungen, die Verkehrsbetriebe und darüber hinaus auch das Handwerk und die Landwirtschaft stehen im Zeichen des Industrialismus und werden durch ihn geprägt." [6)]

Eine besondere Herausforderung stellt diese Situation für die Führungskräfte in der Wirtschaft dar; denn sie müssen als erste teilhaben an der "neuen Allgemeinbildung". Karl Abraham schreibt dazu: "Jeder Betrieb ist in eine bestimmte wirtschaftliche, politische und kulturelle Umwelt eingebettet, die seine Existenzbedingungen bestimmt. Die Führungskräfte müssen daher fähig sein, die besondere Stellung ihres Betriebes in seiner Umwelt zu erkennen und bei ihren Entscheidungen zu berücksichtigen. Wer einen Betrieb leiten will, der muß zusätzlich zu umfangreichen Fachkenntnissen auch die Fähigkeit besitzen, die großen Zusammenhänge zu überblicken und dadurch zu verstehen,wo der Platz seines Betriebes und sein eigener Platz in dieser Welt sind. Dazu benötigt er eine neue Allgemeinbildung." [7)]

2. Grundfragen der Wirtschaftsordnung als Inhalte gesellschaftspolitischen Orientierungswissens

Aus der von Karl Abraham analysierten gegenwärtigen Kulturepoche heraus folgt, daß die "neue Allgemeinbildung" wesentlich gesellschaftspolitisch orientiert ist, denn eine gesellschaftspolitische Bildung beinhaltet ja gerade die Auseinandersetzung mit Grundfragen des Industrialismus und soll dadurch insbesondere Führungskräften in der Wirtschaft jene Orientierung für ihr Selbst-, Gesellschafts- und Weltverständnis bieten, das sie zur Wahrnehmung ihrer Führungsaufgaben befähigt.

Der soeben verwandte Begriff "Industrialismus" (und verwandte Begriffe wie "Industriestaat" oder "Industriegesellschaft") bedürfen der Klärung. In den Gesellschaftswissenschaften wird der Ausdruck "Industrialismus" als "terminus technicus" verstanden, bei dessen Anwendung es nicht darauf ankommt, daß ein Land im wörtlichen Sinne über "Industrie" verfügt, sondern daß seine Wirtschaft eine revolutionierte Produktivität besitzt. Dänemark und Neuseeland als Agrarländer (vorwiegende Produktion im primären Sektor) sind zum Beispiel perfekte "Industrie"-Gesellschaften. Ebenso werden die ökonomisch fortgeschrittenen Staaten, die einen immer größeren Teil ihrer Wertschöpfung im tertiären Bereich (also bei den "Dienstleistungen") erwirtschaften, trotzdem als "Industrie"-Staaten (im oben definierten Sinn) bezeichnet. Letztlich ist das Kennzeichen der Industriegesellschaft nicht das Bestehen industrieller Produktionsverhältnisse, sondern eine neue kulturelle Haltung. Entscheidend ist eine neue Wertordnung, die sich in einem neuen Verhalten gegenüber der Welt ausdrückt, in einer neuen "Methode", der Welt zu begegnen. [8)]

Auf den folgenden Seiten wird der Versuch unternommen, mit einer skizzenhaften Darstellung wesentlicher gesellschaftspolitischer Aspekte des Industrialismus in der Bundesrepublik Deutschland ein Orientierungsraster zu konkretisieren, wie es sich aus den (Orientierungs-)Bedürfnissen von Führungskräften ergeben und seinen Niederschlag in zahlreichen Bildungsprogrammen der Wirtschaft (ganz oder teilweise) gefunden hat. Häufige Zitate sollen dabei die Quellen offenlegen, aus denen sich die hier vorliegende Konzeption herleitet. [9)] Im Mittelpunkt der Betrachtung stehen dabei Grundfragen unserer Wirtschaftsordnung, der "Sozialen Marktwirtschaft", die bestimmend ist für Richtung und Vollzugsweise des Industrialismus in der Bundesrepublik. Die Behandlung der Wirtschaftsordnung bildet deshalb auch den Referenzrahmen für eine vielgestaltige Themenstellung in der Bildungsarbeit der Wirtschaft.

Die hier vorliegende Stoffauswahl wurde wesentlich zur Konkretisierung der bereits zitierten Feststellung von Karl Abraham in seiner "Betriebspädagogik" über die Inhalte der sich konstituierenden "neuen Allgemeinbildung" getroffen, "daß eine philosophische, eine historische und auch eine gesellschaftswissenschaftliche Grundbildung notwendig sind und daß außerdem eine Denkhaltung zu fordern ist, die das Vorhandensein von sittlichen Grundwerten bejaht."

Ein durch solche Inhalte charakterisiertes gesellschaftspolitisches Orientierungswissen dient als Teil einer "neuen Allgemeinbildung" zur Erfüllung der Aufgabe, die generell als die Aufgabe der Bildung, speziell der Erwachsenenbildung, bezeichnet werden kann: "Daseinserhellung zur Daseinsbewältigung" (Karl Jaspers).

2.1 Soziale Marktwirtschaft heute

"Schauen wir uns doch um! Den Staat aus den wirtschaftlichen Entscheidungen der Menschen möglichst herauszuhalten und die ökonomischen Entwicklungen weniger durch Regierungen als vielmehr durch Märkte zu steuern, wird in immer mehr Ländern zum verbindlichen Grundsatz. Nicht nur reife Industriestaaten wie die USA, England, Frankreich und Italien befreien die Wirtschaft von Fesseln, die oftmals noch aus den dreißiger Jahren stammen, privatisieren Staatsunternehmen und Staatsaufgaben, beseitigen einengende Vorschriften und Regeln, streichen Subventionen - die wirtschaftlichen Erfolge der südostasiatischen Schwellenländer sind ebenfalls entscheidend darauf zurückzuführen, daß sie weniger und weniger staatlich-zentral verwalten.

Auch die sozialistischen Länder beginnen, den "Markt zu entdecken". Die Bereitschaft Chinas, Ungarns, Bulgariens u. a., selektiv marktwirtschaftliche Strukturen und Verfahren zu wagen, zeigt, wie anziehend das Modell ist. Selbst die Sowjetunion führt marktwirtschaftliche Steuerungsinstrumente ein. Joint ventures, pretiale Lenkung in Betrieben, Koordinierung über Angebots- und Nachfragerelationen sowie Preise, Konkurserlaubnis, Leistungsanreize durch unterschiedliche materielle Entgeltung - dieses und manches andere zeigt "Perestroika" und Glasnost" auf dem Wege in Richtung weniger Staat, mehr Markt." [10)]

Gegenwärtig ist aus den sozialistischen Ländern dazu wahrhaft Erstaunliches zu hören. So schrieb zum Beispiel die sowjetische Zeitschrift "Kommunist" im Januar 1989: "Der Markt ist, wenn wir von manchen spekulativen Entstellungen absehen, eine der größten Errungenschaften in der menschlichen Zivilisation." Und der jugoslawische Ministerpräsident Markovic pflichtete im gleichen Monat bei: "Ich halte die offene Marktwirtschaft für die höchste Errungenschaft der Menschheit, zu der noch keine Alternative gefunden worden ist". [11)]

"Wie ist es hierzulande? Die Bundesrepublik ist das Land, das mit dem Konzept der Marktwirtschaft nach dem Zweiten Weltkrieg derart große Aufbau- und Fortschrittserfolge erzielt hat, daß die Welt sie als "Deutsches Wirtschaftswunder" bestaunte. Im westlichen Teil Deutschlands wurde - in unmittelbarer Nachbarschaft zum sozialistischen Gegenmodell - gezeigt, wie überlegen Märkte staatlichen Verwaltungen sind, wenn es um Wohlstandsmehrung geht. Hier erwies sich, daß Ludwig Erhard recht hatte, als er 1948 auf die Vorhaltungen von General Lucius D. Clay " ... wie können Sie es unternehmen, unser Rationierungssystem aufzuweichen, solange wir einen so eklatanten Mangel an Nahrungsmittel haben? ... Ihre freie Marktwirtschaft wird zu Chaos und Plünderung führen" antwortete: "Herr General, ich habe das System der Rationierung nicht aufgeweicht, ich habe es beseitigt. Von nun an wird das einzige Rationierungsmittel die Deutsche Mark sein, und die Menschen werden hart arbeiten, um es zu bekommen. Warten Sie es nur ab." Wie Professor Erhard es voraussagte, so ist es gekommen." [12)]

Materieller "Wohlstand für alle", das wurde weit schneller erreicht, als sich die Menschen nach Krieg und Währungsreform träumen ließen. "Inzwischen ist aber längst eine neue Generation herangewachsen. Was vordem allein schon anspornendes Ziel für politisches Engagement gewesen war - hoher materieller Wohlstand hierzulande, größere Effizienz des Kräfteeinsatzes, dazu die weltweite Freizügigkeit -, das alles hat, für sich genommen, heute kaum noch Leuchtkraft. Die politisch besonders Engagierten der neuen Generation sind stolz im eigenen Bewußtsein, daß ihnen Edleres, für die Menschen als Menschen Wichtigeres als Ziel vor Augen steht." [13] Insbesondere den Führungskräften droht der Verruf, daß sie Unwichtigerem, schnöd Materiellem, Inhumanem nachjagen. Bis in die Kirchen hinein fällt es heute vielen Menschen schwer, Marktwirtschaft und soziale Gerechtigkeit als etwas Verbundenes zu verstehen. Dabei müßte es doch zu denken geben: Wenn man einmal die Länder betrachtet, die Markt und Wettbewerb ausgeschaltet haben, so findet man regelmäßig, daß dort inkriminierte "Übel" wie Ausbeutung, Korruption und willkürliche Machtausübung am größten sind.

Es ist eine kaum zu leugnende Tatsache: Politisch getragen von dem Massenbeifall, der in den fünfziger und sechziger Jahren allein schon jenen Erfolgen der Sozialen Marktwirtschaft gespendet worden ist, die in Sozialproduktzahlen ausgedrückt werden können, wurde es vielfach versäumt, der Öffentlichkeit ausreichend klar zu machen, wo die eigentlichen, die tieferen Gründe für die ordnungspolitische Konzeption der Sozialen Marktwirtschaft liegen. Wolfgang Stützel (ehemals Mitglied des Sachverständigenrates zur Begutachtung der gesamtwirtschaftlichen Entwicklung in der Bundesrepublik) meint dazu: "Akzeptieren wir das heute drohende Mißverständnis, diese Gründe lägen im Vordergründig-Materiellen, als heilsame Herausforderung, diese tieferen Gründe unserer Position noch deutlicher als bisher zu markieren, deutlicher vor allem für die breite Öffentlichkeit bis hinein in die politischen Bildungsstätten und alle unsere Schulen! ... Die Zeiten, in denen unsere Grundkonzeption der Sozialen Marktwirtschaft allein schon durch ihre statistisch meßbaren Ergebnisse politisch hinreichend für sich warb, sind definitiv vorbei. Preisen wir es als Anfangserfolg dieser Gesamtkonzeption, wenn die politisch Engagierten der jüngeren Generation im Genuß der materiellen Ergebnisse wählerischer und anspruchsvoller geworden sind, preisen wir es als Erfolg, wenn sie sich nicht mehr so sehr für Effizienz und Produktivität interessieren und engagieren und desto mehr für Legitimität und Humanität!" [14]

Es wird für die Zukunft eine nicht leicht zu lösende wirtschaftspädagogische Aufgabe sein, die Soziale Marktwirtschaft so darzustellen (und dieser Beitrag versteht sich als ein Versuch dazu), daß daraus einsichtig wird, inwiefern die Wünsche zum Beispiel nach Basisdemokratie und Machtkontrolle, nach Selbstbestimmung und Selbstentfaltung gerade in dieser Wirtschaftsordnung noch am ehesten erfüllt werden können - und damit gerade jene Werte jenseits des Marktes und der Umsatzziffern, oder, um es mit Wilhelm Röpke zu sagen, "jenseits von Angebot und Nachfrage, von denen Sinn, Würde und innere Fülle des Daseins abhängen, die Zwecke und Werte, die dem Reiche des Sittlichen im weitesten Verstande angehören." [15]

2.2 Die geistesgeschichtlichen Grundlagen der Sozialen Marktwirtschaft

Die Ideen und Werte, die unsere Vorstellungen davon prägen, nach welchen Zielen wir unsere Welt gestalten wollen, sind historisch entstanden und unterscheiden sich als geistige Substanz von anderen Kulturkreisen. Im abendländischen Kulturkreis sind ihre Wurzeln im Christentum, speziell der christlichen Ethik, im Humanismus und der klassischen Philosophie zu suchen. [16] Die alten Menschheitsideale, die durch das Christentum zu neuer Bedeutung gelangt und von der Kirche seit Jahrhunderten gepredigt worden waren, sollten sich im Zeitalter des Humanismus und der Aufklärung in einer säkularisierten Welt verwirklichen. Das aber bedeutete: Ablösung der mittelalterlichen, von der christlichen Lehre her bestimmten Werthierarchie durch eine säkularisierte Werthierarchie, die durch Fortschrittsgläubigkeit und Leistungsdenken charakterisiert wird, fortschreitende gedankliche Durchdringung der gegebenen (entmythisierten) Wirklichkeit unter gleichzeitiger Entstehung von immer neuen Wissenschaften und Wissenschaftszweigen, Freisetzung des Individuums im Sinne der Französischen Revolution.

Die Losung der Französischen Revolution von 1789 - im Jahre 1989 sei auf sie besonders verwiesen - stellt den sinnfälligsten Ausdruck dieses Säkularisierungsprozesses dar: Aus der "Freiheit der Kindes Gottes" wurde dabei die Forderung nach der "bürgerlichen Freiheit" (als der Freiheit vom Staat), aus der Idee der "Gleichheit aller Menschen vor Gott" wurde die "Gleichheit aller Menschen vor dem Gesetz" (vgl. Artikel 3 Grundgesetz), aus der christlichen "Brüderlichkeit" (fraternitas) die Idee des "Weltbürgertums" ("fraternité"). Die Werte-Trias fand als Losung in ganz Europa Widerhall. Nach ihren Prinzipien sollte der Neuaufbau "der Gesellschaft", genauer: von Staat, Recht, Gesellschaft und Wirtschaft ausgeführt werden.

Kurt Biedenkopf [17] hat dies einmal wie folgt beschrieben: "Aufklärung und bürgerliche Revolutionen zögerten nicht, auf die geistigen Bausteine zurückzugreifen, die ihnen Christentum und Humanismus angeboten, um daraus ihre neukonzipierte, bürgerliche Welt zu formen. So enstand das neue Zeitalter zwar nach neuen Strukturprinzipien, nach den Bauplänen der Aufklärung. Aber es wurde geformt aus dem alten, dem vorhandenen geistigen und politischen Stoff."

Obwohl seit der Französischen Revolution und mit ihr seit dem Beginn des bürgerlichen Zeitalters fast 200 Jahre verstrichen sind, erwecken die Programme der westlichen politischen Parteien, aber auch der politischen Bewegungen im europäischen Osten den Eindruck, als sei der Kampf von 1789 noch immer nicht ausgekämpft, als seien die Grundwerte Freiheit, Gleichheit und Brüderlichkeit noch immer umstritten, als gelte es noch immer, die Kräfte gegen einen Gegner zu mobilisieren, der entschlossen ist, zum Ausgang des 20. Jahrhunderts eine freie, gleiche und brüderliche Welt ernsthaft zu verhindern.

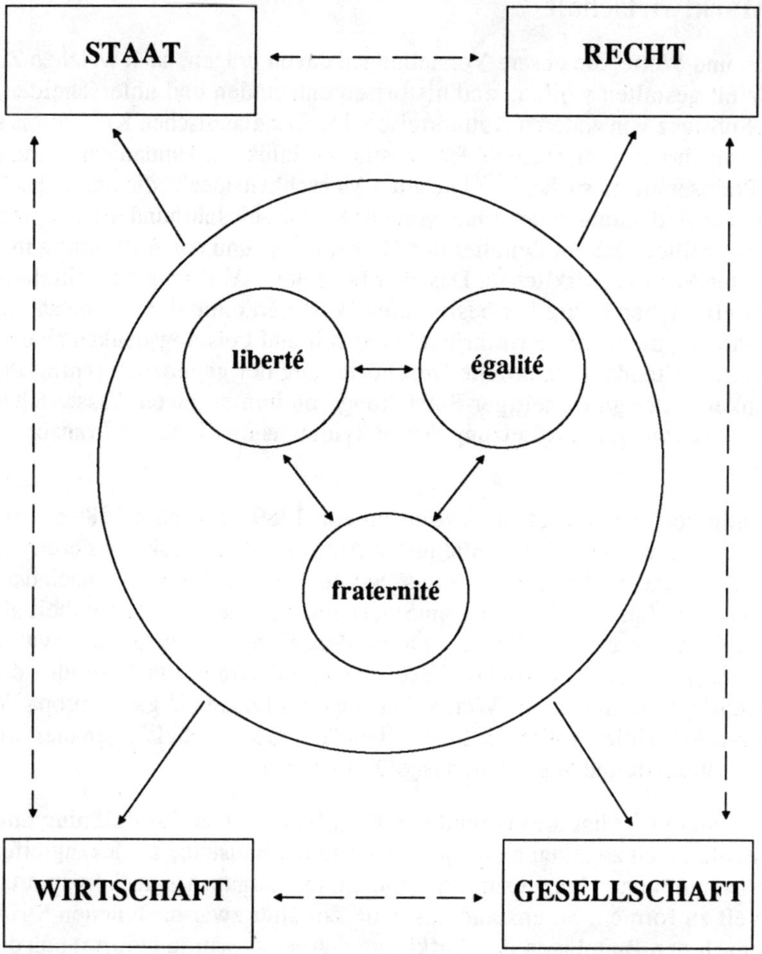

Nach den Leitideen der Französischen Revolution "Freiheit - Gleichheit - Brüderlichkeit" sollten die Staats-, Rechts-, Gesellschafts- und Wirtschaftsordnung gestaltet werden (vgl. Parteiprogramme), wobei zu beachten ist, daß sich die vier Teilordnungen gegenseitig beeinflussen.

Dieser Eindruck ist falsch und richtig zugleich. Er ist falsch, soweit er sich auf die Formel der bürgerlichen Bewegung zu Beginn des 19. Jahrhunderts bezieht. Die Gültigkeit dieser Formel ist unbestritten.[18)] Alle demokratischen ebenso wie die nichtdemokratischen Parteien vertreten heute uneingeschränkt die Forderung nach: Freiheit, Gleichheit und Brüderlichkeit - im modernen Sprachgebrauch: Solidarität.

Die Übereinstimmung ist jedoch formaler Natur. Die fortdauernde Kontroverse zwischen Ost und West und unter den demokratischen Parteien des Westens lehrt uns, daß sich die Übereinstimmung in der Formel nicht auf den Inhalt der Begriffe und Ziele erstreckt, für die Freiheit, Gleichheit und Brüderlichkeit stehen. Der Inhalt der Parolen ist noch immer umstritten. Die unterschiedlichen Auffassungen sind sich heute nicht näher als zu früheren Zeitpunkten in der Geschichte der bürgerlichen Gesellschaft, genauer der Gesellschaft nach der Revolution von 1789. ... Der Kampf um die Inhalte der Grundwerte Freiheit, Gleichheit und Solidarität, der seit 200 Jahren geführt wird, ist bis heute nicht beendet. Insoweit ist der Kampf der Französischen Revolution in der Tat noch nicht entschieden."

Auf der Grundlage der abendländischen Traditionsgeschichte, die sich in der Werte-Trias der Losung der Französischen Revolution spiegelt, hat Alfred Müller-Armack im Jahre 1947 den Begriff "Soziale Marktwirtschaft" geschaffen: "Die Soziale Marktwirtschaft zielt als eine wirtschaftspolitische Konzeption auf eine Synthese ab zwischen rechtsstaatlich gesicherter Freiheit, wirtschaftlicher Freiheit - die wegen der Unteilbarkeit der Freiheit als notwendiger Bestandteil einer freiheitlichen Ordnung überhaupt angesehen wird - und den sozialstaatlichen Idealen der sozialen Sicherheit und der sozialen Gerechtigkeit. Diese Zielkombination von Freiheit und Gerechtigkeit gibt der Begriff der Sozialen Marktwirtschaft wieder." 19)

2.3 Die Soziale Marktwirtschaft als "Dritter Weg"

"Die französische Revolution verkündete die drei Ideale Freiheit, Gleichheit und Brüderlichkeit. Die Liberalen haben ihre Theorie auf die Freiheit, die Sozialisten die ihre auf die Gleichheit gebaut." 20)

In der welthistorischen Auseinandersetzung zwischen den Industrialisierungssystemen "Kapitalismus" (Freiheit) und "Sozialismus" (Gleichheit) ist schließlich die Konzeption der Wirtschaftsordnung für die Bundesrepublik Deutschland entworfen und politisch durchgesetzt worden: "Die Soziale Marktwirtschaft wird von ihren Initiatoren als "Dritter Weg" angesehen, der zwischen der Scylla eines ungebändigten, bewußt gestalteter Ordnungsformen entbehrenden Kapitalismus, wie er im 19. und frühen 20. Jahrhundert in den meisten westlichen Nationen vorherrschte, und der Charybdis totalitärer Verwaltungswirtschaften, wie der Nationalsozialismus und der Kommunismus sie durchgesetzt hatten, hindurchführt zu einer freiheitlichen, wirtschaftlich leistungsfähigen, dauerhaften, sozialen und gerechten Ordnung von Gesellschaft und Wirtschaft." 21)

Die Soziale Marktwirtschaft ist das praktische Ergebnis umfangreicher theoretischer Vorarbeiten bedeutender Gelehrter: Franz Böhm, Walter Eucken, Friedrich A. von Hayek, Friedrich Lutz, Leonhard Miksch, Alfred Müller-Armack, Wilhelm Röpke, Alexander Rüstow und viele andere. Einige von ihnen lehrten in den dreißiger und vierziger Jahren in Freiburg, daher auch die Bezeichnung "Freiburger Schule" für diese erste Generation von Verfechtern der Sozialen Marktwirtschaft.

Die Ideen der "Freiburger" haben eine gemeinsame zeitgenössische Wurzel: den Abscheu vor der Diktatur, die Rückbesinnung auf freiheitliche Werte und Traditionen, vor allem auf die Rechte des Individuums. Diese Rechte waren in einer von Kollektiv-Idealen und Staatsvergötzung geprägten Zeit ("Du bist nichts, Dein Volk ist alles!") weitgehend untergegangen.[22)] Daher lehnten sie auch eine staatlich dirigierte "Planwirtschaft" als ein "Weg zur Knechtschaft" (Hayek) ab: "Die durch die Planwirtschaft aufgeworfene Frage lautet (also) nicht nur, ob wir in der Lage sein werden, die von uns als mehr oder weniger wichtig empfundenen Bedürfnisse in der von uns bevorzugten Weise zu befriedigen. Sie lautet vielmehr, ob wir es sein werden, die entscheiden, was für uns wichtiger und was weniger wichtig ist, oder ob dies von der Planwirtschaftsbehörde entschieden werden soll. Die Planwirtschaft würde sich nicht nur auf jene unserer marginalen Bedürfnisse auswirken, die wir geringschätzig als bloß wirtschaftliche bezeichnen. Es würde tatsächlich bedeuten, daß es uns als Individuen nicht freistünde zu entscheiden, was in unseren Augen marginal ist. Die oberste Planwirtschaftsbehörde würde uns nicht nur in der niedrigeren Sphäre unseres Lebens gängeln, nein, sie würde auch die Zuteilung der begrenzten Mittel für alle unsere Zwecke in die Hand nehmen. Wer also die gesamte Wirtschaftstätigkeit lenkt, verfügt über die Mittel zur Erfüllung aller Wünsche und muß daher entscheiden, welche befriedigt werden sollen und welche nicht. Dies ist in der Tat der wunde Punkt. Wirtschaftliches Kommando ist nicht nur das Kommando über einen Sektor des menschlichen Lebens, der von den übrigen getrennt werden kann; es ist die Herrschaft über die Mittel für alle unsere Ziele. Wer die alleinige Verfügung über die Mittel hat, muß auch bestimmen, welchen Zielen sie dienen sollen, welche Werte höher und welche niedriger veranschlagt werden müssen, kurz, was die Menschen glauben und wonach sie streben sollen. Zentrale Planwirtschaft bedeutet die Lösung des Wirtschaftsproblems durch die Gesellschaft statt durch den einzelnen; das führt aber dazu, daß auch die Gesellschaft - oder vielmehr ihre Vertreter - über die relative Wichtigkeit der verschiedenen Bedürfnisse entscheiden muß. ... Da wir unter den heutigen Lebensbedingungen für fast alles auf Mittel angewiesen sind, die unsere Mitmenschen liefern, würde die Planwirtschaft zur Lenkung fast unseres gesamten Lebens führen. Von unseren elementarsten Bedürfnissen bis zu unseren Familien- und Freundschaftsbeziehungen, von der Art unserer Arbeit bis zur Verwendung unserer Muße gibt es kaum eine Seite unseres Lebens, die nicht vom Wirtschaftsdiktator zum Gegenstand seiner bewußten Lenkung gemacht werden würde."[23)]

Im Wettbewerbssystem Marktwirtschaft werden dagegen die Entscheidungskompetenzen an "frontnah sachkundige Entscheidungsträger" (Konsumenten und Produzenten) delegiert. Auf diese Weise entsteht ein Maximum an Unmittelbarkeit (Legitimität) und Mitwirkung (Humanität). Marktwirtschaft kann deshalb auch als "praktizierte Basisdemokratie" (Stützel) bezeichnet werden und zugleich als ein System wirksamer gesellschaftlicher Kontrolle, denn der Wettbewerb ist das wichtigste "Entmachtungsinstrument" (F. Böhm).

Die marktwirtschaftliche Ordnung ist gleichzeitig ein Instrument, durch das hunderttausende alltäglicher Interessenkonflikte zwischen Menschen auf menschenwürdigere Art erledigt werden können als durch alle noch so wohlmeinende staatsbürokratische Lenkung. Wolfram Engels schrieb in seinem mit dem Ludwig-Erhard-Preis 1977 ausgezeichneten Buch "Mehr Markt": "Der Markt ist eine "linke" Einrichtung: Unsere Linke tritt für Gleichberechtigung und Herrschaftslosigkeit, für Selbstverwirklichung (also Selbstmotivation), für Entscheidungen von der Basis ein. Sie kämpft gegen Befehl und Gehorsam, gegen Macht, Hierarchie und Entscheidungen von der Spitze. Sobald sie sich genügend Organisationskenntnisse angeeignet hat, wird auf ihren Transparenten stehen: "Mehr Markt!" [24] Es geht also bei der Wettbewerbsordnung letztlich nicht um Vordergründig-Ökonomisches. Dazu W. Stützel: "Auch uns geht es ja im Grunde nicht nur um Effizienz und Produktivität. Auch uns geht es ja im Gefolge von Röpke, Eucken, Böhm, Erhard und Müller-Armack im Grunde vor allem um Legitimität und Humanität." [25]

2.4 Die Zentralidee der Sozialen Marktwirtschaft

Der Gegensatz der Ideen von Freiheit und Gleichheit, die den Begriffen "Kapitalismus" und "Sozialismus" wertmäßig zugrunde liegen, wurde im Begriff der Sozialen Marktwirtschaft "aufgehoben", indem mit dieser Konzeption der Versuch eines Ausgleichs von als gleichberechtigt anerkannten Wertideen unternommen worden ist: "Der Sinn der sozialen Marktwirtschaft ist es, das Prinzip der Freiheit auf dem Markte mit dem des sozialen Ausgleichs zu verbinden". [26] Alfred Müller-Armack konnte daher seinen Begriff wie folgt definieren: "Der Begriff der sozialen Marktwirtschaft kann so als eine ordnungspolitische Idee definiert werden, deren Ziel es ist, auf der Basis der Wettbewerbswirtschaft die freie Initiative mit einem gerade durch die marktwirtschaftliche Leistung gesicherten sozialen Fortschritt zu verbinden". [27]

Präzisierend muß an dieser Stelle hinzugefügt werden, daß für Müller-Armack die Marktwirtschaft in sich bereits "soziale Züge" trägt. Er nennt dafür zwei Gründe. Erstens: Nur in einem marktwirtschaftlichen System vermögen die Konsumenten die Wirtschaft nach ihren Bedürfnissen zu lenken: "Diese Orientierung am Verbrauch bedeutet bereits eine soziale Leistung der Marktwirtschaft". [28] Zweitens: Der Leistungswettbewerb erzwingt mit seinem ständigen Druck auf die Kosten Verbesserungen des Faktoreinsatzes und der Faktorkombination als Voraussetzungen jeder Wohlstandssteigerung: "In gleicher Richtung wirkt die durch das Wettbewerbssystem gesicherte und laufend erzwungene Produktivitätserhöhung als eine soziale Verbesserung, die um so größer und allgemeiner ist, je mehr durch den Wettbewerb einseitige Einkommensbildungen, die aus wirtschaftlicher Sonderstellung herrühren, eingedämmt werden". [29] "Sozial" im engeren Sinne soll schließlich heißen: "Neben dieser dem Wettbewerbssystem an sich schon innewohnenden sozialen Funktion hat die Wirtschaftspolitik weitere

Möglichkeiten der sozialen Ausgestaltung der Wirtschaftsordnung". [30] Und an anderer Stelle: "Auf der Grundlage einer marktwirtschaftlichen Gesamtordnung kann ein vielgestaltiges und vollständiges System sozialen Schutzes errichtet werden". [31] Außer der institutionellen Sicherung des Wettbewerbs im Interesse des Verbrauchers verweist Müller-Armack auf den marktwirtschaftlichen Einkommensprozeß, der der Sozialpolitik ein tragfähiges Fundament bietet "für eine staatliche Einkommensumleitung, die in Form von Fürsorgeleistungen, Renten- und Lastenausgleichszahlungen, Wohnungsbauzuschüssen, Subventionen usw. die Einkommensverteilung korrigiert". [32]

Zusammenfassend kann man sagen: Auf dem Hintergrund der abendländischen Traditionsgeschichte und des Gegensatzes von "Kapitalismus" und "Sozialismus" ist Alfred Müller-Armack mit dem Ausgleich der Grundwertpositionen "Freiheit" und "Gleichheit" (Gerechtigkeit) im Begriff der "Sozialen-Marktwirtschaft" eine "irenische Formel" gelungen, die die Zentralidee dieser Konzeption zum Ausdruck bringen soll.

2.5 Systemgrenzen der Sozialen Marktwirtschaft

In den sozialistischen Ländern beginnt man heute einzusehen, daß es ein Fehler war, Marktwirtschaft mit Kapitalismus gleichzusetzen. [33]

Unter systematischen Gesichtspunkten unterscheidet sich die Soziale Marktwirtschaft vom "Kapitalismus" des 19. und 20. Jahrhunderts durch ordnungs-, prozeß- und verteilungspolitische Regelungen. Diese drei Politikbereiche sind für die Soziale Marktwirtschaft konstitutiv. Regelmäßig zeigen sich in ihnen auch die Systemgrenzen dieser Wirtschaftsordnung. Einige Beispiele seien genannt.

Ordnungspolitik: Durch sie muß in einer freiheitlichen Wirtschaftsordnung die Funktionsfähigkeit des Wettbewerbs und damit das Lenkungssystem freier Preise gewährleistet werden. Wenn es dem Staat bzw. dem Bundeskartellamt als dem "Hüter des Wettbewerbs" nicht gelingt, einen solchen funktionsfähigen Wettbewerb (im Sinne der "workable markets") aufrechtzuerhalten, denaturiert die Marktwirtschaft zur "Macht"-Wirtschaft. Das Ende der Marktwirtschaft ist auch dann gekommen, wenn dem Staat immer mehr Aufgaben und damit wachsende Finanzlasten aufgebürdet werden (A. Wagner: "Gesetz der wachsenden Staatstätigkeit"). Auch hier kann eine Grenze überschritten werden, bei der das System der "Freiheit auf dem Markte" (Müller-Armack) durch eine wachsende Staatswirtschaft abgelöst wird (Staatsquote) bzw. die Staatsausgaben am Ende nicht mehr finanzierbar sind (ökonomische Grenzen der Staatsverschuldung).

Prozeßpolitik: Durch sie sollen die wirtschaftspolitischen Ziele des "Magischen Vierecks" (vgl. § 1 Stabilitäts- und Wachstumsgesetz) erreicht werden. Für die Prozeß- oder Ablaufpolitik sind vor allem der Staat (Finanzpolitik), die Bundesbank (Geldpolitik) und die Tarifparteien (Lohnpolitik) verantwortlich.

- **Staat:** Im Rahmen der staatlichen "Globalsteuerung" kann zum Beispiel durch die kontraktiven Wirkungen eines kreditfinanzierten Haushaltsdefizits auf die Wirtschaft ("crowding-out-Effekt") das "stetige und angemessene Wirtschaftswachstum" so weit beeinträchtigt werden, daß (Massen-)Arbeitslosigkeit entsteht.

- **Bundesbank**: "Um die bürgerliche Gesellschaft zu zerstören, muß man ihr Geldwesen verwüsten. Dieser Satz Lenins birgt in seiner demagogischen Hülle einen richtigen Kern" (Walter Eucken). Da in einer Marktwirtschaft das Preissystem das Lenkungsinstrument ist, hat das Prinzip, der Währungspolitik im Rahmen der Wirtschaftspolitik einen besonderen Rang zuzuweisen, einen ordnungspolitischen Sinn: "Durch das Handeln nach diesem Prinzip wird nicht - um eine vergröbernde Bezeichnung zu gebrauchen - die Wirtschaft der Währung geopfert. Das Umgekehrte gilt: Durch eine gewisse Stabilisierung des Geldwertes wird es möglich, in den Wirtschaftsprozeß ein brauchbares Lenkungsinstrument einzubauen".[34] Sollte die Bundesbank daher - zum Beispiel durch Staatsabsprachen bezüglich des Wechselkurses in die Pflicht genommen - den inneren Geldwert nicht sichern können, so wäre die marktwirtschaftliche Grundbedingung stabilen Geldes nicht mehr gegeben. Durch die Inflation kommt es sofort zu einer Verzerrung im Preisgefüge, die Einheitlichkeit der Wirtschaftsrechnung hört auf. Inflation trifft zudem vor allem die Bezieher niederer Einkommen (also die Mehrheit), und zwar sowohl beim ("kontraktbestimmten") Einkommen als auch bei den für diesen Personenkreis meistens typischen nominalgebundenen Vermögenswerten (zum Beispiel Sparbuch). In Verbindung mit der aus inflationären Prozessen regelmäßig resultierenden Arbeitslosigkeit kann daraus schließlich eine revolutionäre Situation im Leninschen Sinne entstehen, die der Marktwirtschaft politisch keine Chance mehr läßt.[35]
- **Tarifparteien:** Sie haben zwar keine wirtschaftspolitisch verpflichtende Aufgabe, wohl aber eine von ihnen zu beachtende wirtschaftpolitische Funktion und daher auch Verantwortung (vgl. § 3 StWG). Sollte es zum Beispiel durch einen "Verteilungskampf" (Lohn-/Gewinnquote) zu Ertragsrückgängen, zum Rückgang des Wachstums und der Beschäftigung kommen, so könnte die entstehende Massen--Arbeitslosigkeit nicht nur zu ökonomisch-sozialen Verlusten führen, sondern auch (wie bei den Inflationsfolgen schon genannt) den politischen Rahmen der Wirtschaftsordnung "Marktwirtschaft" sprengen. Man kann es vielleicht noch genauer sagen: Die Systemgrenze ist dann erreicht, wenn die risikoreiche Eigenkapitalrendite nachhaltig unter die risikoarme Fremdkapitalrendite (definiert als Umlaufrendite festverzinslicher Wertpapiere) zu liegen kommt - weil in einem solchen Falle überwiegend in die attraktiveren Finanzaktiva investiert wird. Eine solche Situation kann aber keine Volkswirtschaft auf Dauer durchstehen. Als Lösungsweg bietet sich hier nur an, was der Sachverständigenrat seit Jahren in seinen Gutachten - zumindest zur "Entschärfung" des Verteilungskampfes und damit des "Grundwiderspruchs zwischen Kapital und Arbeit" - vorgeschlagen hat: nämlich die Beteiligung der Arbeitnehmer am Produktivvermögen.

Verteilungspolitik: Der Staat hat unter sozialem Vorzeichen Umverteilungsaufgaben, aber er darf dabei weder die Volkswirtschaft noch seine Bürger überfordern.

Sozialpolitik kann mit der Ordnungspolitik in Konflikt geraten, wenn der Staat zum Beispiel durch seine Ausgabenpolitik die öffentlichen Haushalte aus dem Gleichgewicht bringt oder die Geldwertstabilität gefährdet. Solche Sozialpolitik, die den ordnungspolitischen Rahmen gefährdet, ist in Wirklichkeit zutiefst unsozial; denn sie verstopft die Wohlfahrtsquellen (aus dem marktwirtschaftlichen Leistungsprozeß), die allein die Grundlagen wirkungsvoller Sozialpolitik sein und den Anspruch auf eine "Soziale" Marktwirtschaft verwirklichen können.

Hier zeigt sich das Kernproblem der "irenischen Formel" Müller-Armacks "Soziale Marktwirtschaft". Wolfram Engels schrieb dazu kritisch: "Diese beiden Konstruktionselemente - Liberalismus in der Wirtschafts- und Sozialismus in der Sozialordnung - passen nicht zusammen. Das Sozialsystem ruiniert die Marktwirtschaft, und der Markt vereitelt die guten Absichten der Sozialpolitiker". [36)]

Die Anhänger einer Konzeption der "Sozialen Marktwirtschaft" stimmen dem allerdings nicht zu. Vielmehr sind sie der Meinung, daß dieser Gegensatz "ausgehalten" werden muß - auch bei schwankenden politischen Mehrheiten, die die "Soziale Marktwirtschaft" einmal mehr in Richtung "Marktwirtschaft", ein andermal mehr in Richtung "Sozialstaatlichkeit" fokussieren. Die Soziale Marktwirtschaft ist damit charakterisiert durch die unaufhebbare Polarität einer leistungsfähigen Wettbewerbswirtschaft (Marktwirtschaft) einerseits und der Verpflichtung zum sozialen Ausgleich (vgl. Sozialstaatsgebot nach Artikel 20 Abs. 1 Grundgesetz) andererseits. Als Bild bietet sich hier an eine Ellipse mit den beiden Brennpunkten "Marktwirtschaft" und "Sozial(staatlichkeit)", wobei beide Elemente in einem Spannungsverhältnis zueinander stehen. Nach einer berühmten theologischen Formel ("unvermischt und ungeschieden" [37)]) kann man es vielleicht so sagen: Man darf die beiden Elemente nicht voneinander trennen (sonst wird die Marktwirtschaft unsozial und ist politisch nicht mehr konsens- bzw. mehrheitsfähig), man darf sie aber auch nicht vermischen (sonst liquidiert der Sozialstaat seine eigene Leistungsquelle). Dieser institutionalisierte Konflikt ist nicht endgültig lösbar, sondern nur regelbar - und kann deshalb leicht zu Verletzungen von Systemgrenzen führen.

Die Soziale Marktwirtschaft hat wie jedes andere System auch ihre Systemgrenzen. Wenn sie aber an eine solche stößt, ist regelmäßig der Satz zu vernehmen: "Die Marktwirtschaft hat versagt."

In einem solchen Fall wäre es eher angebracht, zunächst einmal zu untersuchen, ob das Versagen nicht vielmehr mit einer systemwidrigen Ordnungs-, Prozeß- oder Verteilungspolitik zu erklären ist. Um "im Bilde" zu bleiben: Ist das Auto schuld oder der Fahrer? Man kann die beste Wirtschaftsordnung durch eine falsche Wirtschaftspolitik "in den Graben fahren". Das sagt zwar nichts aus über die Wirtschaftsordnung, sehr viel dagegen über ihre Steuerleute und deren Künste. Eigentlicher Grund für das "Marktversagen" ist zum Beispiel sehr häufig das "Staats- oder Politikversagen".

2.6 Die Bedeutung der Wirtschaftsordnung für die Rechts-, Gesellschafts- und Staatsordnung: Zur "Interdependenz der Ordnungen"

Gegen Ende seines Lebens schrieb Ludwig Erhard: "Die Grundlagen der Sozialen Marktwirtschaft sind wissenschaftlich und auch in ihrer politischen Anwendung soweit ausgedeutet, daß es nicht täglich neuer Beweisführung bedarf. Was aber noch nicht voll begriffen und entsprechend dargestellt wurde (!), betrifft den unlösbaren Zusammenhang zwischen einer freiheitlichen Gesellschaftsordnung und einer politisch befriedeten Welt. Wenn und wo immer eine Volkswirtschaft - oder selbst jedes Wirtschaftssubjekt -, um bestehen und gedeihen zu können, staatlichem Willen untertan sein muß, geht die menschliche Freiheit verloren, und es ist dann in zunehmendem Maße der Staat, der sich anmaßt, den Sinn des Wirtschaftens zu bestimmen. Auf diese Weise wird die "Volks-Wirtschaft" zur "Staats-Wirtschaft" umfunktioniert, aber aus solchem Übel heraus muß nicht zuletzt die demokratische Gesinnung Schaden erleiden". [38)]

Der "Vater des deutschen Wirtschaftswunders" hat hier den Grundgedanken formuliert, wonach sich die Ordnungen der verschiedenen Lebensbereiche gegenseitig beeinflussen: Ohne freie Wirtschaft ist danach zum Beispiel eine freie politische Ordnung nicht möglich - und umgekehrt.

Das "Denken in Ordnungen" ist nach dem Kriege vor allem vom Haupt der "Freiburger Schule", Walter Eucken, in den Mittelpunkt wissenschaftlicher, dann auch politischer Diskussionen gerückt worden. Der große Nationalökonom hat hier die "Zentralfrage unseres Zeitalters" gesehen. [39)] Bei der Ausarbeitung seiner Lehre von der "Interpendenz der Ordnungen" konnte er auf Gedanken von Schumpeter und Hermens zurückgreifen. Wichtig war ihm immer, darauf hinzuweisen, daß sein "Denken in Ordnungen" nicht mit der Basis-Überbau-Theorie von Karl Marx und Friedrich Engels verwechselt bzw. gleichgesetzt werden dürfe: "Falsch wäre die Ansicht, die Wirtschaftsordnung wäre gleichsam der Unterbau, und darauf erhöben sich die Ordnungen der Gesellschaft, des Staates, des Rechts und andere Ordnungen. Die Geschichte der neueren Zeit lehrt ebenso eindeutig wie die Geschichte früherer Epochen, daß auch die staatlichen Ordnungen oder die Rechtsordnungen Einfluß auf die Gestaltung der Wirtschaftsordnung ausüben. Nicht also eine einseitige Abhängigkeit der übrigen Ordnungen von der Wirtschaftsordnung besteht, sondern eine wechselseitige Abhängigkeit, eine "Interpendenz der Ordnungen". Wie und in welcher Weise dies der Fall ist - das eben ist eine große Frage. Auch zwischen Wirtschaftsordnung und Gesellschaftsordnung besteht diese Rückwirkung. Nicht nur formen die Methoden der Wirtschaftslenkung den gesellschaftlichen Aufbau; auch der gesellschaftliche Aufbau wirkt auf die Wirtschaftslenkung zurück. ... "Staatsverfassung", "Wirtschaftsverfassung" und Gesellschaftsordnung stehen jeweils in gegenseitiger Abhängigkeit zueinander. Diese "Interpendenz der Ordnungen" ist ein wesentlicher Tatbestand des Lebens und gerade des modernen Lebens. Ihre Erkenntnis ist eine Voraussetzung für das Verständnis aller Probleme sowohl der Wirtschaftspolitik als auch der Rechts- und Staatspolitik der Gegenwart. Es hat wenig

Interpendenz der Ordnungen

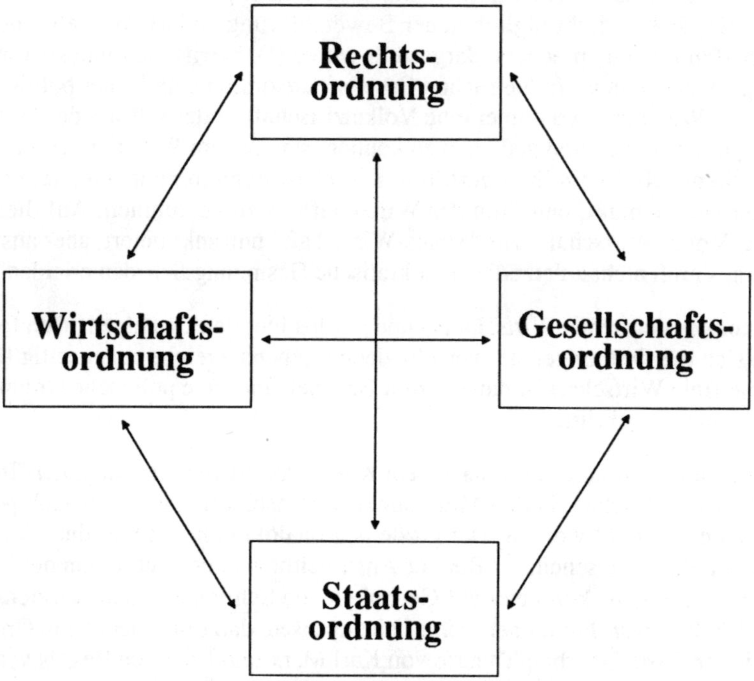

"Interpendenz" bedeutet keine einseitige Abhängigkeit im Sinne der Basis-Überbau-Theorie (Marx/Engels): "Man mißverstehe das Gesagte nicht. Falsch wäre die Ansicht, die Wirtschaftsordnung wäre gleichsam der Unterbau, und darauf erhöben sich die Ordnungen der Gesellschaft, des Staates, des Rechtes und andere Ordnungen. Die Geschichte der neueren Zeit lehrt ebenso eindeutig wie die Geschichte früherer Epochen, daß auch die staatlichen Ordnungen oder die Rechtsordnungen Einfluß auf die Gestaltung der Wirtschaftsordnung ausüben. Nicht also eine einseitige Abhängigkeit der übrigen Ordnungen von der Wirtschaftsordnung besteht, sondern eine wechselseitige Abhängigkeit, eine "Interpendenz der Ordungen". Wie und in welcher Weise dies der Fall ist - das eben ist eine große Frage." (Walter Eucken: Grundsätze der Wirtschaftspolitik)

Wert, in unbestimmter Weise davon zu sprechen, die Politik bestimme die Wirtschaft, worauf andere erwidern, die Wirtschaft bestimme die Politik. Das exakte Erkennen der Ordnungsformen und ihrer wechselseitigen Beziehungen ist nötig. Und dabei stoßen Denken und Handeln immer wieder auf das wirtschaftliche Ordnungsproblem." [40]

Exemplarisch kann man die Lehre von der "Interdependenz der Ordnungen" sehr gut am Beispiel der Beziehungen zwischen Wirtschafts- und Rechtsordnung deutlich machen. Zunächst wieder Walter Eucken (zur theoretischen Seite des Problems): "Wie weit ist der "Rechtsstaat" mit den verschiedenen Wirtschaftsordnungen vereinbar? Welche Grundrechte können garantiert werden? Freizügigkeit und Gewerbefreiheit fallen in der Zentralverwaltungswirtschaft offensichtlich weg. Welche Grundrechte bleiben? ... Mit der Gesamtentscheidung für eine weitgehende Realisierung der Zentralverwaltungswirtschaft ist die Gesamtentscheidung für den Rechtsstaat nicht vereinbar. Hier besteht eine ganz straffe Interdependenz der Ordnungen. Beide Ordnungsformen - Rechtsstaat und Zentralverwaltungswirtschaft ... - kollidieren. Wird die Politik zentraler Leitung des Wirtschaftsprozesses konsequent durchgeführt, so verliert der Staat den Charakter des Rechtsstaates. Und umgekehrt: Wird mit der Realisierung rechtsstaatlicher Prinzipien Ernst gemacht, so kann die Politik zentraler Leitung des Wirtschaftsprozesses nicht mit Konsequenz betrieben werden. Ohne Verwirklichung des Rechtsstaates aber gibt es keine Freiheit der Person." [41)]

Die praktische Bedeutung der Euckenschen Problemstellung wird sofort deutlich, wenn man nach der Beziehung zwischen Grundgesetz und Wirtschaftsordnung fragt. Das Bundesverfassungsgericht hat dazu zuletzt wie folgt Stellung genommen: "Das Grundgesetz (GG), das sich in seinem ersten Abschnitt im wesentlichen auf die klassischen Grundrechte beschränkt hat, enthält keine unmittelbare Festlegung und Gewährleistung einer bestimmten Wirtschaftsordnung. ... Dem entspricht es, wenn das Bundesverfassungsgericht ausgesprochen hat, daß das Grundgesetz wirtschaftspolitisch neutral sei; der Gesetzgeber darf jede ihm sachgemäß erscheinende Wirtschaftspolitik verfolgen, sofern er dabei das Grundgesetz, insbesondere die Grundrechte beachtet. ... Das darin zutage tretende Element relativer Offenheit der Verfassungsordnung ist notwendig, um einerseits dem geschichtlichen Wandel Rechnung zu tragen, der im besonderen Maße das wirtschaftliche Leben kennzeichnet, andererseits die normierende Kraft der Verfassung nicht aufs Spiel zu setzen. Allerdings darf die Berücksichtigung der Gestaltungsfreiheit des Gesetzgebers nicht zu einer Verkürzung dessen führen, was die Verfassung in allem Wandel unverändert gewährleisten will, namentlich nicht zu einer Verkürzung der in den Einzelgrundrechten garantierten individuellen Freiheiten, ohne die nach der Konzeption des Grundgesetzes ein Leben in menschlicher Würde nicht möglich ist." [42)]
Der ehemalige Präsident des Bundesverfassungsgerichts, Ernst Benda, resümierte über die grundsätzliche Beziehung zwischen Grundgesetz und Wirtschaftsordnung: "Das Grundgesetz gewährleistet nicht eine bestimmte konkrete Wirtschaftsordnung, sondern überläßt die Entscheidung für die "richtige" Ordnung der Auseinandersetzung der politischen und gesellschaftlichen Kräfte. Extremvorstellungen werden aber verfassungsrechtlich abgelehnt. Weder die Position der staatsfreien Laissez-faire-, noch die der staatskollektivistischen Kommandowirtschaft entspricht der Vorstellung des Grundgesetzes. Dem Staat darf die Entwicklung der wirtschaftlichen und gesellschaftlichen Ordnung nicht gleichgültig sein. Die Sozialstaatsklausel berechtigt und verpflichtet den Gesetzgeber zur Aktivität mit dem Ziel einer gerechten Ordnung. Das Rechtsstaatsprinzip und die Grundrechte verhindern aber, daß hierbei individuelle Freiheitsrechte und

die offene und freiheitliche Ordnung in Wirtschaft und Gesellschaft beeinträchtigt werden." [43] Im großen Grundgesetz-Kommentar von Maunz/Dürig/Herzog/Scholz schreibt Roman Herzog, daß es "keinen vernünftigen Zweifel daran geben" kann, "daß eine Verfassung, die wie das GG die Grundrechte des Eigentums, der Berufsfreiheit, der Freizügigkeit und der allgemeinen wirtschaftlichen Handlungsfreiheit verankert, damit zugleich die wesentlichen Prinzipien einer marktwirtschaftlich orientierten Wirtschaftsverfassung verankert." [44] Der Kölner Staatsrechtslehrer Klaus Stern hat den gleichen Grundgedanken (abschließend) einmal wie folgt differenziert: "Niemand kann bestreiten, daß eine Verfassung an einem inneren Widerspruch litte, wenn einer freiheitlichen, auf Parteikonkurrenz, freier Wahl, freiem Mandat, freier Presse, freier Meinung und Information basierenden Staatsverfassung nicht eine gesellschaftliche und ökonomische Verfassung entspräche, die nicht ebenso frei durch Eigentums-, Vertrags-, Koalitions-, Wettbewerbs-, Investitions-, Konsum- und Arbeitsplatzfreiheit strukturiert wäre. Es kann in dieser Hinsicht nur konstitutionelle Homogenität, strukturelle Gemeinsamkeiten, also grundsätzliche Entsprechung geben. Die Gesamtverfassung ist wesensprägend für die Teilbereiche, wie die Teile die Gesamtverfassung gestalten. In diesem Sinne verfaßt das Grundgesetz das Gemeinwesen und in ihm auch die Wirtschaft. Eine verfassungsfreie Gesetzgebung für die Wirtschaft gibt es danach nicht. Der Zusammenhang zwischen ökonomischer Freiheit und freiheitlicher Ordnung des Staates ist in der Realität evident und konsequent. Das eine bedingt das andere und umgekehrt, soll man berechtigterweise von einer Verfassung der Freiheit künden können. Anders ausgedrückt: Marktwirtschaftliche Ordnung hat nicht allein ökonomischen Charakter, und eine politische Freiheitsordnung will nicht allein politische Freiheit verwirklichen. Diesen Zusammenhang nenne ich die Idee der gesamtverfassungsrechtlichen Freiheitsentscheidung." [45]

Welche Lehre hat nun Walter Eucken aus der von ihm so herausgestellten "Interdependenz der Ordnungen" gezogen? In seinen "Grundsätzen der Wirtschaftspolitik" macht der Verfasser an zahlreichen Beispielen deutlich, daß zentralgeleitete Ordnungen der Wirtschaft und freie Ordnungen des Rechts, der Gesellschaft und des Staates mit Notwendigkeit miteinander in Konflikt geraten müssen. Wann und wo immer in der Geschichte der Versuch unternommen wurde, "kollidierende" Ordnungen zu verwirklichen, behinderte die eine Ordnung die andere: "Weil die einzelnen Ordnungen nicht aufeinander abgestimmt sind, entsteht keine funktionsfähige Gesamtordnung. Die Gesamtpolitik ist inkonsequent und läßt Erfolge vermissen. Ein wesentlicher Grundsatz wirtschaftspolitischen Handelns tritt hervor: Die Ordnungsprinzipien der Wirtschaft sollten mit den Prinzipien anderer Ordnungen - z. B. des Staates - von vornherein abgestimmt sein. Oder, anders gefaßt: es sollten die Versuche unterbleiben, "kollidierende" Ordnungen zugleich zu verwirklichen." [46]

Ein hervorragendes Beispiel für diese grundlegende Problematik liefern derzeit die ständig neu begonnenen und erneuerten Versuche einer Wirtschaftsreform in den (reiferen) sozialistischen Ländern. Man kann hier geradezu modellhaft die Lehre Walter

Euckens "gegen den Strich bürsten" und so auf ihre Allgemeingültigkeit hin überprüfen.

2.7 Die "Interdependenz der Ordnungen" in der Gegenprobe: Die Problematik von Wirtschaftsreformen im Sozialismus

Die RGW-Staaten und China führen derzeit ein offenkundiges Dilemma vor: "Einerseits stehen die zentralgeplanten Volkswirtschaften unter wachsendem Reformzwang; die Effizienz der wirtschaftlichen Tätigkeit soll gesteigert, der individuelle Konsum soll erhöht oder zumindest auf dem bisherigen Niveau stabilisiert und die Mitbestimmungsaspirationen der Arbeiter sollen teilweise befriedigt werden. Andererseits kann man die bisherigen Erfahrungen der RGW-Länder auf dem Gebiet der Wirtschaftsreformen - mit teilweiser Ausnahme Ungarns - nur als eine Serie von Mißerfolgen bezeichnen. In all diesen Ländern blieben die politischen und institutionellen Rahmenbedingungen des Wirtschaftens, trotz vieler sich wiederholender Reformversuche, grundsätzlich unverändert. ... Im Rahmen der Wirtschaftsreformen beabsichtigt man nun, in das in sich geschlossene zentralistische System ein neues Element einzubauen: die indirekten Lenkungsinstrumente. Diese neuen Instrumente sind jedoch in der zentralistischen Planwirtschaft eigentlich Fremdkörper ... Das Dilemma der Wirtschaftsreformen in den zentralgeplanten Volkswirtschaften besteht (deshalb) darin, daß eine Veränderung der Lenkungsinstrumente in einer unveränderten Systemumwelt aus Gründen der inneren ökonomischen Logik dieses Systems undurchführbar ist. In seinem Rahmen wirken die Instrumente der direkten Lenkung sichtbar besser als die marktwirtschaftlichen, indirekten Instrumente wie Gewinn, Preise, Kreditpolitik usw. Man muß auch berücksichtigen, daß weitergehende Veränderungen des bestehenden Systems tatsächlich den Machtinteressen des Staatsapparates zuwiderlaufen würden. ... Eine Wirtschaftsreform dieses (erforderlichen) Ausmaßes ist, obwohl nur sie eine wirklich konsistente Lösung darstellen würde, für die politische Elite des Staates kaum akzeptabel." [47)]

Das galt schon für die gewaltsame Beendigung der Reformversuche im "Prager Frühling" durch die Besetzung vom 21. August 1968. Genau einen Monat später, also am 21. September 1968, veröffentlichte das SED-Zentralorgan "Neues Deutschland" den Artikel "Die untaugliche Konzeption Ota Siks" von Prof. Dr. G. Schulz vom Institut für Gesellschaftswissenschaften beim ZK der SED, in dem dieser Walter Ulbricht wie folgt zustimmend zitierte: "Für uns ist die zentrale staatliche Planung und Leitung der Volkswirtschaft die Frage der Wahrung der politischen Macht der Arbeiterklasse in ihren entscheidenden Grundlagen auf ökonomischem Gebiet. Die zentrale staatliche Planung und Leitung, das ist die Wahrung der Interessen des Volkes, das ist der Weg, die gesellschaftlichen Kräfte in ihrer Gesamtheit auf einheitliche Ziele zu richten und optimal zur Wirkung zu bringen (Walter Ulbricht)." [48)] Aus diesem Grunde gilt damals wie heute: Sobald die Partei ihr Machtmonopol zu verlieren droht, wird sie (weil sie es aus ihrer Sicht muß) die Wirtschaftsreform stoppen - oder der Sozialismus verwandelt sich.

Zusammenfassend kann man also feststellen, daß in den sozialistischen Ländern diejenigen Reformen, die aus wirtschaftlichen Gründen vielversprechend erscheinen, auf Grund politischer Bedenken als unrealisierbar gelten müssen. Trotzdem werden sie - aus innerem Reformzwang - immer wieder versucht werden. Der Exponent der Prager Wirtschaftsreformen von 1968, Ota Sik (seinerzeit Wirtschaftsminister und stellvertretender Ministerpräsident unter Alexander Dubcek), sagte Anfang 1989 in einem Interview auf die Frage, welche Chancen der sowjetische Staats- und Parteichef Gorbatschow mit seinem Versuch einer Wirtschaftsreform habe: "Es gibt keinen Weg zurück. Es könnte höchstens Versuche der reaktionären Alt-Stalinisten geben, die Wirtschaftsreform weiterzuführen, jedoch die politische Reform zu stoppen. Aber das ist eine der größten Illusionen. Eine Wirtschaftsreform braucht die Demokratisierung auf politischer Ebene. Denn sie braucht Diskussionen, Kritikfähigkeit und vor allem demokratische Auslese für die Besetzung der Führungspositionen." [49)]

Diese einzigartige Interdependenz zwischen Politik und Ökonomie wird aller Wahrscheinlichkeit auch im nächsten Jahrzehnt die Liberalisierung, d. h. den Weg für die Umgestaltung des zentralistischen Wirtschaftssystems in China und den RGW-Ländern, weiter wirksam blockieren und zu einer "Stop-and-go-Politik" führen.

"Es sollten die Versuche unterbleiben, "kollidierende" Ordnungen zugleich zu verwirklichen", hatte Walter Eucken gelehrt. Kollisionsfrei ist ein Gesamtsystem mit den Teilordnungen Staat (Demokratie), Recht (Rechtsstaat), Gesellschaft (offen-pluralistische Gesellschaft) und Wirtschaft (Marktwirtschaft). Ebenso konsistent ist aber auch ein Gesamtsystem mit den Teilordnungen Staat (Diktatur bzw. nichtdemokratische Herrschaft), Recht (Nicht-Rechtsstaat), Gesellschaft (geschlossene Gesellschaft) und Wirtschaft (Planwirtschaft). Wenn man nun in einem Gesamtsystem von konsistenten Teilordnungen eine Teilordnung ändert, ganz gleich welche, so wird das gesamte System instabil und verwandelt sich mit innerer Zwangsläufigkeit in das Gegenmodell. Wer dies nicht will (gleich in welchem System), muß die "Interdependenz der Ordnungen" bei etwaigen Reformen bzw. Entwicklungen berücksichtigen und bereits den Anfängen wehren. Das ist es, was man aus der Kenntnis der "Interdependenz der Ordnungen" lernen kann. Die Voraussagen, die sie erlaubt, sind zugleich das äußerste, was man von einer Wissenschaft verlangen kann. Niemand hat vielleicht ihre Aufgabe so gut beschrieben wie Auguste Comte, der Vater der modernen Soziologie: "Savoir pour prévoir, prévoir pour prévenir." (Wissen, um vorauszusehen, voraussehen, um zuvorzukommen)

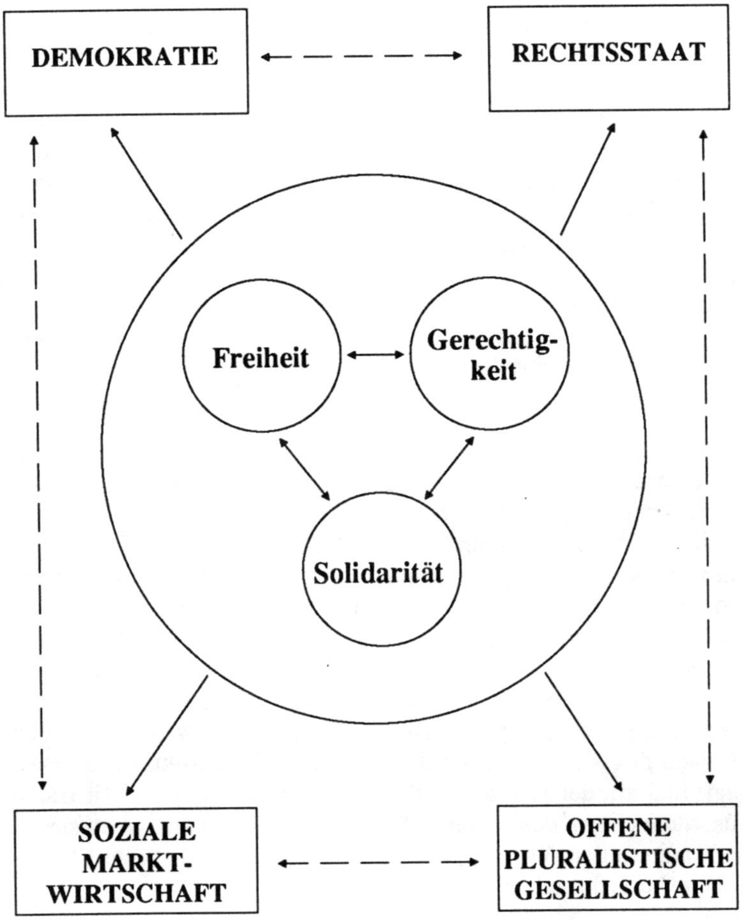

Nach der allgemeingültigen Zielformel "Freiheit - Gerechtigkeit - Solidarität" (vgl. Art. 1 der Allgemeinen Erklärung der Menschenrechte der Vereinten Nationen vom 10. Dezember 1948 sowie Parteiprogramme), deren Grundwerte inhaltlich unterschiedlich interpretiert werden, sind in der Bundesrepublik Deutschland die vier Teilordnungen: Staat (Demokratie), Recht (Rechtsstaat), Gesellschaft (offen-pluralistische Gesellschaft) und Wirtschaft (Soziale Marktwirtschaft) gestaltet worden. Dabei ist die wechselseitige Abhängigkeit der vier Teilordnungen voneinander, die "Interdependenz der Ordnungen", zu beachten, d. h. es sollten "die Versuche unterbleiben, kollidierende Teilordnungen zugleich zu verwirklichen" (Walter Eucken). Die Lehre aus dieser Erkenntnis: "Savoir pour prévoir, prévoir pour prévenir" (A. Comte).

2.8 Die "Philosophie" der Sozialen Marktwirtschaft

Die Soziale Marktwirtschaft ist eine in der abendländisch-christlichen Kulturwelt wurzelnde Wirtschaftsordnung, die sich nur dem erschließt, der bereit und fähig ist, die eigentlichen Quellströme zu entdecken, aus denen diese Ordnung gespeist wird. Er muß dazu die großen Nationalökonomen studieren (was hier nur ausschnittsweise wiedergegeben werden konnte), also jene "Leute mit dem Beruf, über Verbesserungen der Organisation unserer Daseinsfürsorge nachzudenken" (Stützel). Man sollte es immer wieder in Erinnerung rufen: Alle großen Nationalökonomen waren Philosophen - angefangen von Adam Smith (ein schottischer Professor für Moralphilosophie, mit dessen Werk über den "Wohlstand der Nationen" die moderne Volkswirtschaftslehre beginnt) und den "klassischen" Nationalökonomen über Karl Marx (ein promovierter Philosoph) bis hin zu den Vertretern der neo- bzw. ordoliberalen Schule (Eucken, Hayek, Rüstow, Röpke usw.). Für sie alle gilt, was Paul A. Samuelson (Nobelpreisträger für Wirtschaft 1970) in seinem volkswirtschaftlichen Standardlehrbuch "Economics" über die großen Ökonomen gesagt hat: sie sind "weltliche Philosophen".

Besonders deutlich wird dieser philosophische Ansatz ihres Denkens im Kreis der Vertreter der neo- bzw. ordoliberalen Schule zum Beispiel bei Wilhelm Röpke: "Weil ich ein bestimmtes Bild vom Menschen zu haben glaube, das durch die geistige Erbmasse der antik-christlichen Überlieferungen geformt ist, weil ich in ihm das Ebenbild Gottes sehe, weil mir die Überzeugung im Blute steckt, daß es eine grauenvolle Sünde ist, ihn zum Mittel zu erniedrigen (auch im Namen hochtönender Phrasen) ... deshalb, so meine ich, stehe ich jeder Art von Kollektivismus mit äußerstem Mißtrauen gegenüber. Und aus *demselben* (Hervorhebung vom Verf.) Grunde trete ich für eine durch freie Preise und Märkte geordnete Wirtschaft ein, weil sehr gewichtige Argumente und schwer zu mißdeutende Erfahrungen entscheidend dafür sprechen, daß sie in unserer Zeit auf höchste entfalteter Industriewirtschaft die einzige Wirtschaftsordnung ist, die mit der Freiheit des Menschen, mit der sie sichernden Struktur des Staates und der Gesellschaft und mit der Herrschaft des Rechts harmoniert. ... Wir träten für diese Wirtschaftsordnung *auch dann* (Hervorhebung vom Verf.) ein, wenn sie den Völkern ein Opfer an materiellem Wohlstand auferlegen, eine sozialistische aber eine Steigerung in sichere Aussicht stellen würde." [50)]

Walter Eucken geht von dem gleichen Denkansatz aus und kommt zu der gleichen Schlußfolgerung: "Wir müssen uns daran gewöhnen, daß feierliche Fragen nach der geistig-seelischen Existenz des Menschen mit sehr nüchternen Fragen der wirtschaftlichen Lenkungsmechanik untrennbar verbunden sind." [51]

In dem von Alfred Müller-Armack und Ludwig Erhard herausgegebenen "Manifest 72" wird resümiert: "Wir müssen uns, mehr als es in der Vergangenheit der Fall war, bewußt werden, daß Wirtschaftsordnung, Gesellschaftsordnung und politische Ordnung in einem unlöslichen Zusammenhang stehen. Wer glaubt, man könne die Wirtschaftsordnung gar als konsequente Befehlswirtschaft aufbauen und sich dabei die Vorzüge einer politischen freien Ordnung gleichwohl bewahren, unterliegt einem schweren Irrtum. Wir sollten bei der Verteidigung der Sozialen Marktwirtschaft nicht nur ihre wirtschaftliche Effizienz in den Vordergrund stellen, sondern uns auch bewußt werden, wie durch diese Wirtschaftsordnung menschliche Konflikte entspannt und Voraussetzungen geschaffen werden, persönliche Unabhängigkeit für das Gedeihen unserer Demokratie zu behaupten". [52)]

Daß die Idee der Sozialen Marktwirtschaft in den letzen Jahren verblaßt ist, liegt vor allem daran, daß die Wirtschaftsordnung nicht mehr als sozial-ethisch begründetes Kernstück einer freiheitlichen Verfassung begriffen wurde. Man hat in ihr - leider zu oft - nur das Instrument zur Erzeugung von materiellem Wohlstand gesehen. Mit einer weitreichenden Orientierungskrise geht die mangelhafte Kenntnis der sittlichen Grundlagen des westdeutschen Wirtschaftssystems eng zusammen. Um so wichtiger ist es, daß sich insbesondere Führungskräfte der Wirtschaft mit der "Philosophie" der Sozialen Marktwirtschaft auseinandersetzen; denn wirkliche Führung benötigt eine solide geistige Grundlage.

2.9 Soziale Marktwirtschaft - Ordnung für die Zukunft

Die Soziale Marktwirtschaft ist kein ein für allemal feststehendes, statisches Konzept, sondern "ein Programm für die Zukunft", das heißt: ein Programm, das für neue Entwicklungen und Herausforderungen der Zeit offen ist (Müller-Armack).

Die Soziale Marktwirtschaft ist daher in keiner Weise überholt; sie ist so wenig überholt wie die Demokratie. Die Demokratie der fünfziger Jahre ist natürlich eine andere als die unserer Zeit - und die Marktwirtschaft steht vor den abgewandelten Problemen, die wir heute in unserer Wirtschaft und in unserer Welt haben (zum Beispiel die Integration von Ökonomie und Ökologie in dieser Wirtschaftsordnung oder Herausforderungen an sie durch den europäischen Binnenmarkt). Da sie aber ein offenes System ist - ähnlich wie die Demokratie -, hat sie die besseren Chancen, auch mit diesen neuen Fragen fertig zu werden.

3. Der Beitrag gesellschaftspolitischer Bildung zur Führungs- und Sozialkompetenz von Führungskräften

Karl Abraham schreibt im Schlußkapitel seiner "Betriebspädagogik": "Der Verfasser hat ... bei seinen Gesprächen in den Betrieben den Eindruck gewonnen, daß trotz d(ies)es quantitativen Übergewichtes der Massenbildung heute die Elitebildung der besonders wichtige, zugleich aber auch besonders problematische Fragenkreis der betrieblichen Bildungspolitik ist. Über die Bedeutung der Elitebildung ist man sich allgemein klar. ... Man zögert jedoch manchmal, weil man das Gefühl hat, einen gefährlichen Schritt zu tun, wenn man das klar abgegrenzte und keiner politischen Mißdeutung ausgesetzte Gebiet der Fachbildung verläßt und sich wirtschafts- und gesellschaftspolitischen Fragen zuwendet. ... Dies ist in der Tat ein Schritt, der erst nach sehr gründlichen Absicherungen getan werden darf, damit die Bildungsarbeit nicht in den Verdacht einer beabsichtigten Manipulation der Meinungen gerät. Dies ändert aber nichts an der Tatsache, daß dieser Schritt getan werden muß. Kein Betrieb lebt auf einer Insel, so daß den Führungskräften die Auseinandersetzung mit der Umwelt nicht erspart bleibt. Jeder Betrieb steht vielmehr in einem sehr dichten Geflecht von Abhängigkeiten und ist in diesem selbst eine intensiv wirkende Kraft. Die Führungskräfte des Betriebes müssen daher dazu fähig gemacht werden, dieses Netzwerk von gegenseitigen Beziehungen zu durchschauen, damit sie die Betriebspolitik entsprechend gestalten können. Es gibt daher bei der Weiterbildung von Führungskräften keine Alternative zu der Entscheidung, sich den akuten Problemen der industriellen Kulturepoche zu stellen und Wege zur Klarheit zu suchen". [53)]

In der Tat: Die sogenannte "Halbwertzeit des Wissens", die sich zunehmend verringert, zwingt immer wieder zu Wissensauffrischungen. Aber das Schwergewicht der Fortbildung von Führungskräften rückt mehr und mehr in den Bereich der Führungs- bzw. Managementausbildung. Mittlerweile hat sich die Erkenntnis durchgesetzt, daß die Qualität der Führung auf allen Ebenen letztlich über Erfolg oder Mißerfolg eines Unternehmens sowie über sein Ansehen in der Gesellschaft (und am Arbeitsmarkt) entscheidet. Veränderungen der wirtschaftlichen und gesellschaftlichen Rahmenbedingungen, ein vielfältiger Wertewandel sowie das wachsende Innovationstempo lassen dabei die Ansprüche an die Führungsqualität der Führungskräfte immer mehr wachsen. Heute ist es eine der wesentlichen Aufgaben von Führungskräften, ihre Mitarbeiter so zu führen, daß sie den Wandel nicht als Bedrohung sehen, sondern die daraus resultierenden Veränderungen als Chancen und Herausforderungen erkennen und erleben können.

Im Gespräch mit Mitarbeitern und Kunden, aber auch im gesellschaftlichen und öffentlichen Leben wird zunehmend von Führungskräften erwartet, daß sie sich mit Grundfragen der modernen Industriegesellschaft, speziell mit den Problemfragen ihres eigenen Verantwortungsbereiches auseinandersetzen und darüber kommunizieren können. "Amtsautorität" zählt hier immer weniger, "Sozialkompetenz" dagegen immer mehr. Das heißt aber auch: Die Führungskraft muß Vorbild sein. Als Vorbild kann sie jedoch nur überzeugen, wenn sie Werte und Verhaltensweisen vorlebt. Lippenbekenntnisse sind leicht durchschaubar und richten mehr Schaden an als sie nutzen, geschweige denn, daß sie motivierten. Nur wenn Führungskräfte glaubwürdige Vorbilder sind, können sie ein Klima schaffen, das kritisches Mitdenken und Kreativität ermöglicht und anregt. Dies kann Führungskräften aber nur gelingen, wenn sie auch über ein zureichendes gesellschaftspolitisches Orientierungswissen verfügen, das sie in die Lage versetzt, wirtschaftliche, gesellschafliche und politische Entwicklungen in einem Gesamtzusammenhang einzuordnen, der ihnen Überblick gibt, und es ihnen gelingt, ein Bedeutungsraster zu entwickeln, das Wesentliches von Nebensächlichem bzw. Zufälligem unterscheidet. Die Amerikaner nennen dies "to put it in perspective".

Die Erfahrung lehrt allerdings, daß Führungskräfte mangels Zeit ihre eigene Situation oft selbst nicht reflektieren, daher innerlich verunsichert sind und die Notwendigkeit einer Umwelt- und Zukunftsorientierung leicht übersehen. So kommt es, daß sie keine "Botschaft an die Gesellschaft" haben und sich nur allzu leicht dem Vorwurf eines geist-, perspektive- und verantwortungslosen "Machertums" aussetzen. Der Vorwurf der "Technokraten-Herrschaft" ist da rasch formuliert. Wenn sie dagegen die Grundtendenzen der industriellen Kulturepoche erkannt haben sowie ihre eigene Rolle in diesem Prozeß bejahen und als einen wesentlichen Teil ihres persönlichen Lebenssinnes akzeptieren, können sie auch mit Aussicht auf Erfolg die eigene Motivation auf andere übertragen und damit einen wichtigen Teil ihrer Führungs- und Sozialkompetenz wahrnehmen, die besonders herausgefordert ist in Zeiten eines revolutionären Wandels in Wirtschaft und Gesellschaft.

Anmerkungen:

(1) ABRAHAM, Karl: Betriebspädagogik, Grundfragen der Bildungsarbeit der Betriebe und der Selbstverwaltungsorgane der Wirtschaft, Berlin 1978, S. 236

(2) Deutscher Ausschuß für das Erziehungs- und Bildungswesen, Gutachten "Zur Situation und Aufgabe der deutschen Erwachsenenbildung", 1960

(3) ABRAHAM, Karl: siehe (1), S. 235

(4) ABRAHAM, Karl: siehe (1), S. 234/235

(5) vgl. ABRAHAM, Karl: Industrielle Arbeitswelt als Bildungsraum, Eine Aufsatzsammlung, Mit einem Grußwort von Frau Bundesminister für Bildung und Wissenschaft, Dr. Dorothee Wilms, Frankfurt am Main/Bern/NewYork/Nancy 1984; vgl. auch: Erziehung und Industrialismus, Freiburg im Breisgau 1970

(6) ABRAHAM, Karl: Industrielle Arbeitswelt als Bildungsraum, siehe (5), S.69

(7) ABRAHAM, Karl: siehe (1), S. 238

(8) vgl. ENDRUWEIT, Günter: Der Schritt zur Industriegesellschaft, in: Kölner Zeitschrift für Soziologie und Sozialpsychologie, Köln und Opladen, Jahrgang 1967, S. 459/460; vgl. auch: KEILHACKER, Martin: Erziehung und Bildung in der Industriegesellschaft, Stuttgart/Berlin/Köln/Mainz 1967, S. 13-15

(9) Die Ausführlichkeit von Zitaten kann dem Leser manchmal das zeitraubende Nachschlagen ersparen. Auf Vollständigkeit bei der Quellenangabe mußte allerdings oftmals aus Platzgründen verzichtet werden.

(10) Geschäftsbericht 1987 der Deutsche Bank AG, Editorial: "Mehr Markt wagen...", S. 15

(11) Frankfurter Allgemeine Zeitung vom 30. 01. 1989, S. 11; nach neusten Zeitungsberichten aus Moskau sollen dort jetzt Schriften von Ludwig Erhard in russischer Sprache veröffentlicht werden.

(12) Geschäftsbericht 1987 der Deutsche Bank AG: siehe (10), S. 15/16

(13) STÜTZEL, Wolfgang: Marktwirtschaft als Basisdemokratie, in: Orientierungen 17, Eine Veröffentlichung der Ludwig-Erhard-Stiftung e.V., Bonn 1983, Heft 3, S. 2

(14) STÜTZEL, Wolfgang: siehe (13), S. 2

(15) RÖPKE, Wilhelm: Jenseits von Angebot und Nachfrage, Erlenbach-Zürich und Stuttgart, 4. Aufl. 1966, S. 22

(16) vgl. BIEDENKOPF, Kurt: Fortschritt in Freiheit, München 1974, S. 64 ff.

(17) BIEDENKOPF, Kurt: siehe (16), S. 68/69

(18) vgl. dazu die "Allgemeine Erklärung der Menschenrechte", verkündet von der Generalversammlung der Vereinten Nationen am 10. Dezember 1948, Art. 1 (Freiheit, Gleichheit, Brüderlichkeit): "Alle Menschen sind frei und gleich an Würde und Rechten geboren. Sie sind mit Vernunft und Gewissen begabt und sollen einander im Geiste der Brüderlichkeit begegnen." (Zitiert nach Beck'sche Textausgaben)

(19) LAMPERT, Heinz: Die Wirtschafts- und Sozialordnung der Bundesrepublik Deutschland, München 1965, S. 55

(20) ENGELS, Wolfram: Über Freiheit, Gleichheit und Brüderlichkeit, Frankfurter Institut für wirtschaftspolitische Forschung e.V., Bad Homburg v.d.H. 1985, S. 5.

(21) LAMPERT, Heinz: siehe (19), S. 56/57

(22) Es verdient an dieser Stelle angemerkt zu werden, daß der Gedanke der freien und sozialen Marktwirtschaft im Hause des evangelischen Wirtschaftsprofessors von Dietze in Freiburg mit einigen Kollegen (u. a. Walter Eucken) enstand in den Erschütterungen über die Verfolgung der Juden noch auf dem Höhepunkt der Hitler-Jahre und daß es wesentlich evangelische Professoren, Wirtschaftler und Politiker waren, die nach dem Kriege die soziale Marktwirtschaft durchsetzten. Sekundiert wurden sie dabei freilich von Vertretern der katholischen Soziallehre (wie zum Beispiel von Prof. Oswald von Nell-Breuning SJ), die aus der Sicht der päpstlichen Sozialenzyklen ebenfalls wesentliche Beiträge lieferten.
Das christliche Erbe steckt im übrigen nicht nur in der Konzeption der Sozialen Marktwirtschaft, sondern in der Realität aller modernen Wohlfahrtsstaaten. Der Bielefelder Soziologe Franz-Xaver Kaufmann hat darauf hingewiesen, daß sich das christliche, die Gruppen und Standesgrenzen sprengende universalistische Ethos in Form der Ausdehnung von Mitwirkungs- und Teilhabechancen in den Strukturen der Wohlfahrtsstaatlichkeit "materialisiert" habe. Die Religionssoziologie spricht in diesem Zusammenhang von einem "impliziten Christentum". Vgl. Franz-Xaver KAUFMANN: Christentum und Wohlfahrtsstaat, Jahres- und Tagungsbericht der Görres-Gesellschaft 1987, Manuskript S. 8

(23) HAYEK, Friedrich A. von (Nobelpreisträger für Wirtschaft 1974): Der Weg zur Knechtschaft (Titel der englischen Originalausgabe: The Road to Serfdom, London 1944, München 1976 (3. Auflage), S. 123/124

(24) ENGELS, Wolfram: Mehr Markt, Soziale Marktwirtschaft als politische Ökonomie, Stuttgart 1976, S. 19/20

(25) STÜTZEL, Wolfgang: Marktpreis und Menschenwürde, Thesen zur Wirtschafts- und Bildungspolitik, Stuttgart 1981, S. 163

(26) bis (32) MÜLLER-ARMACK, Alfred: Soziale Marktwirtschaft, Artikel im Handwörterbuch der Sozialwissenschaften, Band 9, Göttingen 1956, S. 390-392

(33) Neben vielen Wissenschaftlern und Politikern in Ostblockstaaten erklärte dies zuletzt der jugoslawische Ministerpräsident Markovic in einer Rede Ende Januar 1989. Vgl. Bericht der Frankfurter Allgemeinen Zeitung vom 1. 2. 1989, S. 12

(34) EUCKEN, Walter: Grundsätze der Wirtschaftspolitik (1952), Hamburg 1959, S. 162

(35) Ein Vergleich mit der Entwicklung in Deutschland während der Jahre 1923 - 1933 ist hier gewiß lehrreich.

(36) ENGELS, Wolfram: siehe (20), S. 4

(37) Gemeint ist die Lehr-Formel über die "zwei Naturen in Christus" des Konzils von Chalzedon im Jahre 451.

(38) ERHARD, Ludwig: Soziale Marktwirtschaft als Antwort auf die Herausforderung unserer Zeit, in: Manifest 72, Soziale Marktwirtschaft, hrsg. von Ludwig Erhard und Alfred Müller-Armack, Frankfurt (Main)/Berlin/Wien 1972, S. 17.

(39) EUCKEN, Walter: siehe (34), S. 22

(40) EUCKEN, Walter: siehe (34), S. 125/126

(41) EUCKEN, Walter: siehe (34), S. 91/92

(42) Aus dem Urteil des Bundesverfassungsgerichts vom 01.03.1979 über die Verfassungsmäßigkeit des Mitbestimmungsgesetzes vom 04.05.1976, Abschnitt C 2.

(43) BENDA, Ernst: Grundgesetz und Wirtschaftsordnung, in: Handbuch Marktwirtschaft, hrsg. von Roland Vaubel und Hans D. Barbier, Pfullingen 1986, S. 144-149, S. 148/149

(44) HERZOG, Roman in: Grundgesetz, Kommentar von Maunz/Dürig/Herzog/Scholz, C. H. Beck'sche Verlagsbuchhandlung (Lose-Blatt-Sammlung), Band II, Art. 20 (1980), S. 324

(45) STERN, Klaus: Von den Bedingungen der Freiheit, Artikel in der Frankfurter Allgemeinen Zeitung vom 08. 12. 1975, S. 9. In diesem Punkt scheint es bei den großen Parteien in der Bundesrepublik weitgehende Übereinstimmung zu geben. Aus der Sicht des "demokratischen Sozialismus" schreibt zum Beispiel der Staatsrechtslehrer Martin Kriele: "Demokratie und Marktwirtschaft gehören aber insoweit zusammen, als der demokratische Sozialismus die Marktwirtschaft zwar in begrenztem Umfang durchbrechen und insgesamt unter Rahmenbedingungen stellen, nicht jedoch prinzipiell als Marktwirtschaft aufheben kann, ohne die Freiheit und damit die Demokratie zu gefährden. Die Marktwirtschaft ist auf die Demokratie nicht angewiesen, wohl aber die Demokratie auf die Marktwirtschaft." Siehe:

KRIELE, Martin: Befreiung und politische Aufklärung, Plädoyer für die Würde des Menschen, Freiburg/Basel/Wien 1980, S. 186

(46) EUCKEN, Walter: siehe (34), S. 94

(47) PYSZ, Piotr: Wirtschaftsreformen in Planwirtschaften?, in: Orientierungen 17, 1983 (Heft 3), S. 43

(48) SCHULZ, Gerhard: Die untaugliche Konzeption Ota Siks, Artikel im SED-Zentralorgan "Neues Deutschland" vom 16. 01. 1989, S. 3

(49) SIK, Ota: Interview in der Frankfurter Rundschau vom 16. 01. 1989, S. 3

(50) RÖPKE, Wilhelm: siehe (15), S. 21/22

(51) EUCKEN, Walter: siehe (34), S. 126

(52) Manifest 72 Soziale Marktwirtschaft, hg. von Ludwig Erhard und Alfred Müller-Armack, Frankfurt (Main)/Berlin/Wien 1972, S. 71/72

(53) ABRAHAM, Karl: Betriebspädagogik: siehe (1), S. 239

Abgeschlossen im Februar 1989

Hans Reusch: Die Praktisch-pädagogischen Übungen im Rahmen des Studienganges für Diplom-Handelslehrer

Zur Person:

Dipl.-Hdl. Hans Reusch, Leitender Schulamtsdirektor a. D.

Jahrgang 1923; Kriegsdienst und Gefangenschaft 1941 - 1945; Unterrichtspraktische Tätigkeiten an Volks- und Realschulen 1946 - 1956; 2. Lehrerprüfung 1951; Studium der Psychologie, Philosophie, Pädagogik, Wirtschafts- und Sozialwissenschaften an der Universität Frankfurt 1951 - 1956; Tätigkeit als Handelsoberlehrer, später Studienrat an Wirtschaftsschulen in Frankfurt 1957 - 1965; Oberstudiendirektor/Schulleiter 1965 - 1978: Leitender Schulamtsdirektor am Staatlichen Schulamt Frankfurt 1978 - 1988; Lehrauftrag an der Universität Frankfurt seit 1969

1. Von der Theorie zur Praxis

1.1 Zur Entwicklung der Praktisch-pädagogischen Übungen an der Universität Frankfurt

Auf Veranlassung von Prof. Dr. Karl Abraham wurde dem Verfasser - erstmals zum Wintersemester 1969/70 - ein vierstündiger Lehrauftrag "Praktisch-pädagogische Übungen I und II" im Fachbereich Wirtschaftswissenschaften der Johann Wolfgang Goethe-Universität in Frankfurt (Main) erteilt. Als die Studentenzahlen in der Mitte der siebziger Jahre (vgl. Anlage 1) erheblich zunahmen, wurden auf Veranlassung von Prof. Dr. Ernst Wurdack, dem Nachfolger von Prof. Dr. Abraham auf dem Lehrstuhl für Wirtschaftspädagogik, an die Oberstudiendirektoren Dipl.-Hdl. Kurt Nahm und Dipl.-Hdl. Dr. Rudolf Czermak zwei weitere Lehraufträge für diese Übungen vergeben. Die drei Lehrbeauftragten hatten bei ihrer Berufung nicht nur Unterrichtserfahrung in kaufmännischen Schulen, sondern auch im allgemeinbildenden Schulwesen, da sie einige Jahre dort ein Lehramt innehatten, bevor sie nach einem zweiten Studium den Grad eines Diplom-Handelslehrers erwarben und in das kaufmännische Schulwesen überwechselten.

Die enge Anbindung der Praktisch-pädagogischen Übungen an den Lehrstuhl für Wirtschaftspädagogik im Fachbereich Wirtschaftswissenschaften war nicht nur aus organisatorischen Gründen geboten. Als ein mit der Theorie verzahnbarer Bestandteil des Lehrangebotes gehört ihr erfolgreicher Besuch zu den Voraussetzungen für die Zulassung zur Diplom-Prüfung. [1)]

Die Übernahme des Lehrauftrages durch einen Praktiker brachte zwangsläufig eine Umgestaltung in Organisation und Inhalt mit sich. Die Übungen waren bisher in den Räumen der Universität in der hochschulüblichen Weise abgehalten worden, verbunden mit gelegentlichen Besuchen in beruflichen Schulen, bei denen in der Regel der Schulleiter den Studenten seine Schule, ihre Struktur und Ausstattung, das pädagogisch-didaktische Programm und die vorhandenen Probleme darstellte.

1.2 Zielsetzungen der Praktisch-pädagogischen Übungen

Unter Berücksichtigung der Einführung des Referendariats und weitgehender Übereinstimmung in der Hauptzielrichtung zwischen sachverständigen Vertretern des kaufmännischen Schulwesens [2)] [3)] und der Wissenschaft [4)] wurden Inhalt und Organisation der Praktisch-pädagogischen Übungen an folgenden Zielsetzungen orientiert:

- Die Studenten sollen Gelegenheit erhalten, didaktische Theorie in praktisch-pädagogisches Handeln umzusetzen, die Theorie an der Praxis zu messen und die Rückkoppelung von Theorie und Praxis zu vollziehen. Dabei sollen sie die "multifaktorielle Kausalität" [5)] erfolgreichen Unterrichts erkennen, d. h. durch eigene Versuche erfahren, daß zu einem erfolgreichen Unterricht neben Fachkompetenz u. a.

psychologisches Geschick, methodische Flexibilität und ein von den Schülern akzeptiertes Lehrerverhalten gehören.

- Die Studenten sollen durch eigene Unterrichtsversuche mit der Realsituation des von ihnen angestrebten Berufes bekannt werden, dabei ihr Interesse, ihre Eignung und Neigung für den Lehrerberuf prüfen, um gegebenenfalls ihre Berufsentscheidung noch rechtzeitig korrigieren zu können.

1.3 Die Konzeption der Praktisch-pädagogischen Übungen

Um diese Ziele zu erreichen, wurden die Übungen nach Inhalt und Organisation so konzipiert, daß die Studenten in zweisemestriger Stufenfolge zunächst in der Übung I als der Einführungsphase mit den Voraussetzungen von Unterricht in den kaufmännischen Schulen vertraut gemacht werden sollen, um dann in der Übung II als der Hauptphase eigenen Unterricht planen und realisieren zu können. Da die Übungsschulen hessische Bildungseinrichtungen sind, stehen Inhalt und Organisation des hessischen beruflichen Schulwesens im Mittelpunkt der Übungen. Dies schließt jedoch gelegentliche Hinweise auf abweichende Regelungen in anderen Bundesländern nicht aus.

Während die Veranstaltungen der Übung I - von einem kurzen Hospitationsintervall abgesehen - in den Räumen der Universität stattfinden, sind die eigenen Unterrichtsversuche der Studenten nur an geeigneten Übungsschulen möglich. Dazu ist ein enger Kontakt mit einer hinreichenden Anzahl von Schulen ebenso notwendig wie die Kenntnis geeigneter Mentoren, die bereit sind, die Studenten in ihren Klassen aufzunehmen und zu betreuen.

Da die Übung II in Kleingruppen (bis zu drei) dem Stundenplan der Schule und den Wünschen der Studenten entsprechend über die Woche verteilt stattfindet, bedeutet dies für die Lehrbeauftragten ein Maß an zeitlicher Flexibilität, wie es in der Regel nur bei Schulleitern oder entsprechenden Funktionsstelleninhabern gegeben ist.

2. Die Praktisch-pädagogische Übung I - Organisation und Inhalt

Die Teilnahme an dieser Übung setzt den Erwerb eines Proseminarscheines in Wirtschaftspädagogik oder Didaktik voraus. Während der Übung werden von den Lehrbeauftragten Hospitationsmöglichkeiten an beruflichen Schulen organisiert. Der Besuch von mindestens vier Doppelstunden wird erwartet, um von einer solchen Mindestanschauung bei der Behandlung der in der Einführungsphase zu vermittelnden Inhalte ausgehen oder daran anknüpfen zu können. Folgende Themenbereiche werden in der Übung behandelt:

- Rechtliche und organisatorische Rahmenbedingungen für das kaufmännische Schulwesen in Hessen
- Ziele und Inhalte exemplarisch ausgewählter hessischer Rahmenlehrpläne

- Unterrichtsgestaltung, Vorbereitung von Unterricht, Analyse und Reflexion

2.1 Rechtliche [6] und organisatorische [7] Rahmenbedingungen für das kaufmännische Schulwesen in Hessen

Im Mittelpunkt kaufmännischer Berufsausbildung steht das duale Ausbildungssystem. Ungefähr 85 % aller Schüler im kaufmännischen Schulwesen sind Berufsschüler, deren Ausbildung an den beiden Lernorten Betrieb und Berufsschule stattfindet. Daraus ergibt sich zunächst folgende Themenreihe:

Das duale Berufsbildungssystem

- Das Berufsbildungsgesetz (BBiG) vom 14. 8. 1969 [8]
- Die Ausbildereignungsverordnung vom 20. 4. 1972 mit Änderungsverordnungen [9]
- Der Lernort Betrieb
  - Die Ausbildungsordnung, das Berufsbild, der Ausbildungsrahmenplan, der Ausbildungsplan (sachliche und zeitliche Gliederung der betrieblichen Ausbildung)
  - Die Abschlußprüfung
- Der Lernort Schule
  - Das Schulpflichtgesetz, das Schulverwaltungsgesetz. [10]
  - Die Verordnung über die Berufsschule: [11] Gliederung in Grund- und Fachstufe, die Grundstufe in Teilzeit- und Vollzeitform (Berufsgrundbildungsjahr) und Berufsvorbereitungsjahr, die Rahmenstundentafel und die Unterrichtsorganisation, Gleichstellungen mit allgemeinbildenden Schulabschlüssen (Hauptschul-, Realschulabschluß)

Die angeführten Themen können aus Zeitgründen nur im Überblick behandelt werden (vgl. Anlage 2). Methodische Ausgangspunkte bilden in der Regel die **Problembereiche:**

- Rechtliche, fachliche und sachliche Zuständigkeitsbereiche (Bund, Länder, kommunale Gebietskörperschaften)
- Einphasige Ausbildung im Betrieb, Grund- und Fachstufe in der Berufsschule
- Alleinige Zuständigkeit der Kammern bei der Abschlußprüfung
- Blockunterricht oder Teilzeitunterricht
- Neuordnung von Ausbildungsberufen (z. B. im Einzelhandel, im Bürobereich)

Berufliche Vollzeitschulen (vgl. Anlage 2)

Das differenzierte System beruflicher Vollzeitschulen kann nur im Überblick dargestellt werden. Informationsmaterial des Hessischen Kultusministers [12] und der Arbeitsverwaltung [13] wird an die Studenten verteilt, aus dem Aufnahmebedingungen, Lerninhalte und Abschlußqualifikationen zu entnehmen sind, vor allem bei:

- Berufsfachschulen, ein- oder zweijährig
- Berufsaufbauschulen
- Fachoberschulen
- Berufliche Gymnasien
- Fachschulen

Auch hierbei könnte sich ergeben, daß evtl. im Anschluß an die Hospitationen Problembereiche von den Studenten angesprochen werden, z. B.: Berufsfachschulen als Parkschulen, Ausweitung der Fachschulen, Integration beruflicher und allgemeiner Bildung.

2.2 Ziele und Inhalte Hessischer Rahmenlehrpläne

Unter dem Druck der Bildungs- und Gesellschaftskritik Ende der 70er Jahre und der Änderungsprozesse in der Wirtschaftspraxis lieferte die Curriculumdiskussion Modelle, die zu praktikablem Lehrplanmaterial führten, [14] obwohl eine bündige, wissenschaftstheoretisch begründete Leitvorstellung fehlte. Es kann in der Übung nur darum gehen, die Entwicklung dieses Lehrplanmaterials kurz darzustellen und an exemplarisch ausgewählten Plänen Struktur, Bedingungen und Möglichkeiten ihrer Umsetzung in Unterricht aufzuzeigen. Die Lehrplanarbeit, die vorerst nur die Berufsschule betraf, wurde nach folgenden Grundsätzen mit hohem Einsatz vorangetrieben:

Berufsschulunterricht nach Stufen

Das bisherige System aufsteigender Fachklassen (Unter-, Mittel- und Oberstufe) wurde durch ein neues System von Grund- und Fachstufen ersetzt. In der Grundstufe sollen die Schüler eine am Berufsfeld orientierte breite Grundbildung erhalten, die der Überbewertung von Spezialkenntnissen entgegenwirken und damit eine größere Flexibilität ermöglichen soll. In der Fachstufe soll dann den spezifischen Anforderungen des jeweiligen Ausbildungsberufes in besonderer Weise Rechnung getragen werden.

Lernpläne statt Stoffkataloge

Bei der Entwicklung der neuen Rahmenlehrpläne soll von einem Lehrplanverständnis ausgegangen werden, das sich weniger an Unterrichtsstoffen als an Lernzielen orientiert, die den Erwerb von Kenntnissen, Fähigkeiten und Fertigkeiten sicherstellen sollen. Es bestand kein Zweifel daran, daß die eingeleitete Entwicklung in sich konsistenter Lernzielsysteme ein längerer Prozeß ist bei ständiger Überprüfung der sich ändernden Qualifikationsstrukturen der Berufe und ihrer betrieblichen und sozialen Realitäten.

Lehrgänge statt Fächer

Im berufsbezogenen Unterricht sollen die herkömmlichen Fächer aufgegeben und die neue Unterrichtsorganisation, der Lehrgang, eine thematische Einheit darstellen, die nach Lernzielen und Lerninhalten strukturiert ist, eingegrenzt durch am Schulhalbjahr orientierte Zeitrichtwerte.

Richt-, Grob- und Feinlernziele

Die Forderung nach einem geschlossenen und widerspruchsfreien Lernzielsystem stellt einen hohen Anspruch dar, der nur in Ansätzen in den Rahmenlehrplänen verwirklicht werden konnte. Die Richtlernziele sollen die allgemeinen pädagogischen Grundlagen des Planes darstellen, während die Groblernziele in ihrer Aussage eindeutiger und auf die Lernobjekte bezogen sind. Die Rahmenlehrpläne enthalten Kataloge von Groblernzielen, die später durch Mindestinhalte ergänzt wurden. Feinlernziele sind eindeutige und vom Lehrer operational zu formulierende Zielsetzungen, die auf die jeweilige Unterrichtssituation zu beziehen sind.

Lehrplanarbeit, ein dynamischer Prozeß

Die von Expertengruppen erstellten Rahmenlehrpläne waren auf regelmäßige Überprüfung angelegt nach folgenden Kriterien:

- Geänderte Anforderungen der Berufswirklichkeit und der Gesellschaft
- Erkenntnisse der Fachwissenschaft
- Motivationslage und Vorkenntnisse der Schüler
- Bedarf an Unterrichtszeit

Darüber hinaus sollte das Lehrplansystem insgesamt auf die Angemessenheit seiner Struktur überprüft werden.

Die in der Mitte der 70er Jahre veröffentlichten Rahmenlehrpläne wurden nach ihrer Erprobung mehrfach überarbeitet, besonders dann, wenn auch die Berufsordnungsmittel der entsprechenden Berufe in neuer Fassung von der Bundesregierung herausgegeben wurden.

Mittlerweile sind im Berufsfeld Wirtschaft und Verwaltung neben dem Grundstufenplan die meisten Fachstufenpläne veröffentlicht, die entweder verbindliche Planvorgaben für die Schulen darstellen oder sich noch in der Erprobung befinden.

In den überarbeiteten Rahmenlehrplänen wurden sachlogisch zusammengehörende Lehrgänge zu Lerngebieten zusammengefaßt, für die - den Fächern vergleichbar - Zeugnisnoten zu erteilen sind.

Die Problematik der Umsetzung der Rahmenlehrpläne in Unterricht:

Die Studenten lernen die Struktur der Rahmenlehrpläne am Grundstufenplan und an einem exemplarisch ausgewählten Fachstufenplan kennen.

In der Regel wird die Behandlung der Lehrplanfragen von der kurzen Hospitationserfahrung und den besonderen Problembereichen ausgehen. Problematisch erscheint das schulische Stufensystem und das damit verbundene Defizit an didaktischer Parallelität zwischen den Lernorten Betrieb und Schule. Auch wenn gemäß einer Flexibilitätsklausel Grund- und Fachstufenlehrgänge in einem begrenzten Umfang vertauscht werden können, besteht die Gefahr nicht unerheblicher Motivationsprobleme bei den Auszubildenden, wobei sich der pädagogisch-didaktische Wert der Grundstufe bei einem zahlenmäßig immer unbedeutender werdenden Berufsgrundbildungsjahr (Grundstufe in Vollzeitform) ernsthaft in Frage stellen lassen muß. Auch die unterschiedliche Unterrichtsorganisation des Block- und Teilzeitunterrichts wirft u. a. didaktische und lernpsychologische Probleme auf, die an den Schulen kontrovers diskutiert werden. Nicht unproblematisch ist auch das Auseinanderklaffen von lernzielorientiertem Unterricht in der Schule und den damit in der Regel nicht abgestimmten prüfungsdidaktischen Entscheidungen bei der Abschlußprüfung.

Bei aller Problematik einer lernzielorientierten Lehrplanarbeit in Verbindung mit der Umsetzung in Unterricht wird den Studenten einsichtig werden, daß die hessischen Rahmenlehrpläne ein hohes Maß an Klarheit und Transparenz für Lehrende und Lerner gebracht haben. Darüber hinaus ist erkennbar, daß durch die breite Mitwirkung der Lehrer an den Rahmenlehrplänen ihr Bewußtsein für didaktische Fragen derart geschärft wurde, daß notwendige Verbesserungen und Anpassungen der Rahmenlehrpläne an veränderte Bedingungen in der Zukunft in besonderer Weise Akzeptanz und Bereitschaft zur Mitarbeit in der Lehrerschaft erwarten lassen.

2.3 Didaktik im engeren Sinn, die methodische Komponente

Lernziele als Vorgaben für die Planung und Durchführung von Unterricht stellen besonders für den Anfänger eine Hilfe dar, da sie die Qualifikation bzw. Teilqualifikation beschreiben, auf die hin der Lernprozeß organisiert werden soll. Je klarer das Ziel beschrieben ist, um so leichter läßt sich ein Weg dahin finden.

Als methodische Hilfe für die eigene Unterrichtsgestaltung der Studenten in der Übung II dient der 3. Schwerpunkt mit folgenden Themen:

Analyse von Unterricht [15)]

- Bedingungsfelder
- Entscheidungsfelder

Verlaufsstrukturen im Unterricht

- Grundmodell der inneren Gliederung des Unterrichtes (Erschließung, Erarbeitung, Besinnung und Bewältigung)
- Teilaspekte der inneren Gliederung (pädagogische, psychologische, sachlogische, methodische und mediendidaktische Aspekte)
- Verlaufsstrukturen des Unterrichts in synoptischer Darstellung

Sozialformen des Unterrichtes

- Frontalunterricht
- Alleinarbeit - Partnerarbeit
- Gruppenunterricht
- Programmierter Unterricht
- Team-Teaching
- Diskussion
- Plan-, Rollen- und Entscheidungsspiel

Lehrformen

- Darstellende Unterrichtsform
- Erarbeitende Unterrichtsform (Fragend-entwickelndes und impulsgebendes Verfahren)
- Entdeckenlassende Unterrichtsform (kurzphasige, langphasige Verfahren)

Unterrichtsprinzipien

- Anschauung (aufgesuchte, hereingeholte, nachgeahmte, symbolisierte und abgebildete Wirklichkeit)
- Selbsttätigkeit, Formen der Schüleraktivitäten
- Entwicklungsgemäßheit (Anspruchsniveau, Individualität des Schülers)
- Methodenwechsel
- Aktualität
- Erfolgssicherung
- Medieneinsatz

Impulstechniken

- Sprachimpulse (Lehrerfrage, Behauptung, Aufforderung u. a.)
- Verhaltensimpulse (Gestik, Mimik, Pausen)
- Medienimpulse (Bild, Ton, Karte, Tafel)
- Raumimpulse

Der Erwerb des Übungsscheines setzt das Bestehen der Abschlußklausur und die Abgabe eines Hospitationsberichtes mit Hospitationsnachweis voraus.

3. Die Praktisch-pädagogische Übung II

Diese Übungen dienen ausschließlich den Unterrichtsversuchen an geeigneten Übungsschulen. Die Studenten können eine kaufmännische Schule möglichst aus dem Stadtgebiet von Frankfurt wählen, an der sie hospitieren und unterrichten wollen. Die Kontakte zu den einzelnen Schulen werden durch die Lehrbeauftragten vermittelt. Nach einer Einführungsveranstaltung im Universitätsgebäude finden die Übungen an den einzelnen Schulen statt.

3.1 Orientierungsrahmen für die Unterrichtsvorbereitung

Zu Beginn der Übung werden mit den Studenten folgende Orientierungspunkte für die eigene Unterrichtsgestaltung erörtert:

- Lernvoraussetzungen/Lernbedingungen analysieren bzw. einschätzen
- Das Thema für die zu planende Unterrichtsstunde dem Rahmenlehrplan entsprechend und den Lernbedingungen gemäß festlegen
- Lerninhalte strukturieren
- Methodische Entscheidungen (Aktions- und Sozialformen des Unterrichts) treffen
- Medieneinsatz planen
- Möglichkeiten der Lernerfolgskontrolle prüfen und planen

3.2 Übungsverlauf

Den eigenen Unterrichtsversuchen der Studenten geht eine hinreichende Anzahl von Hospitationsstunden voraus (6 - 8 Doppelstunden), in denen man die Schüler kennenlernen, sich mit den Lernbedingungen, den Unterrichtsinhalten und dem Stand der Arbeit in der Klasse vertraut machen kann.

Eingebettet in die Gesamtplanung des Unterrichts einer Klasse sollen die Studenten mit Hilfe des Klassenlehrers dann eigene Unterrichtsstunden vorbereiten und sie in Anwesenheit der Lehrbeauftragten realisieren.

In der Regel bilden bis zu drei Studenten eine Hospitationsgruppe.

Die Planung der 1. Stunde ist eine Gemeinschaftsleistung. Ein Mitglied der Gruppe realisiert die Planung in Anwesenheit des Lehrbeauftragten und der anderen Gruppenmitglieder. An die Unterrichtsstunde schließt sich eine ausführliche Besprechung an, in der eingehend Planung, Verlauf des Unterrichts und das Lehrerverhalten erörtert werden. Jedes Mitglied der Gruppe plant und realisiert eine weitere Unterrichtseinheit als

Einzelleistung. Die Zeiten für die Hospitationen und die Unterrichtsübungen können mit dem Klassenlehrer frei vereinbart werden. Um einen reibungslosen Ablauf zu gewährleisten, sind die Studenten gehalten, die Termine rechtzeitig mit dem Lehrbeauftragten abzustimmen.

Zur Erlangung des Übungsscheines sind von jedem Studenten vorzulegen:

- 1 Unterrichtsentwurf als Gruppenleistung
- 1 Unterrichtsentwurf als Einzelleistung
- Nachweis der Hospitationen und Unterrichtsübungen auf einem vom Klassenlehrer abzuzeichnenden Formblatt.

Die Grundlage für die Leistungsbewertung sind die schriftlichen Unterrichtsentwürfe.

4. Probleme und Erfahrungen

Das inhaltliche Programm der beiden Übungen ist das Ergebnis mehrjähriger Erfahrungen mit einen Lehrauftrag von je 2 Semesterwochenstunden. In der ersten Phase seiner Tätigkeit versuchte der Verfasser in der Übung I durch Vergabe von Referaten zu den drei Themenbereichen die Voraussetzungen für die praktische Unterrichtstätigkeit in der Übung II zu schaffen. Dieses Verfahren scheiterte an der verfügbaren Zeit und der wachsenden Zahl der Studenten.

Die Verteilung und die Vorträge der Referate, soweit die Zeit dafür ausreichte, führte dazu, daß einzelne Studenten ihre vertieften Kenntnisse bestimmter Sachgebiete mehr oder weniger gekonnt darzulegen Gelegenheit hatten, die übrigen sich jedoch mangels annähernd gleichem Informationsstand an einer Diskussion entweder nicht beteiligten oder diese zu einem wenig fruchtbaren, oft emotionalisierten Meinungsaustausch entarten ließen. Eine hinreichende Kenntnis der drei Themenbereiche ist nach Auffassung aller Lehrbeauftragten zwingende Voraussetzung für die Hospitationen und die eigenen Unterrichtsversuche in der Übung II, wenn diese nicht zu einem simplen Pragmatismus verkommen sollen. Bei der verfügbaren Zeit kann das Problem nur so teilweise gelöst werden, daß die nötigen Kenntnisse von der kurzen Hospitationserfahrung ausgehend in gestraffter Form unter Verwendung von Anschauungs- und Informationsmaterial übermittelt werden, damit noch etwas Zeit für die Diskussion der Problembereiche bleibt.

Befriedigend ist die Situation jedoch keineswegs, zumal seit drei Semestern noch eine Lehrauftragskürzung von einer Stunde hingenommen werden mußte. Nicht zuletzt auch aus Zeitgründen bestehen die Leistungsnachweise aus Hospitationsbericht und einer Klausur am Semesterende. In den 70er Jahren gab es bei den Klausuren mehrmals organisierte Verweigerungen, weil man diese als repressive Disziplinierungsinstrumente ansah. Die Studenten machten den Vorschlag, an Stelle der Klausur Gruppenreferate anfertigen zu lassen, die dann das Erkennen einer Einzelleistung verhindert hätten. Solchen sinnwidrigen Attacken zu widerstehen, erforderte oft ein hohes Maß an psychischer Kraft. Diese Zeiten sind jedoch längst vorbei. Die heutigen Studenten arbeiten im allgemeinen sachbezogen und intensiv.

Das Verfahren bei der Übung II hat sich trotz hohem Zeitaufwand im allgemeinen bewährt, wobei sich die Studenten zum Teil mehr eigene Unterrichtsversuche wünschten. Es hat sich als sinnvoll erwiesen, die Planung der ersten Unterrichtseinheit von der Gruppe gemeinsam erarbeiten zu lassen, da die Reflexion über Bedingungen und Möglichkeiten der zu planenden Unterrichtsstunde den Anfänger allein überfordern kann. Ein Mitglied der Gruppe realisiert dann die Planung in Anwesenheit des Lehrbeauftragten und der übrigen Gruppenmitglieder. An die Unterrichtsübung schließt sich eine ausführliche Besprechung an, in der eingehend zur Planung, zum Verlauf und zum Lehrerverhalten Stellung genommen wird. Diese kritische Erörterung wird von den Studenten im Hinblick auf ihre Einzelleistung als besonders hilfreich empfunden.

5. Vorschläge, Perspektiven

Die am Anfang dieser Ausführungen formulierten Zielsetzungen stehen in einem gewissen Widerspruch zueinander. Die Korrektur einer Berufsentscheidung durch einen Einblick in die realen Bedingungen müßten möglichst frühzeitig erfolgen. Unterrichtsbeobachtung und eigene Unterrichtsversuche sind jedoch erst mit hinreichenden fachlichen und pädagogisch-didaktischen Kenntnissen möglich. Eine Lösungsmöglichkeit wäre gegeben durch eine inhaltliche und organisatorische Entzerrung der Übungen. Dies würde bedeuten, daß im Grundstudium ein einsemestriges, gelenktes Hospitationspraktikum von zwei Semesterwochenstunden angeboten wird, das Gelegenheit gibt, nicht nur den Unterricht in Teilzeitklassen, sondern auch in den verschiedenen Vollzeiteinrichtungen kennenzulernen. Die so gewonnenen Einblicke dürften für eine Berufsentscheidung hinreichend sein.

Im Hauptstudium könnte dann in zwei aufeinander folgenden Übungen in verkürzter Form auf die drei Themenschwerpunkte eingegangen und das Hauptgewicht auf Planung, Realisation und Reflexion von Unterricht gelegt werden. Bereits jetzt müssen zum Teil Unterrichtsübungen über das Semesterende ausgedehnt werden, da sie aus organisatorischen Gründen, die mit der Ferienregelung und dem Schuljahresrythmus zusammenhängen, nicht innerhalb eines Semesters abgeschlossen werden können.

Der Besuch der praktisch-pädagogischen Übungen reicht jedoch nicht aus, um in einer Abschlußqualifikation (Diplom-Handelslehrer) die Bezeichnung "Lehrer" zu rechtfertigen, wobei andererseits die Funktion des "Handels" eine fachwissenschaftliche Enge symbolisiert, die der Realität ebensowenig entspricht. Die Qualifikation zum Lehrer wird erst in der 2. Staatsprüfung nachgewiesen.

Es kann daher nicht darum gehen, neben dem fachwissenschaftlichen Studium praktische Lehrerausbildung zu betreiben. Wenn schon der Verband der Lehrer an Wirtschaftsschulen als der Interessenvertretung der Diplom-Handelslehrer seinen Namen geändert hat, dürfte man bei der Bezeichnung des akademischen Grades auch einmal darüber nachdenken.

Wie bisher sollten für die praktisch-pädagogischen Übungen kompetente Praktiker gewonnen werden, damit die direkte Verbindung zur Schule und zum Unterricht erhalten bleibt. Eine Institutionalisierung durch hauptamtliche Kräfte oder Anbindung an ein didaktisches Zentrum würde den unmittelbaren Praxisbezug gefährden. Die Eigendynamik solcher Einrichtungen könnte die Gewichte zwischen Fachwissenschaft und Pädagogik zu Lasten eines Diplom-Studienganges verschieben, der als Prototyp [16)] für eine mobilitätsorientierte und polyvalente Lehrerbildung dienen kann, was zur Zeit in einer Phase allgemeinen Lehrerüberhanges durch eine verschwindend geringe Dauerarbeitslosigkeit von Diplom-Handelslehrern eindrucksvoll bestätigt wird.

Anmerkungen:

(1) vgl. Prüfungsordnung für Diplom-Handelslehrer vom 15. 2. 1973, Sonderdruck des Fachbereiches Wirtschaftswissenschaften der Johann Wolfgang Goethe-Universität, Frankfurt a. M.

(2)vgl. BRUNOTTE, Wolfgang/FISCHLEIN, Wolfgang: Das Nürnberger Seminar für Wirtschafts- und Sozialpädagogik und die wissenschaftliche Ausbildung der Diplom-Handelslehrer, Nürnberg 1967

(3) vgl. Bundesverband der Lehrer an Wirtschaftsschulen e. V., Thesen zur Ausbildung von Wirtschaftspädagogen, Heft 9 der Sonderschriftenreihe des VLW, Berlin 1980

(4) vgl. ABRAHAM, Karl: Neuordnung des Studiums für das Handelslehramt, in: Wirtschaft und Erziehung 11. Jg. (1959), Heft 3, S. 111 - 120

(5) GRÜNER, Gustav/ROSENTHAL, Hans Joachim: Handreichungen für die Ausbildung zum Lehramt an beruflichen Schulen, Köln 1969, S. 1

(6) HÖSSEL, Helmut: Hessen, in: Gesetzliche Grundlagen des kaufmännischen Schulwesens, in: Handbuch für das kaufmännische Bildungswesen, Darmstadt 1985, S. 93 f.

(7) HÖFLER, Arnold: Hessen, in: BLATT, Rudolf: Die öffentlichen kaufmännischen Schulen im Bildungssystem der Bundesrepublik Deutschland, in: Handbuch für das kaufmännische Bildungswesen, Darmstadt 1985, S. 158 - 162, Nachtrag S. 599

(8) vgl. Das Berufsbildungsgesetz (BBiG) vom 14. 8. 1969, BGBl. I, S. 1112; Erläuterungen zum Berufsbildungsgesetz: WÖLKER, Herbert: Berufsbildungsgesetz, Erläuterungen, Deutscher Industrie- und Handelstag, Schriftenreihe Heft

116, 1970 und LEVE, Manfred: Erläuterungen zum Berufsbildungsgesetz vom 14. 8. 1969, zuletzt geändert durch das Berufsbildungsförderungsgesetz vom 23. 12. 1981, in: Das Deutsche Bundesrecht, III B/70, S. 33, Stand: Mai 1987

(9) vgl. Ausbilder-Eignungsverordnung gewerbliche Wirtschaft vom 20. 4. 1972, BGBl I, S. 707 mit Änderungsverordnungen in: Das Deutsche Bundesrecht, III B/70 b, S. 1, Stand Dezember 1984

(10) vgl. Hessisches Schulpflichtgesetz in der Fassung vom 30. Mai 1969, GVBl. I, S. 104 zuletzt geändert durch Gesetz vom 17. März 1978, GVBl. I, S. 153; Gesetz über die Unterhaltung und Verwaltung der öffentlichen Schulen und die Schulaufsicht in der Fassung vom 4. April 1978, GVBl. I, S. 232 zuletzt geändert durch Gesetz vom 2. Juni 1987, GVBl. I, S. 87

(11) vgl. Verordnung über die Berufsschule vom 11. Juli 1980, GVBl I, S. 370 mit Änderungsverordnungen vom 24. 2. 1983, GVBl I, S. 258 und vom 8. 12. 1987, GVBl I, S. 828

(12) Hess. Kultusminister (Hrsg.): Schriftenreihe Bildungswege in Hessen, Heft 6: Berufliche Schulen 1981

(13) Arbeitsamt Frankfurt a. M.: Schulische und betriebliche Ausbildungsmöglichkeiten im Arbeitsamtsbezirk Frankfurt a. M. 1987

(14) WURDACK, Ernst: Problemgefüge einer Didaktik der Wirtschaftswissenschaften, in Wirtschaft und Erziehung 26. Jg. (1974) S. 32

(15) vgl. HEIMANN, P./OTTO, G./SCHULZ, W.: Unterricht - Analyse und Planung, 6. Aufl., Hannover 1972

(16) vgl. BERKE, Rolf: Arbeitsfeld und Studienerfordernisse des Wirtschaftspädagogen im dualen System beruflicher Bildung, Hrsg. Bundesverband der Lehrer an Wirtschaftsschulen e. V., Erlangen-Nürnberg, 1978, S. 7; ebenso: WURDACK, Ernst: Lehrerausbildung I. Phase (Universität), in: BERKE, Rolf u. a. (Hrsg.): Handbuch für das kaufmännische Bildungswesen, Darmstadt 1985, S. 339

Weitere, den Studenten empfohlene Literatur:

ACHTENHAGEN, Frank: Curriculum-Revison, Möglichkeiten und Grenzen, München 1971

BECKER, Georg E.: Planung von Unterricht, Handlungsorientierte Didaktik, Teil I und II, Weinheim und Basel 1984

BERKE, Rolf u. a. (Hrsg.): Handbuch für das kaufmännische Bildungswesen, Darmstadt 1985

BLOOM, B. S. u. a.: Taxonomie von Lernzielen im kognitiven Bereich, Weinheim 1972

DAUENHAUER, Erich: Arbeitstechniken der Schule, Rinteln 1971

DUBS, Rolf: Die Taxonomie, in: Wirtschaft und Erziehung, 23. Jg. 1971, S. 169 - 173

GAGNÉ, Robert M.: Die Bedingungen menschlichen Lernens, vollst. Neubearbeitung, Hannover 1980

MÖLLER, Christine: Technik der Lernplanung, 5. Aufl., Weinheim 1976

SCHULZ, Wolfgang: Unterrichtsplanung, München, Wien, Baltimore 1980

SPETH, Hermann: Das Unterrichtsverfahren im Wirtschaftslehre-Unterricht und der Methodenwechsel als Unterrichtsgrundsatz, Rinteln 1977

SPETH, Hermann/DÖRR, Friedhelm/KRUG, Rolf: Medieneinsatz und Lernkontrolle im Wirtschaftslehre-Unterricht, Rinteln 1978

Anlage 1:

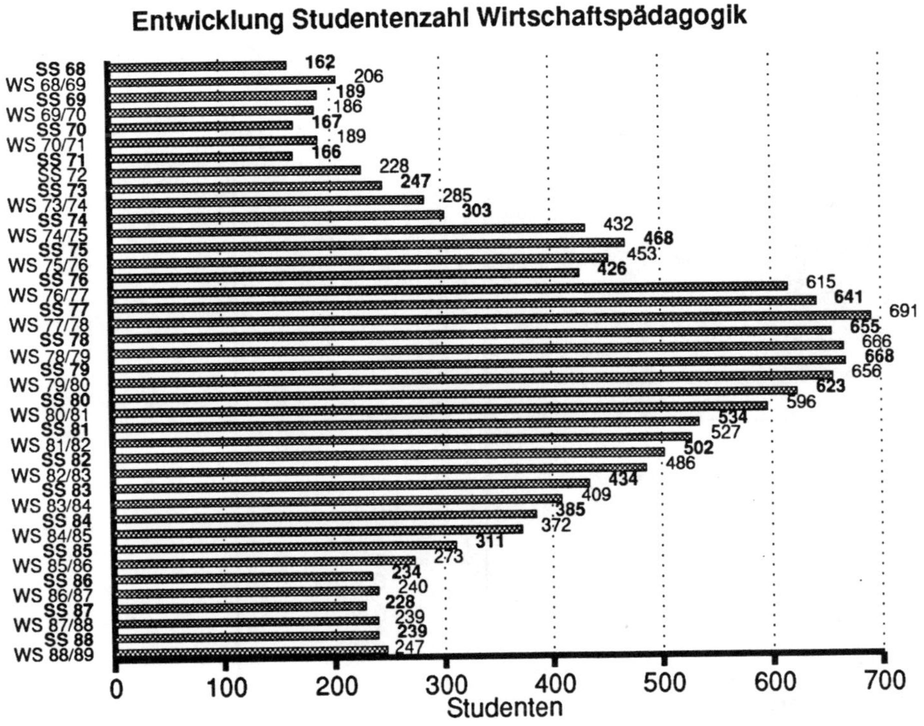

Entwicklung Studentenzahl Wirtschaftspädagogik
SS 68
WS 68/69
SS 69
WS 69/70
SS 70
WS 70/71
SS 71
SS 72
SS 73
WS 73/74
SS 74
WS 74/75
SS 75
WS 75/76
SS 76
WS 76/77
SS 77
WS 77/78
SS 78
WS 78/79
SS 79
WS 79/80
SS 80
WS 80/81
SS 81
WS 81/82
SS 82
WS 82/83
SS 83
WS 83/84
SS 84
WS 84/85
SS 85
WS 85/86
SS 86
WS 86/87
SS 87
WS 87/88
SS 88
WS 88/89
162
206
189
186
167
189
166
228
247
285
303
432
468
453
426
615
641
691
655
666
668
656
623
596
534
527
502
486
434
409
385
372
311
273
234
240
228
239
239
247
0
100
200
300
400
500
600
700
Studenten

Anlage 2:

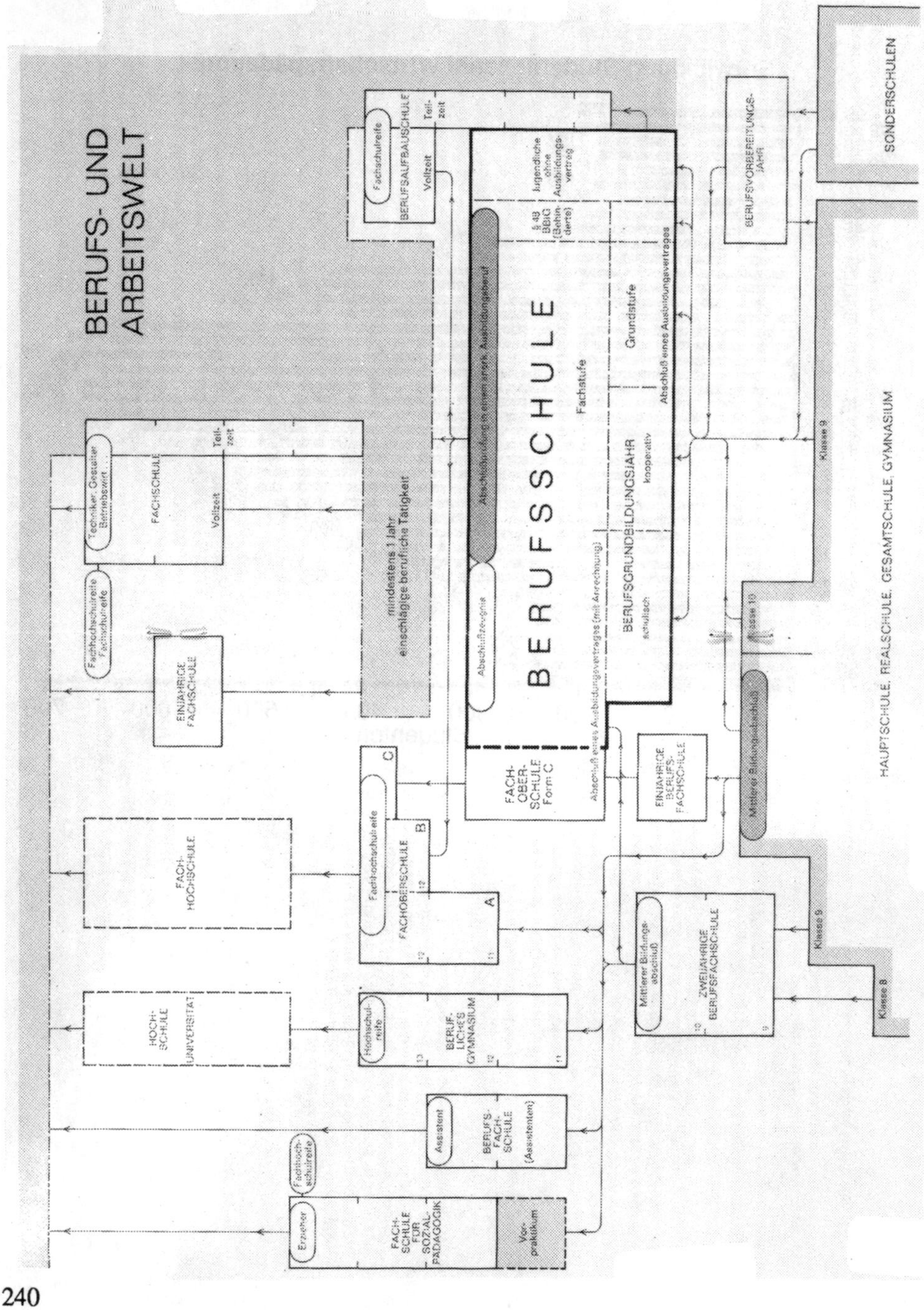

BERUFS- UND ARBEITSWELT
BERUFSSCHULE
Fachstufe
Grundstufe
BERUFSGRUNDBILDUNGSJAHR
schulisch
kooperativ
Abschluß eines Ausbildungsvertrages
Abschlußprüfung in einem anerk. Ausbildungsberuf
Abschlußzeugnis
Jugendliche ohne Ausbildungsvertrag
BERUFSVORBEREITUNGSJAHR
SONDERSCHULEN
HAUPTSCHULE, REALSCHULE, GESAMTSCHULE, GYMNASIUM
Klasse 8
Klasse 9
Klasse 10
Mittlerer Bildungsabschluß
EINJÄHRIGE BERUFSFACHSCHULE
ZWEIJÄHRIGE BERUFSFACHSCHULE
FACHOBERSCHULE Form C
FACHOBERSCHULE
Fachhochschulreife
BERUFLICHES GYMNASIUM
Hochschulreife
BERUFSFACHSCHULE (Assistenten)
Assistent
FACHSCHULE FÜR SOZIALPÄDAGOGIK
Vorpraktikum
Erzieher
Fachhochschulreife
HOCHSCHULE UNIVERSITÄT
FACHHOCHSCHULE
EINJÄHRIGE FACHSCHULE
Fachhochschulreife
FACHSCHULE
Vollzeit
Teilzeit
Techniker, Gestalter Betriebswirt
mindestens 1 Jahr einschlägige berufliche Tätigkeit
BERUFSAUFBAUSCHULE
Fachschulreife